ŞEBNEM TACİGUT

İNSANIN İÇSEL KEŞFİ

KENDİNİ BİLEN RABB'İNİ BİLİR

OLİMPOS®

İnsanın İçsel Keşfi
Şebnem Tacigut

© 2023, Olimpos Yayınları

Yayın Koordinatörü: Ezgi Bilgi Altınay
Editör: Nurçin Metingil
Düzelti: Peri Dinçer
Kapak ve Sayfa Tasarımı: Fatma Can Yıldırım

1. Baskı: Mayıs 2023
ISBN: 978-625-6411-34-0

OLİMPOS YAYINLARI
Maltepe Mah. Davutpaşa Cad. Yılanlı Ayazma Yolu No:8 K:1 D:2
Davutpaşa / İstanbul
Tel: (0212) 544 32 02 (pbx) Sertifika No: 42056
www.olimposyayincilik.com - **info@olimposyayinlari.com**

Genel Dağıtım: YELPAZE DAĞITIM YAYIN SANAT PAZARLAMA
Maltepe Mah. Davutpaşa Cad. Yılanlı Ayazma Yolu No:8 K:1 D:2
Davutpaşa / İstanbul
Tel: (0212) 544 46 46 Fax: (0212) 544 87 86
info@yelpaze.com.tr

Baskı: KA BASIM
Topkapı Mahallesi Topkapı Maltepe Cad. Çaycılar İş Hanı
No:15 Kat:4 Zeytinburnu / İstanbul Sertifika No: 44064

ŞEBNEM TACİGUT

İNSANIN İÇSEL KEŞFİ

KENDİNİ BİLEN RABB'İNİ BİLİR

OLİMPOS®

"İnsan, daha önce hiçbir şey değil iken kendisini yarattığımızı düşünmez mi?"
— Meryem Suresi 67. Ayet

Bu kitabı bitirdiğinizde hayatınızda ve yaşam alanınızda yeni bir kuantum alanı açılacak.

Ve artık hiçbir şey eskisi gibi olmayacak.

Yaşadığınız alan, kuantum alanı.

Farkında olmadan kullandığınız teknik, kuantum düşünce tekniği.

Derin bir nefes alıp yüksek sesle aşağıdaki cümleyi tekrar edin.

BİLEREK YA DA BİLMEYEREK, ANLAYAYIM YA DA ANLAMAYAYIM, FARKINDA OLARAK YA DA OLMA-YARAK, TANIKLIK PROGRAMINI AÇMAYA VE HAYAT ALANIMA ALMAYA NİYET EDİYORUM, SEÇİYORUM, KABUL EDİYORUM.

VE ÖYLE DE OLDU.

OLDU. OLDU. OLDU.

OL. OL. OL.

Şimdi bilinçli gözlem niyetinizle bunu beraberce yapabiliriz.

Haydi Bismillah...

ŞÜKÜRLER OLSUN

Bana bu dört kitabı yazdıran Sevgili Allah'ıma şükürler olsun.

Sevgili kendim, sana binlerce kere şükürler olsun.

Sevgili ilham perileri, tüm melekler, yükselmiş üstatlar, bana yardımcı olan ve görmediğim tüm ışık varlıkları, hepinize şükürler olsun.

Sevgili ailem, dostlarım, arkadaşlarım, hocalarım, danışanlarım, öğrencilerim, bugüne kadar benimle çalışan tüm ekibim, hepinize şükürler olsun.

İÇİNDEKİLER

Giriş 11

Sahte Ben'lerden
Gerçek Ben'e 13

İçinizdeki Kara Kutu 17

Hayat Koridoru 21

Allah Bizi Cezalandırır Mı?..... 24

Ölmeden Ölmek 27

Kalp Gözü 30

Değer "Siz"Siniz 33

Hak Etmeme 38

Kendi Kul Hakkınız 44

Helalleşme 50

Anne-Baba Etkisi 56

Özgür İrade 63

Öz Güven 66

Duyguların Tonu 73

Duygu Bulma Çalışması 83

Toksik Duygular 85

Bastırılmış Duygular 87

İkili İlişkilerde Duygusal
Manipülasyon 91

Mutluluk 94

Sevgi 99

Korku 107

Kaygı 114

Üzüntü 120

Öfke 122

Şaşırma 126

Tiksinme 128

Beklenti 130

Kıskançlık 132

İnanç 135

Travma 138

Bağımlılıklar 142

Korkunun Kudreti 152

Öğrenilmiş Çaresizlik 155

Öğrenilmiş İyimserlik 158

Allah'la Bir Olmak, Güvende
Olmak 161

KTP Yaşam Üçgeni (Kuantum-
Tasavvuf-Psikoloji) 166

İnsanlık Makamı 174

Ruh 180

Ruh Sentezi 184

Tövbe Estağfurullah 188

Hayat ve Yaşam Arasındaki
Fark 194

Eylemsizlik 197

Acı 200

Acı Beden 206

Acı Beden Çalışması 210

Acının Öğretisi 213

İçindeki Yaralı Çocuk 216

Ruh Hastalanmadan Beden
Hastalanmaz 219

Panik Atak 225

Takıntılar 227

Beynin Gücü 230

İçsel Keşif Yolculuğu 234

Kuantum Dolanıklık 238

Kuantum Sıçrama 240

Ruhun Zaman Yolculuğu 243

Sezgi 247

Peygamberlerin Bilinçaltı
Mesajları 250

Kendini Kabul 253

Kendine Kendini Verme
Çalışması 256

Kıtlıktan Bolluğa 267

Bilinçaltı ve Para 275

Ses ve Bilinçaltı 278

Işık ve Bilinçaltı 281

Ego Savunma
Mekanizmaları 284

Kendi Kendine Çalışma 288

Kadim Yeteneklerimiz 292

Kapı Eşiği Etkisi 296

Zeigarnik Etkisi 298

Backster Etkisi 301

Ingo Swann 303

Haben Gırma 306

Başarı 309

Yargısızlık 313

Hakikat Terazisi 324

Size Özel Çalışmalar 330

Son Söz 332

Yazarın Kitapları: 333

İletişim Bilgileri 334

Kaynakça 335

GİRİŞ

SELAM! RUHUM RUHUNUZU ONAYLIYOR, RUHU-NUZUN DA RUHUMU ONAYLADIĞINI BİLEREK SATIRLARIMA BAŞLIYORUM.

İnsanın İçsel Keşfi kitabında neler olması gerektiğini düşünürken ilk önce "insan" olmanın ne olduğundan ve içimizde neler barındırdığımızdan bahsetmek istiyorum: ruh, varlık beden, akıl, zihin, kalp, bilinç, bilinçaltı, beyin, duygusal zekâ, ego, nefis vesaire.

Hepsi bizi biz yapan unsurlar. Bizi öyle bir yolculuğa çıkacağım ki bu kitabı okuyup bitirdiğinizde ne kadar değerli, ne kadar yetenekli, ne kadar zeki, ne kadar eşsiz bir varlık olduğunuzu anlayacaksınız. Aklınızı ve zihninizi nasıl kullanacağınızı, egonuzu ve nefsinizi nasıl yöneteceğinizi artık biliyor olacaksınız.

Bu kitapla çıkacağımız muhteşem bir yolculuğa çıkacağız. Daha önce yazdığım *Uyanış Zamanı, Tevekkül* ve *Kalbin Kıblesi* kitaplarımdan farklı olarak size BİLİNÇLİ GÖZLEMCİ olmayı vadediyorum. Burada anlatılan her şey ruhun zenginliğine varma misyonu taşıyor. Farkında olmadan bugüne kadar nasıl da otomatik pilotta yaşadığınızı anlayarak değişime, dönüşüme gireceksiniz.

Şimdi bu kitap ile din, ilim, bilim ışığında başladığımız yolculuğu bitirdikten sonra, farkında olarak kararlarınızı verecek ve eyleme geçeceksiniz. Kendimiz olma yolculuğunda daha keyifli ve daha VAR şekilde harekete geçeceğiz.

Biz çok zengin varlıklarız, fakat bunun hiç de bilincinde değiliz.

Ağlıyoruz, şikâyet ediyoruz, acı çekiyoruz, yaslarımıza takılıyoruz, hastalanıyoruz, olmazların içinde kayboluyoruz, keşkelerimizle tekerrür eden olayların içinde savaşıyoruz. Farkında olmadan sanki bir hapishanenin içinde yaşıyor gibiyiz. Çoğunuzun "Dünya zaten bir hapishane," dediğini duyar gibiyim.

Bizler farkında olmaksızın kendimizi nasıl üzdüğümüzü bilmeden, konfor alanlarımızda kendimizi bir makine gibi programlayarak bugüne geldik.

İçsel keşfimizde ilk önce kendi değerlerimizi fark edeceğiz ve öyle bir yolculuk yapacağız ki "İyi ki varım," diyeceğiz.

Tevekkül ve Kalbin Kıblesi kitaplarımda da olduğu gibi tüm bu yolculukta kutsal kitabımız Kur'an-ı Kerim'den konuya ilişkin ayetler bulacaksınız.

Bana göre insanın kullanım kılavuzu Kur'an-ı Kerim'dir.

Rahman ve Rahim olan Allah'ın adıyla,

Haydi şimdi başlayalım!

SAHTE BEN'LERDEN GERÇEK BEN'E

Ağaç aşılaması nedir, bilir misiniz? Kiraz ağacı, uçlarından çok vermez. O yüzden dallarının ucundan budanır. Sonra da alt dallarının kalın olanlarından bir tanesi kesilip buraya aşılama yapılır. Buradaki amaç, o iklim şartlarında en iyi meyveyi elde etmektir. Aşılama yapılmazsa ağaç büyüdüğünde meyve verimi az olur, yabanileşir. İnsanlar da tıpkı ağaçlar gibi dünyaya geldiklerinde içine doğdukları ailenin kültürüne uymak için önce annesi tarafından aşılanmaya başlar. Anne sevgi vererek ruhuna sevgiyi, aşkı, merhameti, şefkati aşılar. Baba ise otoriteyi, parayı, işi... Kardeşler kıskançlık, birlik, beraberlik, yardımlaşma konularında birbirini aşılarlar. Bir kişi, çocukluğunu anne veya babası yerine anneannesinin, babaannesinin veya başka aile büyüklerinin yanında geçirmiş olabilir. Ayrıca, annesi veya babası vefat etmiş olabilir. Ancak, bilinçaltının gelişebilmesi için, bir anne ve babayı rol model olarak benimseyerek dişilden sevgi ve erilden güç alıp siyah beyaz, iyi kötü ayırımı yapar.

Bu duygular tıpkı ağacın aşılanması gibi kişide yeni yeni *Ben*'ler oluşmasına neden olur. Annenin sevgi, merhamet, aşk dolu kızı veya oğlu olabilir ancak annedeki eksik yanlar, (evde sözünün geçmemesi, babadan korkması, şiddet görmesi, öfkeli olması, ezilmiş olması, vb.) kişiyi negatif alana itebilir. Bu yüzden annesinin kızı veya oğlu olma aşısını kabul etmekte direnebilir ve aşılanmış dalı çürük meyve vermeye, hatta belki de kurumaya başlar. Yani öğretiyi aldığı halde ona uymadığı için direnebilir ki bu direnç de enerji yayar ve o enerji negatiftir.

Babanın ise para, güç, başarı aşıları vardır. Ancak çalışıp didinmesine rağmen bir türlü eve yetemiyorsa, eksik kalıyorsa ya da çok para kazanmak adına eve gelmiyor, ailesine sevgi vermeden sadece finansal açıdan varlığını hissettiriyorsa o zaman kişi, para ve otorite aşılarını negatif alır. Ve pozitif fayda da "İşimde çok başarılı, çok kazançlı olursam bir ailem ve mutlu, sevgi dolu hayatım olmaz" kodu ile daha silik bir yaşam sürecine girer. Dışarıdan bakıldığında ise çalışıp çabalayan, emek veren, fakat hak ettiği kariyeri ve parayı kazanamayan çalışan biri imajını çizer. Yine aşılanan dalı çürük meyve vermeye başlar. Sonunda bu dal kurur. Yine öğreti almak yerine "Babam gibi olmayacağım," diyerek sonunda ya babası gibi olur ya da hiçbir şey olamaz. Çocukken aldığımız duygu, düşünce ve inanç protokolleri anne ve babamızdan gelir ve onlar gibi olmamak için çaba sarf ettiğimizde de kendimiz olamayız. Danışanlarımda genellikle ebeveynleri gibi olmamak adına hareketsizliğe, kendini pasivize etme eğilimi görüyorum.

Kardeşler arası birlik, beraberlik, yardımlaşma dalları çiçek açarsa kişi kendine ve hayata karşı güven duyar çünkü hem çocukluktan hem de erişkin döneminde yalnız olmadığını ve kardeşlerle birlik içinde var olduğunu bilir. Ancak aşı olarak pozitif öğretiler yerine kıskançlık almışsa negatifte iş arkadaşları ile arasına mesafe koyup birlik beraberlikten zarar doğacağını, kıskançlıklar sebebi ile işinden ve ailesinden uzaklaşabileceğini bilinçaltına yazar.

Bilinçaltımıza yerleşen olumsuz inançlar ve Allah'la yaptığımız kader sözleşmesi doğrultusunda, 0-7 yaş aralığında aldığımız yedi yaşam dersi, bizim hayatımızda önemli bir rol oynar. Ancak bu dersleri reddetmek ve bu aşılanmaları kabul etmemek sorunlara yol açabilir. Ayrıca ailede, sosyal çevrede ve kendi içsel dünyamızda çürük meyveler vermeye başlayabiliriz. Kiraz bahçesinin içindeki ayrık otu olmak istemeyiz, değil mi? Yaratılışımızın nedeni sevgidir. Dünyamız sevgi gezegenidir. Ve bizim, tüm ruhların, tek arzumuz sevilmektir. İnsanlar bizi severse, bizden razı olursa Allah da bizi sever; ayırmadan, şart koşmadan cennetine bizi de alır. Peki, neden aşılanırız? Ruhani olarak tekâmül edebilmek ve *Gerçek Ben*'le buluşup kendi gerçekliğimizi var etmek için.

İnsanın bedensel olarak dünyaya gelişmesinin ardından, güvende hissetmek için aidiyet duygusu oluşur ve bu aidiyet duygusu da dünyalı, ülkeli, şehirli veya köylü gibi kültürel yaşam tarzı farklılıklarını doğurur. Bu farklılıklara uyum sağlamak, dışlanmamak, kabul görmek, başkaları tarafından sevilmek için çabalar dururuz.

Yaşam yolculuğumuzda çocukluğumuzdan itibaren karakterimizi oluşturmak için ailemiz, arkadaşlarımız, sosyal çevremiz ve okul tarafından ağaçlar gibi budanıp sürekli yeniden aşılanırız. Bazen bu aşılar tutar, bazen de tutmaz. Başka bir deyişle herkes birbirinin aynasıdır. Bu aynaları görmediğimiz, yani aşılarla öğretiyi almadığımız müddetçe içimizde yeni *Ben*'ler oluşur. Yaratılışımız gereği Yüce Allah'a, "Ben her şeyi unutayım, mutlaka Sen'i hatırlarım." diyerek unutma oyunları oynadığımız bu dünyada *Gerçek Ben*'e, yani Tanrısal Öz'e yolculukta kendi gerçeğimizden uzaklaşırız. Özümüzle Allah arasında belki de sayısı bilinemeyecek kadar çok fazla *Ben*, yeni kişilikler oluştururuz. Allah'la aramızda mesafelere yol açtığı için özümüz bunları istemez. Özümüzü bulmamız için sürekli olarak *Sahte Ben*'lerle alakalı sorunlar yaşatır.

Örnek olarak bir iş insanını ele alalım. Sosyal çevresinde zarif konuşan ve karşısındaki kişilere özen gösteren bu nahif beyefendi, maça gittiğinde gayet saldırgan bir duruş sergiler. Eşine iyi fakat despot bir koca, evlatlarına mesafeli ve ciddi babadır. Yani girdiği her ortama göre *Sahte Ben*'ler oluşturmuştur. Bu durumun sebebi Tanrısal Öz'üyle bir olmamasıdır. Bu *Ben*'leri ayakta tutmak için kendine bazı kurallar belirlemiştir. Bir iş ortamına veya sosyal çevresiyle görüşmelerine eşiyle katılamaz çünkü birlikte giderlerse eşine iş arkadaşlarına ve sosyal ortamında görüştüğü kişilere davrandığı gibi nahif, kibar davranmak zorunda kalır. Bunu yaparsa eşine karşı kurduğu otorite biter, eşiyle iletişimi için oluşturduğu *Sahte Ben*'in varlığı tehlikeye girer. Bu iş insanı kendisiyle yüzleşmeyerek sorumluluk almak istemez ve gerçeklerle yüzleşmekten kaçar. İki ilişki arasındaki Ben'ler eşi ile çatışmaya yol açar. Hâlbuki kendi olsaydı, *Gerçek Ben*'e ulaşmış olsaydı çeşitli kimlikler yaratarak onları kontrol etmek zorunda kalmayacaktı.

Sevgili canlar, kendinizdeki *Sahte Ben*'lerin farkına varırsanız özünüzle Allah arasına koyduğunuz sınırlamaları ortadan kaldırırsınız. Her şeyi kabul görmek ve sevilmek için yaparız. İçsel keşfe çıktığınızda ilk yapmanız gereken şey kendinizi kabul etmek ve tanımaktır. Bu kitapta amacım *Sahte Ben*'lerinizi size göstermek. Tanrısal Öz'ünüz mükemmel ve tamdır. Tüm *Sahte Ben*'leriniz size yalancı bir benlik verir ve aslında size de pek inandırıcı gelmeyen bu *Sahte Ben*'likler gerçeği bilir ve kendilerini yok etmeye çalışırlar. Her şey kendi mükemmelliğine doğru çekilir. *Sahte Ben*'lik de *Gerçek Ben*'liğe doğru yolculuğunu yapar. Sizler, aslında çok zor olan bir şeyi gerçekleştirmeye çalışan oyuncularsınız. Sadece yapmanız gereken özünüzü kabul etmek. Böylelikle mucizeyi dışarıda aramak yerine mucizenin ta kendisi olduğunuzu kendinize ispatlarsınız.

Sahte Ben'lerden *Gerçek Ben*'e hoş geldiniz.

İÇİNİZDEKİ KARA KUTU
(Bilinçaltınız)

*"Kendimizi baskı altına aldıkça bilinçaltının
tehlikelerine kendimizi maruz bırakmış oluruz."*
– Carl Gustav Jung

Bilinçaltı... Bu güzel kelime sadece on harfle ifade ediliyor ama birçok ünlü psikolog, binlerce yıl araştırmalar yaparak onu anlamaya çalıştı. Kitaplar, filmler, deneyler ve araştırmalar, bilinçaltının ne kadar gizemli ve aynı zamanda da oyuncu olduğunu gösteriyor. Uzayın derinliklerinden bile daha sıra dışı. Hem bir bilmece hem de bir bulmaca...

Hayatın kendisini anlamak için kara kutu dediğimiz bilinçaltının nelere sebep olduğunu iyi kavramamız gerekiyor. Psikoloji bilimi, bilinçaltını en basit anlatımı ile "zihnin analitik ve odak farkındalığı olmayan kısmı" olarak nitelendirir. Psikoanalizin kurucusu dünyaca ünlü psikolog Sigmund Freud tarafından ilk kez kullanılan bilinçaltı terimi, bir buz dağına benzetilir. Bilinç, yani zihnin o anki odak noktası, buz dağının görünen yüzü iken bilinçaltı, buz dağının görünmeyen yüzünü oluşturur. Çok daha derin, çok daha güçlü, çok daha gizemli...

Bilinçaltı camdan yapılmış sihirli bir anahtara benzer sevgili canlar. Çok sıkı tutarsanız kırıp elinizi kesebilirsiniz ya da düşürürseniz paramparça olur. Ancak nasıl kullanacağınızı bilirseniz, kapalı tüm kapıları kolaylıkla açabilirsiniz. Bilinçaltı bizi hayatta tutabilmek için derinlerde, bilmediğimiz bir düzlemde kodlar oluşturur. Bu kodlarla bizi hayatta ve güvenli alanda tutarak yürümemizi sağlamak amacıyla durmaksızın çalışır. Bilinçaltının anahtarını elinizde tuttuğunuzda, yani nasıl çalıştığını ve nasıl negatif kodlar oluşturabileceğini bilirseniz hayatınızı pozitif yönde geliştirebilirsiniz. Eğer bilinçaltınızın işleyişini bilmezseniz durmaksızın kodlar oluşturarak sizi kısıtlayan ve bulmadığınız sürece gerçek işlevini yerine getiremeyen bir kara kutudan başka bir şey olmaz bu. Siz de sürekli aynı döngünün içinde kalırsınız, tekerrür eden olaylarda kişiler değişse de hep aynı sonuçlarla karşılaşırsınız. Burada en önemli şey, bilincin kararlarıyla kara kutunuzu oluşturduğunuzu bilmeniz. O hâlde bu kara kutuya erişebilecek tek kişi de yine sizsiniz. Aslında bu kara kutunun tek amacı bizi hayatta tutmak ve yaşatmak. Emin olun ki içinde iyi duygular, pozitif inançlar olmasaydı şu an hayatta kalamazdık. Yani bu kara kutuyu açınca ışıl ışıl parlayan bir hazine bulacaksınız. Dolayısıyla her birey ulaşmak için çabaladığı müddetçe kendi kara kutusunu değerli bir hazineye çevirebilir.

Yüce Allah tarafından yaratılmış varlıkların tamamı eşsiz bir güzelliğe sahiptir. Tüm varlıklar arasında en kusursuz yaratılışa sahip olanı ise biz insanlarız. Zihnimiz ise bu kusursuzluğun en güzel yansıması. Beyin, etrafında olup biten her şeyi ve tümünü ayrım yapmaksızın kaydeder. Kendince gerekli gördüğü bilgileri ön planda tutarken geri kalanı arkaya atar. Eğer biz BİLİNÇLİ GÖZLEM yani farkındalığımızla bu noktada devreye girmezsek neyin gerekli olacağına bilinçaltı kendisi karar verir ve en başta bahsettiğimiz oyuncu tarafı bu noktada karşımıza çıkar. Gün içinde sürekli tekrarladığımız, dilimize dolanan o şarkı mesela... "Nerden dilime dolandı bu şarkı?" diye düşünür, unutmaya çalışır ama uzun süre o şarkıyı söylemekten kendimizi alamayız. İşte o şarkı sevgili canlar, türlü düşüncelerle telefonumuza gelen mesajı okurken önünden geçip gittiğimiz mağazada çalan şarkıdır. O an zihnimiz, okuduğumuz mesaj ve yürüdüğümüz yolla ilgilenirken bilinçaltımız olan biten her şeyi kaydeder ve küçük bir oyunla bize sevmediğimiz bir şarkıyı bile tüm gün söylettirebilir. Bir arkadaşınızla kafede oturup kahvenizi yudumlarken sohbet ettiğinizi hayal edin, sevgili canlar. Zihniniz o an arkadaşınızın anlattıklarını, içtiğiniz kahvenin tadını, kafede çalan müziği, arka masada konuşulanları, kafenin diğer ucunda oturan insanların kıyafetlerinin renklerini, bacağınızdaki uyuşmayı, sokaktan geçen kediyi ve hatta uzaktan gelen kuş seslerini bile siz farkında olmadan otomatik olarak kaydeder. Bilinciniz, yani o anki farkındalığınız, o sıradaki sohbete ve içeceğinize odaklanmışken bilinçaltınız, arka masada söylenen bir kelimeyi çocukluğunuzda yaşadığınız bir anı ile bağdaştırarak kendinizi değersiz hissetmenize sebep olabilir. Bu kısacık anlatımda karşımıza çıkan "değersizlik hissi" bilinçaltımızın bize oynadığı onlarca oyundan sadece bir tanesidir.

Mademki Sevgili Freud bilinçaltını bir buz dağına benzetti, biz de bu benzetmeden yola çıkarak bilinçaltının bir oyununa daha göz atalım. Titanik yapıldığı dönemde o çağın en teknolojik ulaşım aracıydı. Medyada büyük yankı uyandırmış ve batmaz gemi olarak adlandırılmıştı. Buz dağına çarpıp battıktan sonra ise kazada hayatını kaybeden kaptan Edward John Smith'in ihmali olup olmadığı büyük tartışmalara yol açmıştı. Görevini yeterince ciddiye almadığı, rotaya dikkat etmediği, o an görevinin başında olmadığı gibi söylemler kaptana yöneltiliyordu. Peki, sizce sevgili kaptanımız oldukça sansasyonel, teknoloji harikası, herkesin hayranlıkla baktığı, âdeta kaptana bile ihtiyaç duymuyormuş gibi anlatılan, batmayacağı iddia edilen bu gemide kaptanlık yaparken bilinçaltının ait hissetmeme oyunu ile karşı karşıya kalmış ve içten içe gemide kendisine gerek olmadığını düşünmüş olabilir mi? Kim bilir?

Elbette ki kuantumcular bilir. Çünkü kuantum düşünce tekniği bizlere bilinçaltını nasıl okuyacağımızı ve nasıl yönlendireceğimizi gösteren kusursuz bir düşünce sistemidir. Kontrol altına alınmamış bir bilinçaltı türlü oyunlarla yaşantımızı şekillendirirken biz buna sadece kader demekle yetiniriz. Oysa temizlenmiş bir bilinçaltıyla dilediğimiz her şeye sahip olabiliriz. Sağlık, para, bereket, huzur, öz güven, güzel bir ilişki, başarılı bir kariyer... Hepsi ama hepsi kontrol altına alınmış bir bilinçaltıyla son derece kolay elde edilebilir çünkü Yüce Rabb'imiz bizlere kaderimize yön verme gücünü bahşetmiştir.

> *"Ve biz, her bir insanın kaderini kendi çabasına*
> *bağlı kıldık."*
> – İsrâ Suresi 13. Ayet

Uyanış Zamanı, Tevekkül ve *Kalbin Kıblesi* kitaplarımda bilinçaltını sizlere detaylıca anlattım. Verdiğimiz *Kuantum Drama Uygulayıcılık* eğitimlerinde stajyerin el kitabı olarak adlandırılan *Uyanış Zamanı* kitabımı yeniden gözden geçirmenizi öneririm. Ve tüm bunları yapabilmek de düşüncelerimize yön vermekle yani bilinçaltımızı kontrol etmekle mümkündür. Bilinçaltınızı farkındalığa kavuşturmadan "gerçek seni" bulamazsınız.

Unutmayın sevgili canlar, karanlıkta bile ışık vardır çünkü Allah vardır. Karanlıktaki ışığı fark etmek Rabb'imizin var ettiği ilahi sistemi anlamakla mümkün olabilir.

Bilinçaltını ve bizlere oynadığı oyunları keşfederek yaşantınıza yön vermeye, isteklerinizi bir mıknatıs gibi kendinize çekmeye, kapalı tüm kapıları açmaya, olmayanları oldurmaya var mısınız?

Başlayalım o zaman!

HAYAT KORİDORU

"Dönüşünüz ancak Allah'adır.
O, her şeye hakkıyla gücü yetendir."
− Hûd Suresi 4. Ayet

Hayat dairesel bir koridor gibidir, koridorun sonu başladığı yere denk gelir. Doğal akışı ile ilerleyen bir yaşam, sona yaklaştıkça ilk yıllarına benzemeye başlayacaktır sevgili canlar. Neredeyse tüm yaşam fonksiyonlarımızda annemizin yardımına muhtaç, oldukça güçsüz bir şekilde dünyaya gelir ve ilk ağlamamızla hayata, "Merhaba," deriz. Yaşadığımız her deneyim bizi güçlendirir ve daha bağımsız bir hâle getirir. Ancak sağlıklı bir şekilde ilerlediğimiz yaşam yolculuğumuzun bir noktasında en yüksek noktaya ulaşır ve bir şekilde dönmeye başlarız. Bu dönüş bir gerileme değil, öze ulaşma çabasıdır.

Hayat, tecrübelerin deneyimlere dönüştüğü öğretileri alarak ilerlediğimiz bir oyun alanıdır, sevgili canlar.

"İyi bilin ki, şu dünya hayatı boş bir oyalanma ve
oyundan başka bir şey değildir. Ahiret yurduna
gelince, işte gerçek hayat odur."
− Ankebût Suresi 64. Ayet

Ruhlarımız, bedenlerimize bürünerek dünyaya gelir ve duyguları, iradeyi fikirleri tecrübe edip zıtlıkları fark ederek her şeyin deneyim olduğunu anladıktan sonra geldiği yere, yani Rabb'a döner. Öz benliklerimiz ruhlar aleminde Yüce Allah'a bir söz verdi. Bu söz doğrultusunda beden kıyafetini giyerek Rabb'imizin halifesi unvanına layık olabilmek ve bunu yaşamak için hayat koridoruna doğru adım attık. Attığımız bu adım, dönmek üzere çıkılan yolculuğun başlangıcı oldu.

Ruhumuzu tekâmül ettirmek amacıyla girdiğimiz bu hayat koridoru, negatif çekirdek inançlarımızı ortaya çıkardığımız, ölümle burun buruna geldiğimiz ve Allah'ı tekrar hatırlayarak aramızdaki tüm mesafeleri kaldırdığımız koridordur. Çünkü bize Rabb'imizi en çok hatırlatan şey ölümdür. Yaşamın amacı ölmeden ölmek, yani Yaradan'a ulaşmaktır. Rabb'imizi hatırlamak için ölümle burun buruna gelmeyi beklemeyelim sevgili canlar. O zaten her an bizimle, şah damarımızdan daha yakın.

Hayat koridorunun içi çoğunlukla korku duygusuyla doludur. Kaybetme korkusu, var olamama korkusu, eksik kalma korkusu... Bu korkular, negatif kök inançların etkisiyle ortaya çıkarak güvende kalamama endişesiyle bizi sürekli farklı yönlere çeker ve Allah ile aramıza mesafe koydurur. Yalnız farkında olmadığımız bir şey vardır ki o da şu an aldığımız nefesi, hâlâ yaşıyor olmamızı borçlu olduğumuz, bilinçaltımızdaki pozitif inançlardır. Negatif inançları almamızın tek sebebi tekâmül etmek istememizden kaynaklanır. Aslına bakarsanız biz her şeyi zaten biliyoruz, sadece unuttuk. Korkunun karşıtıdır sevgi ve tüm duygular bu muhteşem ikilinin dansıyla oluşur. O zaman her şeyin içinde negatif de vardır, pozitif de ve bunlar eşit şekilde bulunur. Bu denge hâli bizi ilerletir. Hayat koridorundan geçebilmenin tek anahtarı budur.

Bu koridorda korku ve endişeyle dolduğumuzda yaşadığımız olaylar karşısında bazen tepkisiz kalma, umursamaz davranma, şok olma gibi uç tepkiler de verebiliriz. Bu durumda yaşamın gerçek amacından, yani Allah'ımızdan ulaşma yolundan uzaklaşmış oluruz.

Biz geldiğimiz ve döneceğimiz yeri, yani Allah'ımızı tekrar hatırladığımızda ise bu korkular kendiliğinden kaybolur. Allah'ı hatırlamak kendini ve evreni bilmekle mümkün olur. Çünkü Yüce Rabb'imiz baktığımız her yerdedir. Rabb'ini araştırmayan, ailesinden aldığı öğretilerle O'ndan korkan, ödül bekleyen, seçimlerine kader diyen, hastalıkları ceza olarak gören, ilk denemede başarısız olduğu için yeteneksiz olduğu sonucuna varan, yaşadığı bir iki deneyimle varsayımlarda bulunan, denemekten vazgeçen, duygularının ne olduğunu ve kendini bilmeyen nasıl kendi gerçeğine, yani Allah'ına ulaşabilir.

Bugün yanınızdan geçen kediye daha bir dikkatli bakmaya çalışın. Allah'ın onu ne kadar özene bezene yarattığını fark edeceksiniz. Yolda yürürken birkaç saniyeliğine durun ve kafanızı kaldırıp uçsuz bucaksız gökyüzüne bakın. Bulutların, güneşin ve kuşların eşsiz güzelliklerini görebiliyor musunuz? Bu, hayat koridorunuzdaki korkuların azaltmaya yardımcı olacak.

Hayat, başı ve sonu Allah olan bir koridordur.

Bu koridoru yersiz korkularla heba etmeyin.

ALLAH BİZİ CEZALANDIRIR MI?

"Şüphe yok ki Allah zerre kadar haksızlık etmez.
(Kulun yaptığı iş, eğer bir kötülük ise, onun cezasını
adaletle verir.) İyilik olursa onu katlar (kat kat
arttırır), kendinden de büyük mükafat verir."
— Nisâ Suresi 40. Ayet

ünyanın birçok yerinde, maalesef özellikle bizim coğrafyamızda da, birçok insanın dine karşı mesafeli duruşunun veya dinden tamamen soğumasının temel sebeplerinden biri, Allah'ın cezalandırıcı bir otorite olarak görülmesinden kaynaklanır. Bu yanlış algı insanların inanç sistemini daha ilk adımda etkileyerek kat edilebilecek uzun mesafeleri ve büyük ilerleyişleri daha en baştan engeller.

Peki nedir gerçek?

Allah bizi cezalandırır mı?

O'ndan korkmamız gerekir mi?

Bu konuyu daha iyi anlamak için ilk öncelikle Gazi Mustafa Kemal Atatürk'ten bir alıntıya göz atalım.

"Tehdit esasına dayanan ahlak, bir fazilet olmadıktan
başka güvene de lâyık değildir."
— *Mustafa Kemal Atatürk (25.08.1924, Muallimler*
Birliği Kongresi Üyelerine)

Ulu Önder yaptığı bu tespitle eğer cezadan korktuğumuz için ahlaklı davranıyorsak bunun gerçek bir ahlak olmadığını söylüyor. Eğer korktuğunuz için yalan söylemiyorsanız, bu sizi dürüst yapmaz. Eğer doğru olanı yapmak için dürüst davranıyorsanız, gerçekten dürüstsünüz demektir.

Korktuğumuz için ahlaklıymış gibi davranmamızın gerçek ahlak olmadığını elbette ki Rabb'imiz de bilir çünkü, her şeyin olduğu gibi, ahlakın da yaratıcısı Yüce Allah'ımızdır. O, bizim cehennemden korkarak iyi biriymiş gibi davranmamızı değil, gerçekten iyi bir insan olmamızı ister. Zaten yüzlerce yıldır süregelen Anadolu tasavvuf kültüründe Allah'tan değil, Allah'ın isteklerini yerine getirememekten, onun gösterdiği gerçekleri görememekten, Rabb'i anlayamamaktan korkulur.

Bu noktada akıllara neden cehennem olduğu sorusu gelebilir. Birçok insanı yanlış yöneten yanılgı da bu noktada ortaya çıkıyor. Evet, Kur'an-ı Kerim'de cehennemin varlığından bahsedilir. Allah bize cehennemin varlığını söyler, ancak dikkat edildiğinde cehennemden bir ceza yeri değil, bir karşılık yeri olarak bahsedilir. Çünkü aynı Kur'an-ı Kerim'de Yüce Rabb'imiz herkesin varacağı yeri kendisinin seçeceğini söyler. Herkes kendi yolunu kendi çizer. Kim ne yaparsa kendisine yapar. Sevgisizlik, anlayışsızlık, hoşgörüsüzlük, nezaketsizlik, saygısızlık cehennemi inşa eden birer tuğladır. Yani herkes kendi cehennemini inşa eder. Allah burada cezalandırıcı değil, adalet sağlayıcı konumundadır. Bu adalet asla şaşmaz çünkü herkes kendi seçimlerinin karşılığını yaşar.

Üstelik Yüce Rabb'imiz adaleti sağlayacağı sırada bağışlayıcı ve affedici olacağını açık bir şekilde belirtir. Tüm bunlara rağmen kolay bağışlayan Rabb'imizi; cezalandırıcı, sert bir otorite olarak tasvir etmek Allah'a karşı yapılan büyük bir haksızlıktır. Bu konuyu, üç kitabımda da detaylı bilgi olarak sizlerle paylaşmıştım.

> *"Kendi yarattıklarını cezalandıran ya da ödüllendiren, biz insanlarınkine benzer istekleri olan bir Tanrı'yı benim aklım almaz. Bedeni ile öldükten sonra yaşayabilecek bir insan da düşünemem. Zayıf yürekliler, korku ya da gülünç bir bencillikle bu çeşit düşünceleri beslesinler istedikleri kadar."*
> — Albert Einstein

Eğer hâlâ, "Allah beni cezalandırıyor" diye düşündüğünüz oluyorsa size şunu sormak isterim. Kendi ruhundan üflediği canı sizce cezalandırır mı? İnsan bedeninde ruhun içsel keşfine çıkmak için geldiğiniz bu yolculukta ahiret, asıl bu dünyada, ölmeden önce ölerek kalp gözünüzün açılmasıyla başlar. Uyanmayan ruh, cennet ve cehennem kavramları arasına sıkışarak beden kıyafetinin içinde tutuklu kalır. Cehennem uyumaktır, cennet uyanmaktır.

ÖLMEDEN ÖLMEK

"Dönüşünüz yalnız Allah'adır. O, her şeye kadirdir."
— Hûd Suresi 4. Ayet

Biz insanlar hazırlanmak konusunda oldukça gelişmiş canlılarız. Yaşamımız boyunca milyonlarca farklı olayı öngörerek hazırlık yaparız. Çoğu zaman hazırlandığımızın farkında bile olmadan otomatik olarak hareket ederiz. Giyeceğimiz kıyafetten kariyer planımıza, izleyeceğimiz filmden yiyeceğimiz yemeğe, gireceğimiz sınavlara, gideceğimiz yola, yapacağımız tatile, kışın ödeyeceğimiz faturaya kadar planlarız. Neredeyse hemen her şey için hazırlanırız. Hatta her gece uyku öncesi bile ufak tefek hazırlıklarımız olur. Ortalama bir insan ömrüne bu açıdan baktığımızda hayatımızın neredeyse 70% veya 80%'i hazırlamakla geçer. Buna rağmen ne yazık ki birçok insan esas hazırlıklı olması gereken gerçeğe, yani ölüme hazırlanmayı ihmal eder.

Tüm canlılar için değiştirilemez bir gerçek olan ölümü elbet bir gün mutlaka tadacağız. Ne zaman ve ne şekilde olacağını bilmiyoruz. Bu yüzden her an hazırlıklı olmamız gerek. Ölümün ne olduğunu gerçekten anlamadan ona hazırlamamız pek mümkün değil. Onu anlamadığımız sürece ölümden ancak korkabiliriz.

Ölüm bir son değil, bir başlangıç. Ayrılık değil, kavuşma. Gitmek değil dönmek. Ölüm sonsuzluğun başlangıcı, sınırların ortadan kalkması, öze dönmek, Yaradan'a kavuşmaktır. Aslında bizi korkutan ölüm değil, yarım kalmış anlardır. Hep istediği kursa yazılmayı sürekli geciktirenler, hayalini kurduğu seyahati gerçekleştiremeyenler, yaşamayı nefes almak zannedenler, kısacası hayatı erteleyenlerdir ölümden korkanlar. Onların esas korktuğu ölüm değil, yaşayamadıkları hayattır. Mutlak olan ölümü lâyıkıyla karşılayabilmek ve ona hazırlanabilmek için önce sahip olduğumuz hayatımızı, gönlümüzden geldiği gibi yaşamak ve sonrasında ise ölmeden önce ölmek gerekir.

Ölmeden önce ölmek çoğu kişi tarafından maalesef her şeyden uzaklaşılarak hissiz bir şekilde, sanki yokmuş gibi yaşamak zannedilir. Oysa yaşamadan ölemeyiz. Allah dünyamızı biz yaşayalım diye türlü güzelliklerle donatmış. Eğer yaşamamızı istemeseydi Rabb'imiz neden bizi yaratsın ki?

"Ölmeden önce ölünüz." - Hz. Muhammed (S.A.V.)

Ölmek, aslımıza dönmek ve Allah'a dönmek anlamına gelir. Dolayısıyla ölmeden önce ölmek de Allah'ı unutturan her şeyden kurtularak bakış açımızı değiştirmek, özümüzü hatırlamak, Allah'a yönelmek ve Rabb'imizi bulmaktır.

Eğer masanın üzerinde duran telefonu gördüğünüzde elinize alıp saatler boyu hipnoz olmuş gibi kitlenmek yerine Allah'ın verdiği akılla insan neler yapıyor diyorsanız, binlerce kilometre uzaklıktaki biriyle anlık görüşebilmenin ses ve ışığın mucizevi yapıları sayesinde olduğunu fark ederek Allah'ı hissediyorsanız ölmeden önce ölmüşsünüz demektir.

Kutsal kitabımız *Kur'an-ı Kerim*, insanın hayatındaki rehberdir ve eğer hayatınızın sırrını çözebilirseniz ona göre şekillendirebilirsiniz. *Kalbin Kıblesi* adlı kitabımda, Kur'an-ı Kerim'deki hikayelerin neden bu kadar fazla olduğunu kuantum açısından anlattım. Bedenimizle bu dünyaya geldiğimizde, ilk olarak ruhumuzun sonsuz halinin neden bu daracık yerde sıkışıp kalmış olduğunu sorguluyoruz. Bazı insanlar kendilerini görünür kılmak için kaldıramayacakları yükü altına girerken bazıları bedenlerini hasta ederek bu dar alanın dışına çıkmaya çalışıyordur belki de kim bilir? Ruh, sonsuzdur. Bedende sıkıştığını zanneden ruh sonsuzluğunu küçültmeye çalışır, yok etmek için çabalar. Üzülür, kırılır, hasta olur, dertlenir, tasalanır, ağır travmalar yaşar, korkar, acılar içinde kaybolur vs. Asla yok olmayacağını anlayan ruh bunu anladığında da ölmeden önce ölür. Ölmeden önce ölmek, uyuyan hâlinizin uyanmasıdır. Olan bitenler sizi yaşayan bir ölüye çevirdi. Ölmemek, yani uyanmamak için, kısaca ölmeden önce ölmemek için direniyorsunuz. Beden hapishanesinden çıkmaya karar verdiğinizde ruhunuzun sonsuzluğunu ve mükemmelliğini görürsünüz. Kutsal kitabımız *Kur'an-ı Kerim*'i "ölmeden önce ölerek" bir yaşam kılavuzu olarak okumaya başladığınızda her şeyden yeni anlamlar kazanacak ve siz şifreleri çözeceksiniz.

İnsanın İçsel Keşfi size ölmeden önce ölmeyi, kalp gözünün açılmasını ve en önemlisi Rabb'inizi bilmeyi sunuyor. Baktığınız her yerde Allah'ı görüyorsanız ölmeden önce ölmeye hazırsınız demektir. Artık ölmeden önce ölüm sizin için korku değil, heyecan verici bir gerçektir.

KALP GÖZÜ

"Yeryüzünde gezip dolaşmadılar mı ki, düşünecek
kalpleri, işitecek kulakları olsun? (Dolaştılar, ama
ibret almadılar.) Çünkü gerçekte gözler değil,
göğüslerdeki kalpler (kalp gözleri) kör olur."
— Hac Suresi 46. Ayet

Yaşam rehberimiz, yol göstericimiz, kutsal kitabımız *Kur'an-ı Kerim* her ayrıntısıyla ufkumuzu açacak, engin bilgilerle dolu muhteşem bir kitaptır. Bizlere yepyeni kapılar açabilecek zenginlikler barındırır içinde. *Kur'an-ı Kerim*'i okudukça kâinata dair daha fazla bilgiyi keşfedeceksiniz. *Kur'an*'ın bizlere verdiği ilim tıpkı denize atılan taşın etkisiyle yayılan dalgalar gibidir. Büyüyerek ve genişleyerek yayılmaya devam eder. Tıpkı Hac Suresi 46. ayetin bizlere gösterdiği gerçek gibi… Ayet bizlere kalbimizde görebileceğimiz gerçeğini açık ve net bir şekilde ifade ediyor. Elbette burada kastedilen görmek, somut bir görmenin çok daha ötesinde...

Gözlerimiz yalnızca etrafımızda bulunan ışığı beynimize yansıtarak zihnimizde yorumlanmasına aracılık eder. Yani aslında görmek dediğimiz şey, beynimizin etrafımızdaki dünyayı yorumlamasından ibarettir. Oysa kalp ile görmek bu yorumlama işinden farklıdır. Hissetmektir, anlamaktır, fark etmektir, kavrayabilmektir.

Göz ile görmek kimi zaman yanıltıcı olabilir. Beynimiz renklere ve ışığın konuma göre olanı değil, olmasını istediği şeyi bize gösterebilir. İnternete görsel illüzyon yazdığınızda beynin nasıl kolayca yanılabileceğine dair onlarca farklı örnek bulabilirsiniz. Ancak kalp gözü yanılmaz, o her zaman olanı ve hatta olanın arkasındaki gerçeği bizlere yansıtır. Yorumculuk değil rehberlik yapar.

Nasıl ki gözlerin görme yetisi kişiden kişiye değişiyorsa, kimileri çok uzakları bile net bir şekilde görebiliyorken bazısı yakınındakini bile görmekte zorlanıyorsa aynı şey kalp gözlerimiz içinde geçerli. Gözlerimizdeki bozukluğu gözlüklerle bir nebze de olsa giderebiliriz. Bir göz doktoruna giderek göz damlası alabiliriz. Kalbimizin ihtiyacı olan tek şey ise farkındalık. Kalbin damlası da *Kur'an*.

Kalp gözümüzü açmak için öncelikle kalbimize iyi bakmalı, onu yormamalıyız. Her şeye üzülmek, ihtimaller üzerine kaygılanmak, sevgiden uzak yaşamak kalbi yorar ve görüş açısını daraltır. Ayrıca kalbimizi direkt olarak etkileyen bilinçaltımızı da negatif inanç kodlarından temizlemeliyiz. Temizlenmemiş bir bilinçaltı, kalbin önünde duran koca bir engel gibidir. Tüm saf ve iyi niyetimizle, olumlu düşüncelerle beslenen sevgi dolu temiz bir kalp, olan biten her şeyi, tüm çıplaklığı ile sizlere gösterecektir.

Zihin hayal gücü ile çalışır. Hayalleri olan insanlar, zihinlerini yönetebilen insanlardır. Keşif yolculuğuna çıkmadan önce, insanlar genellikle kendilerini sorunlar, sıkıntılar, çıkmazlar, imkansızlıklar, çaresizlikler, depresif hisler, öfke ve diğer engellerle çevrili bulurlar. Bu zamanlarda belki de kendileri için en zorlu zamanlardan birini yaşarlar. Hepimizin bu gibi zamanları vardır. Belki de yıllardır süren ertelemelerin, kendimize ayıramadığımız zamanların sonucudur. Bu zamanlarda çaresizlik, imkânsızlık ve umutsuzluk hissedebiliriz. Ancak bu hislerin bizi ele geçirmesine izin vermemeliyiz. Duygular ve düşünceler üretebilen birer varlık olduğumuzu hatırlamalıyız. Bu farkındalık bizi bir adım öne taşır. Zihin, artık bilinçli hayaller ve vizyonlar yaratarak hayal gücü mekanizmasından çıkar. Bu sayede kuantum düzeyinde bir sıçrama yaparak yeni bir hayat kurgulama fırsatı yakalarız. Eğer düşüncelerimizi kendimiz üretiyorsak saf farkındalıkla yeni düşünceler oluşturarak kuantum düzeyinde yeni bir gerçeklik yaratabileceğimizi bilmeliyiz. Artık yeni bir hayat yaratmanın tam zamanıdır. Bu, kalp gözünün açılma hâlidir. Bu hâl, uyuyanın uyanışıdır. Bu hâl, Allah'ın halifesi olan insanın keşif yolculuğuna çıkma adımıdır. Tüm sıfatları bıraktığınız, özellikle kadın ve erkek olarak ayrım yapmaksızın varlık bilincine geçme hâlidir. İşte tam burada HİÇ olduğunuzu anlamaya başlarsınız. Bu da sizde basiret hâlinizi çözerek, kalp gözünüzün açılmasına neden olur. Saf ve iyi niyetle farkındalık hâliniz aktive olur. Belki de esas kıyamet tam da burada kopar.

Siz uyanınca...

DEĞER "SİZ"SİNİZ

İnsanın Hayatındaki Değersizlik Oyunu

Arkadaş ortamınızın Güzin ablası siz misiniz? Herkesin dertleriyle yakından ilgileniyor, çözmek için uğraşıyor ancak benzer çabayı kendiniz için göstermiyor musunuz? "Hayır," demekte zorlanıyor musunuz? Enerjinizin büyük kısmını başkaları için mi harcıyorsunuz? Fazla mı fedakârsınız? Eğer cevabınız "Evet," ise bilinçaltının değersizlik oyunuyla karşı karşıya kalmış olabilirsiniz.

Bilinçaltının değersizlik oyununa maruz kalmış kişiler, genellikle öz saygıları düşük olduğu için başkalarına fazla önem verirler. Bu şekilde karşısındaki insanın da kendisine saygı duyacağını ve seveceğini zannederler. Oysa söylesene güzel ruh, sen fark etmedikçe bir başkası değerini nasıl fark edebilir? Önce sen kendi ışığını fark edeceksin ki o ışıltı yansıyıp başkalarını aydınlatabilsin.

Değersizlik hissi öz güven eksikliği, ilişki bağımlılığı, kontrolcülük, mükemmeliyetçilik, kıyaslama, fazla fedakârlık, yaşam enerjisini kaybetme, motivasyon düşüklüğü, kendini tüm olumsuzlukların sebebi olarak görmek gibi zihinsel yan etkilerle birlikte geçmek bilmeyen ağrılar, mide bulantıları, ani gelen ağlama krizleri, sürekli uyuma isteği, obezite gibi fiziksel sorunlara da sebep olabilir. Örneğin, kendini değersiz hisseden biri ilgi görme isteğiyle sürekli kendisinde hastalıklar keşfedebilir. Hastalık hastası dediğimiz tüm insanlar değerli olduğunu hissetmek için farkında olmadan böyle bir yola başvurabilirler. Diğer yandan bedeni büyüyünce evrende daha çok yer kaplayacağı inancına istemsizce kapılmış olabilir. Böyle daha değerli ve güçlü olacağını hissedebilir. Bilinçaltında vadedilen bu güçlü ve değerli kişi, ancak sahte kişi, sürekli kilo almasının nedeni olabilir. Oysa sevgili Yaşar Kemal'in söylediği gibi, *"İnsan evrende bedeni kadar değil, yüreği kadar yer kaplar."* Değersizlik duygusu zihinde büyüdükçe yaşam kalitesinde ciddi düşüşe sebep olur. Hayat monoton ve sıkıcı bir hâl almaya başlar. Maalesef ki bu monotonluk insanların eşini, işini, statüsünü kaybetmesine neden olabilir, hatta madde bağımlılığına kadar sürükleyebilir.

Tüm bu etkiler gerçek olsa da çok daha büyük bir gerçek var ki o da hepimizin özel, değerli ve tek olduğu gerçeği. O an başkalarının bunu fark etmiyor olması bizi asla değersiz kılmaz. Bununla ilgili harika bir anekdot anlatılagelir. Bir gün Washington metrosunda bir şapkalı adam ortaya çıkar ve çantasından kemanını çıkararak çalmaya başlar. Metro istasyonunun en kalabalık saatlerinden birbirinde muhteşem klasik eserler çalan bu adama çok az kişi ilgi gösterir. İçlerinden küçük bir çocuk durup dinlemek ister ama annesi çekiştirip uzaklaştırır. Nihayet performansını tamamlayıp oradan ayrılma zamanı geldiğinde cebine 30 dolardan fazla koyamaz. Alkış bile kazanamadığı bu metro istasyonunda çaldığı o keman dahi binlerce dolar ediyordur halbuki. Bu şapkalı beyefendi değeri yüzlerce dolar olan konser biletleri günler öncesinden tükenen, dünyanın en yetenekli müzisyenlerinden Joshua Bell'dir. O an önünden gelip geçmiş binlerce kişinin fark etmemiş olması Joshua'nın değerinden hiçbir şey eksiltmez. Ancak kendi potansiyelini keşfederek bunu geliştirmek için çabalaması, tüm dünyada büyük değer görmesine sebep olmuş. Yani güzel ruhlar, sevgili Joshua değer görmek için çabalamadı, kendisine saygı duyarak değerini bütün dünyaya yansıttı.

Değersiz hisseden kişiler, hangi duyguların esiri olduğunu bilmeden hareket ederler. Kendimize verdiğimiz değerler hayattaki duruşumuzu, davranışlarımızı etkiler ve mizacımızı oluşturur ve böylelikle değerlerinin farkında olmayanlar karakterleri değişmez sanırlar. Hâlbuki herkeste bir değer deposu vardır. Ne var ki kendi değerimizi diğer insanlar ile ölçüyoruz. Diğer insanların bizi araması, ilgilenmesi, sevdiklerini söylemesi, hissettirmesi, onaylaması, desteklemesi, vazgeçilmez olmak, DEĞERLER MARKETİ'mizi doldurur ya da azaltır.

VAR edilirken DNA'mıza ilahi sistem tarafından işlenen değer, dünyaya geldiğimiz andan yaşam mücadelesine katıldığımız ana dek yaşayacağımız tecrübelerin doğurduğu değer ve değersizlik kavramlarıyla ilişkilendirilir. Dünyayı keşfetmeye başladığımız 0-7 yaş arasındaki dönemde kendimizi güvende hissedeceğimiz inançlar geliştirebiliriz. Bu inançlar, zihinlerimizde depolanır ve yaşamda karşılaşılan zorluklarda kendimize güvenme konusunda belirleyici olurlar. Tekâmül etmek için dünyaya geldiğini düşünen kişi ile dünya hapishanesine atıldığını düşünen kişi, değer ve değersizlik arasındaki ince çizgiyi oturtabilirse değerini fark eder. Çocuklukta depoladığımız "ben değerliyim" ya da "ben değersizim" inancımızı, diğerlerinin değeriyle kıyaslayarak netleştiririz. Bilinçaltı kayıtları değişmedikçe yaşımız kaç olursa olsun bu dönemde depolanan değersizlik inancı öylece kalır, devam eder. Yani şu anda sevgili okurum, her birimiz 0-7 yaş aralığında depoladığımız inançlarımızın toplamıyız ve her şeye oradaki çocuk aklıyla bakıyoruz. Onları hissediyor, anlıyor ve öyle hareket ediyoruz. Bu yaş aralığında karşılaştığımız her davranış şekli, ileriki yaşlarımızı da doğrudan etkileyecek değerle ilgili davranış modelimizi belirlerken önemli birer rol oynar. Mesela, bir annenin kızına "Sen yapamazsın," demesi ileriki yaşlarda onun bir kadın olarak kendini güçsüz hissetmesine neden olabilir. Benzer şekilde bir babanın, bisikletini tamir etmek isteyen çocuğuna, "Sen küçüksün, beceremezsin," demesi de o çocuğun bir işe başlayacağı zaman geldiğinde korkak ve çekingen davranmasının nedeni muhtemelen. Yani ebeveynler farkında olmadan çocuklarına değersizliğin öğretisini verebilirler.

Bazen de çalışmalarda farklı davranış modelleriyle karşılaşıyoruz. Danışan bu değersizlik duygusunu saklamak için dışarıya karşı maskeleme yöntemiyle rekabetçi, öz güvenli, değerli kişilik modellerini yansıtıyor. Fakat daha sonra bilinçaltında, küçücük bir şeyle yıkılacak şekilde, değersizlik duygusunun en derininde kaybolmuş bir birey bulabiliyoruz. Daha derine indiğimizde onay bekleyen, değerli hissetmek isteyen yaralı bir çocukla karşılaşıyoruz. Oradaki yaralı çocuğu şimdiye taşıdığınızı ve aslında bugününüzde değerli olduğunuzu, olaylara hâlâ yaralı çocuk olarak bakarak değersiz hissettiğinizi gösteriyoruz. Böylelikle o yaralı çocuğun artık büyüdüğünü ve şimdiki hâlinden baktığını anlayan kişi o zamanki çocuk hâline sahip çıktığını, orada bıraktığı ruhsal veçhesini bugünlere taşımış olduğunu görüyor. Danışanın yeni değerlerini benimsemesini kolaylaştırmak ve gelişmesini sağlamak için, maskelemeye çalıştığı derinlerdeki o duyguları çalışmalarımızda açığa çıkarıp nötrlemeyi hedefliyoruz. Bu sayede bilinçli farkındalıkla birlikte öğretilerimiz danışanın gelişimine yardımcı oluyor ve tekâmülünü destekliyoruz.

Bu kitabı okuyan ve değersiz hisseden biri iseniz kendi içinizde referans noktasını oturttuğunuzda değerli olduğunuzu ve kendi değerinizi belirlediğinizi fark edeceksiniz. Kendimize hakkı olan değeri vererek öz saygımız için kendi sınırlarımızı çizip prensipler oluşturduğumuzda hayat aynası değerimizi bize geri yansıtır. Bilinçli gözlemle düşüncelerimizi kontrol ettiğimizde kendimize sevgi, şefkat ve merhamet verme yetimiz ortaya çıkar. Tam da burada geçmişi affetmek gerekir. Bize kendimizi değersiz hissettiren kişilerle empati kurarak duygu yükümüzden özgürleşebiliriz. Burada affetmek çok önemlidir. Onları haklı görmek ve olayları unutmaktan bahsetmiyorum. Neden böyle yaptıklarını anlamanızdan söz ediyorum. Böylelikle hiç kimsenin kusursuz olmadığını anlarız. Özellikle kendimizin kusurlu hâlinin kusursuzluk olduğunu çözdüğümüzde ve sıradanlığa izin verdiğimizde özdeğerimizle buluşuruz. Bu durum sonucu duygularımızı, kendimizi değerli hissedeceğimiz şekilde değiştirir ve hayata dâhil oluruz. Kendimizi mutlu edecek şeyleri bulup yaptığımızda özümüzle bağlantı kurarız. Bu da bize değeri verir. Duygularımız ne olursa olsun düşüncede özdeğer varsa belki bu yol birkaç sefer acı ya da zorluk getirse de istikrarı seçtiğimiz müddetçe sonunda mutlaka DEĞERLİ hissederiz. Hiç vakit kaybetmeden hemen şimdi aynanın karşısına geçin sevgili can. Eşsizliğinizi ve özel olduğunuzu fark edin. Başkalarının düşüncelerini önemsemeden kendinizi keşfet. İnsanın en büyük yatırımı kendine yaptığı yatırımdır. Dolayısıyla okuyarak, araştırarak, öğrenerek gelişmeye devam edin. Sağlığınıza ve öz bakımınıza özen gösterin. İçinizdeki öz saygı ateşi yandıkça etrafınız aydınlanacak. Sahip olduğunuz değer, toprak altında kalmış bir maden gibi aslında. Tek yapmanız gereken onu fark ederek açığa çıkarmak. Unutmayın ki insan kendi değerini kendisi belirler.

Sen sevgili can, ruhunda Rabb'in nefesini, giyindiğin bedende mucizelerini taşıyorsun.

Sen teksin ve değerlisin, fark et...

"Kesin olarak inananlara, yeryüzünde ve kendi içinizde Allah'ın varlığına nice deliller vardır; görmez misiniz."
− Zariyat Suresi 21. Ayet

HAK ETMEME
Sahtekarlık Sendromu

Bilinçaltının bizlere oynadığı oyunlardan muhtemelen en etkili olanı hak etmeme duygusudur. Gelecekte yaşayacağımız başarıları engelleyebilir. Öyle ki farklı alanlarda dünya çapında çok büyük başarılar elde etmiş insanlar bile bilinçaltının hak etmeme oyununa maruz kalmıştır. Hatta tarihin en büyük bilim insanlarından biri olan Albert Einstein bile...

Hak etmemek duygusunun binlerce farklı sebebi olabilir. Bu sebepler kişiden kişiye değişiklik gösterir. Çocukluğumuzda duyduğumuz bir cümle, müdürümüzden alamadığımız bir övgü veya gençliğimizde bizi yönlendiren baskın bir otorite varlığı bu hak etmeme duygusunu ortaya çıkarabilir. Başta masum görünen bu his, zaman geçtikçe oldukça tehlikeli bir hâl alabilir. Masum görünmesinin sebebi ise çoğunlukla mütevazılık ile karıştırılmasından olur. Mütevazılık kesinlikle daha fazlasını, daha iyisini istememek değildir sevgili canlar. Mütevazı olmak gösteriş yapmamaktır. Zaten her zaman en iyiler gösteriş yapmaya ihtiyaç duymayanlardır. Daha iyisini talep etmekten, hak etmekten korkmayın. Tam da bu noktada istemek kadar nasıl istediğimiz de önemli. "Daha iyisini istiyorum," dediğiniz zaman bilinçaltınıza farkında olmadan "hak etmiyorum" mesajı vermiş olursunuz. İnanarak, "Daha iyisini hak ediyorum ve sahip olacağım," dediğiniz anda bilinçaltınız harekete geçecek ve çoktan olmuş olacak.

"Ben o ....yı hak etmiyorum."

"Denememe gerek yok, nasılsa başaramam."

"Ben yapamam/yapsam ne olacak ki?"

"Onun kadar iyi/güzel/başarılı değilim."

"Kutlanmaya değmez."

"Şansım yaver gitti."

"O kadarında gözüm yok."

Eğer siz de bu cümleleri veya benzerlerini kullanıyorsanız bilinçaltının hak etmeme duygusuna maruz kalmış olabilirsiniz. Bu duyguya sebep olan bilinçaltı kodu bulunup temizlenmediği sürece bilinçaltının hak etmeme oyunu başta iş hayatı, ilişki ve hatta aylık kazancınıza kadar tüm hayatınızı olumsuz etkileyebilir. Bulunduğunuz konumu kabul ederek, "Daha fazlasını hak etmiyorum," düşüncesi ile muhtemel bir terfi yolunu veya daha yüksek gelir kapısını kendinize kapatmış olursunuz. "Ben onu hak edecek ne yaptım, çok şanslı biriyim," düşüncesi zamanla yerini, "Gerçekte kim olduğumu anladığı zaman beni bırakacak," korkusuna dönüşerek ilişkilerde güvensizliğe sebep olacak. Maalesef bu da duygu bozukluğu ve depresyona kadar ilerleyebilir. Bilinçaltının hak etmeme oyunuyla ortaya çıkan bu sorunları görmemek ve ortadan kaldırmamak insanın kendisini sabote etmesi demektir. Düşünceler eylemlerin provasıdır, ne kadar çok prova ederseniz o kadar gerçekçi olur.

Hak etmeme duygusu psikolojide "imposter sendromu" olarak tanımlanır. ABD'li psikologlar Pauline Rose Clance ve Suzanne Imes tarafından 1978 yılında ortaya atılan bu tanım, aynı zamanda "sahtekarlık sendromu" olarak da bilinir. Bu sendromun etkisi altında olan kişiler, elde ettikleri başarılarda şans, tesadüf ya da başka faktörlerin etkili olduğuna inanarak kendilerini bir sahtekâr gibi hissederler. Kendi yeteneklerine, becerilerine ve başarılarına ilişkin gerçekçi bir değerlendirme yapamazlar ve başarısızlıklarını kendi yetersizlikleri olarak yorumlarlar. Bu sendrom, özellikle yüksek başarı gösteren kişilerde daha sık görülür ve hayatlarını olumsuz yönde etkileyebilir.

Stanford Üniversitesi'nden Carol Dweck, farklı yaş gruplarından birçok çocuğun karşılaştıkları zorluklar karşısında verdiği tepkileri ölçtüğü bir deneye imza atmıştı. Dweck zorluklar karşısında başarılı olamayacağını belirterek hiç denemeyen ve ilk başarısızlıkta pes edip ikinci denemeyi yapmayan çocukları "sabit fikirli" olarak tanımladı. Karşılaştığı zorluktan korkmayarak üzerine giden, başarısızlıkta ise pes etmeyerek istediğini alana kadar farklı yollar deneyen çocuklar ise "gelişim anlayışlı" olarak adlandırıldı. Daha sonra yapılan farklı çalışmalarla gelişim sağlayamayacağını, başaramayacağını düşünmek gibi sabit fikirlerin hak etmeme duygusunu direkt olarak etkilediği anlaşıldı.

Hak etmeme duygusunu ortaya çıkaran bir başka sebep ise kazanılan başarıları farklı dış sebeplere bağlama hatası. İki kez Oscar ödülü kazanmış, dünyanın en saygın aktörlerinden biri olan Tom Hanks 2016 yılında Amerikan Ulusal Halk Radyosu'na yaptığı açıklamada, "Neler başarmış olursak olalım, 'Buraya nasıl geldim? Ne zaman bir sahtekâr olduğumu fark edecekler ve her şeyi elimden alacaklar?' dediğimiz bir noktaya geliyoruz." demişti.

ABD'nin eski First Lady'si Michelle Obama ise benzer duyguları farklı cümlelerle ifade etmişti. "Hâlâ biraz sahtekârlık sendromum var. Hiç gitmiyor. 'Dünya beni gerçekten bu kadar ciddiye almalı mı?' duygusu hiç geçmiyor. Ben sadece Michelle Robinson'um, devlet okulunda okuyan, ülkenin güneyinden küçük bir kızım."

Tüm zamanların en büyük bilim insanlarından biri olarak kabul gören, izafiyet teorisi ile 1921 yılında Nobel Fizik Ödülü'nü kazanan ve aynı zamanda 1999 yılında Times dergisi tarafından yüzyılın en önemli kişisi seçilen Albert Einstein'ın ölümünden kısa süre önce yakın çevresine, "Çalışmalarıma gösterilen abartılı saygı beni çok rahatsız ediyor. Kendimi, gayriihtiyari sahtekârlık yapmış gibi hissediyorum." dediği biliniyor.

Tüm bu söylemler hak etmeme duygusunun ne kadar etkili olabileceğini gözler önüne seren yalnızca birkaç örnek, sevgili canlar. Bilinçaltının en çok oynadığı oyunlardan biri olan hak etmeme oyunu, bu ve buna benzer duyguları zaman zaman bizlerin de hissetmesine sebep oluyor. Oysa bizler en başta insan olarak tüm kâinatın yaratıcısı, tek Tanrı, Yüce Allah'ın "yeryüzündeki halifem" olarak bahsettiği varlıklarız. Sahip olduğumuz güç, enerjiye ve maddeye yön verebilme yetisine sahip. Peki, bu oyundan ve bize hissettirdiklerinden nasıl kurtulacağız?

Dünyaya gelen çocuk sekiz yaşından sonra tekâmül anlaşmasına göre aldığı bilinçaltı çekirdek inançlarla ve egosunun da yönlendirmesiyle kendini güvende hissetmeye çalışır. Burada karşılaştığı olaylar karşısında en sık rastladığımız, "Hak ediyor muyum? Hakkımı verirler mi? Yaptığımda karşılığını alır mıyım?" sorularının arkasındaki hak duygusudur. Bireyin farkındalığına bağlı, genellikle günlük hayatta yaşadığı olaylar karşısında hakkını alıp almamasıyla ilgilidir. Bu duygu kişi farkında olmadan bilinçaltında çalışır.

Bazen de ne yaşanırsa yaşansın bunu kader zannedebiliriz. Mesela aynı düzeyde çalıştığınız iş arkadaşınız sizden daha yüksek maaş alırken sizin zam almamanız ve daha önceki iş yerlerinizde de aynı durumu yaşamanız karşısında içsel olarak siz, "Benim kısmetim bu kadar," diyorsanız bu hak etmeme duygunuzu görmemek adına yaptığınız oyunlardan biridir.

Birey yapmak isteği şeyleri bir kere deneyip başarısızlığa uğradığında ikinci kez denemeye cesaret edemiyorsa bu "hak etmeme" duygusudur ve kayıt yeri bilinçaltıdır. Bu kişiler hayat alanımızda tanıdığımız sabit fikirli kişilerdir. Genelde anne karnına düştükten sonra anne ve babanın bakış açılarıyla hissedilmeye başlar. Yaptığımız çalışmalarda atalar bağlantısı ve aslında en derinde Allah'la olan ilişki çıkar. Bugüne kadar yaptığım on binlerce kuantum alan çalışmalarında dört inanç kapısı olan değersizlik, hak etmeme, yetersizlik, suçluluk duygularını dünyaya gelmeden önce Allah'la yaptığımız sözleşme dosyasında tutuyoruz. Tekâmül yolunda deneyimlerimizde bu dört ana duyguyu diğer duygu bağlamlarıyla saklıyoruz. Özellikle hak etmeme duygusunu kullanarak eyleme geçmemek yaptığımız en iyi şeylerden biri. Kişi sevmediği her şeyde hak etmeme duygusunu saklar. Oradan alacağı tat, haz, coşku, sevinç, "sevmiyorum" kelimesinin arkasında "hak etmiyorum" kaydı var. Bizler yaşadığımız durumun sonucunda hakkımızı savunmak için adım atmak yerine sabit fikirlilikle "O bana vermez", "O böyle yapar", "Kaderim böyle" gibi düşünce kalıplarıyla kendimizi durdurmayı seçeriz. Hak dediğimizde mal, mülk, para aklımıza gelen ilk kavramlar olsa da arkasında yatan şey sevgiyi, onayı, takdiri hak etmemekle ilgilidir. Gözle görünür alanımıza aldığımız şeyler, "hak ettik" kavramıyla yaşansa da aslında ruhumuzun büyüklüğünü ve sonsuzluğunu görünür kılmamak için "hak etmiyorum" oyunuyla kendimizi küçültürüz. Dünyaya tam ve bütün hissetmek için gelen ruh, beden kıyafetinin içinde kendini küçülterek büyüklüğünü arar. "Unutma" oyunuyla hakkını bulmak için içsel keşfine çıkması gerekir. İşte orada bulacağı gizli hazine haklarıdır.

Diğer tüm duygular gibi hak etmeme duygusu da kişiye özeldir ve kesin çözüm bu duyguya sebep olan bilinçaltı kodunu bularak temizlemekle mümkündür. Elbette herkesin kendi kendine yapabileceği küçük çalışmalar var. Her şeyden önce sevgili canlar, yalnız olmadığımızı fark etmemiz gerekiyor. Asla ama asla yalnız değilsiniz, yalnız değiliz. Hiç kimse olmasa bile Allah var ve her zaman olacak. Tüm kapılar kapansa bile O'nun sayesinde yeni kapılar var olacaktır. O yüzden sadece küçük büyük demeden, "ama"larla dışsal sebeplere bağlamadan bugüne dek neler başardığınızı bir düşünün. Hangi zorlukların üstesinden geldiğinizi kendinize tekrar hatırlatın. Yeteneklerinizi gözden geçirin. Emin olun ki sevgili canlar, bugüne kadar yaptıklarınız, gerçekte yapabileceklerinizin çok ama çok küçük bir kısmı. Hata yapabileceğinizi kabul edin ve bunların gerçek birer deneyim olduğunu fark edin. Ancak tüm bunları yaparken kesinlikle kıyaslama yapmayın. Unutmayın ki hepimiz aynı potansiyele ve tüm yeteneklere sahibiz. Siz yeter ki kendinizi keşfedin, neler başarabileceğinizi görün, istekleriniz için emek harcayın ve Allah'a teslim olun. Göreceksiniz ki Rahman ve Rahim olan Allah çok daha fazlasını sizlere verecektir.

"Şüphesiz Allah insanlara karşı lütufkârdır."
– Bakara Suresi 243. Ayet

Kitabımızın ilk bölümünü "Var mısınız?" sorusu ile tamamlamıştık sevgili canlar. Şimdi başka bir soru soruyorum sizlere: *Daha iyisini, daha güzelini hak ediyor musunuz?*

KENDİ KUL HAKKINIZ

Yaradılışımızın ve Allah'ın halifesi olmak gibi yüce bir unvanına sahip oluşumuz, bazı gereklilikleri de beraberinde getirir. Bu gerekliliklerin başında yaratılmış diğer varlıklara karşı sorumluluklarımız gelir. Her insanın diğer insanlar üzerinde hakkı vardır ve bu hakkı ihlal etmek kul hakkı olarak tanımlanır. Yüce Allah hepimize eşit şekilde yaklaşır, hiç kimseyi bir diğerinden üstün tutmaz. Bu yüzden de hiç kimsenin bir başkasını üzmesini, hakkını yemesini istemez. Günümüzde modern hukuk sisteminin koyduğu tüm kurallar aslında kul hakkı tanımının üzerine inşa edilmiştir. Hırsızlık, taciz, tecavüz, şiddet, dolandırıcılık, hatta trafik ve vergi cezaları... Gerçekte hepsi bir başkasının hakkına girmek olduğu için suç olarak adlandırılır. Kural oldukça basittir: KİMSEYE ZARAR VERME! Allah çok açık bir şekilde birbirimize sevgiyle yaklaşmamızı söyler.

"İyilik, yüzlerinizi doğu ve batı tarafına çevirmeniz değildir. Asıl iyilik, o kimsenin yaptığıdır ki, Allah'a, ahiret gününe, meleklere, kitaplara, peygamberlere inanır. (Allah'ın rızasını gözeterek) yakınlara, yetimlere, yoksullara, yolda kalmışlara, dilenenlere ve kölelere sevdiği maldan harcar, namaz kılar, zekât verir. Antlaşma yaptığı zaman sözlerini yerine getirir. Sıkıntı, hastalık ve savaş zamanlarında sabreder. İşte doğru olanlar, bu vasıfları taşıyanlardır. Muttakiler ancak onlardır!"
– Bakara Suresi 177. Ayet

Kul hakkı konusunda yapılan en büyük hata bu hakkın yalnızca başkalarına karşı olduğunun zannedilmesidir. Hâlbuki biz de Allah'ın yarattığı bir varlığız ve kendi kul hakkımızı yememeye de özen göstermeliyiz. Rabb'imiz Nisâ Suresi 29. ayette verdiği örnekle kişinin kendi kul hakkına girmesinin de mümkün olabileceğini açıkça söylüyor.

"*Ey iman edenler! Mallarınızı aranızda batıl yollarla yemeyin. Ancak karşılıklı rıza ile yapılan ticaretle olursa başka. Kendinizi helâk etmeyin. Şüphesiz Allah, size karşı çok merhametlidir.*"
— Nisâ Suresi 29. Ayet

Nasıl ki bir başkasına zarar verdiğimizde veya bir zarara sebep olduğumuzda o kişinin kul hakkına girmiş oluyorsak kendimize zarar verdiğimizde veya zarar verebilecek seçimler yaptığımızda da kendi hakkımıza gireriz. Kişinin sağlığına dikkat etmemesi, kendisini bağımlılığa sürüklemesi, kendisine zarar verecek düzeyde üzüntü, kaygı veya korkuda takılı kalması, vücuduna bilinçli zarar vermesi gibi durumlar bunun en somut örnekleri.

Herhangi bir eylemde bulunmak bir tercihtir ve bu tercihlerimiz bazen zarara neden olabilir. Ancak eylemsizlik de zarara yol açabilecek güce sahiptir ve elbette bu da bir tercihtir. Örneğin kişinin kendi potansiyelini fark etmemesi, yeteneklerini keşfetmemesi, evreni anlamak için çaba göstermemesi, kısacası tekâmül etmemesi kendisine zarar veren bir seçimdir ve bu da kul hakkına girmektir. Bizzat kendi kul hakkınıza...

Rabb'imiz kul hakkını yalnızca hak sahibinin affedeceğini söylüyor. Yani yalan söylersek bizi affedecek olan yalan söylediğimiz kişidir. Aynı şekilde kendi kul hakkımızı yediğimizde bizi affedecek olan yine kendimiz olacağız. Şimdi sakince düşünmenizi istiyorum sevgili canlar, gelişmemeyi seçerek yaşayabileceğiniz hayattan kendinizi mahrum bıraktığınız için kendinizi affedebilecek misiniz?

Başkalarının haklarına özen gösteriyorsunuz, peki kendi kul hakkınızı biliyor musunuz?

Kimseye hayır diyemiyor, sizden bir şey istendiğinde bunu yapmak için kendi zamanınızdan çalıyor ve her şeye rağmen istenilen şeyi yapıyor musunuz? Örneğin anneler... Yemek servisi yaparken önce diğerlerine bol kepçe veriyor, sonra kendiniz için normalden daha azına razı geliyorsanız kendi kul hakkınızı yiyorsunuz demektir. Mesela eşiniz narsist bir kişiliğe sahipse sürekli eleştiriye tabi tutuluyor da olabilirsiniz. Eksiklik duygusunu sürekli hoş görüyor, alttan alarak susuyorsunuzdur. Sizi ezmesine, kırmasına, üzmesine, hatta zaman zaman yok saymasına izin vererek kendinizi üzüp, kırıp ve eyleme geçmeyerek, kendi kul hakkınızı yersiniz. Veyahut eşinizin bütün kıyafetlerini çoraplarına kadar ütülüyorsunuz, kendinizinkileriyse ütülemeden giyiyorsunuzdur. Bu da önce kendinizi değersizleştirmeniz ve kendi kul hakkınızı yemenizdir.

Yıllardır bir arkadaşınız sohbetleriniz sırasında sizden daha çok bildiğini bir şekilde size ispatlıyor. Siz de onun çok iyi ve çok zeki olduğunu düşünüyor ve ona kıyasla çok daha az şey bildiğinize kendinizi inanıyorsunuz. Otomatikman girdiğiniz topluluklarda ya eziliyorsunuz ya da kendinizi öne çıkarmak için sert konuşuyorsunuz. Üstelik çevrenizdeki insanlarla aranıza durduk yere mesafeler koyup sevgi frekanslarınızı kapatıyorsunuz. Unutmayın, sevgi eksikliği sizi yalnızlaştırır. Hâlbuki kendi yeteneklerinize dönüp baktığınızda hiçbir şey yapmayarak kendi kul hakkınızı yediğinizi rahatlıkla anlayacaksınız.

Eğer kendi iradenize uyarsanız, hayatınızda denge sağlayabilir ve haklarınıza zarar vermeden yaşayabilirsiniz. Çünkü zorunluluktan yapılan davranışlar kendi kul hakkını çiğneme riskiyle karşı karşıya bırakır insanı.

İnsanların yüzde sekseninin henüz bilmediği fakat bizim ve yakınlarımızın hayatına yüzde yüz yön veren davranış şekli nedir biliyor musunuz? *Bir insanın farkında olmadan kendi kul hakkını girmesi.* Burada insanlar aslında bilinçaltında bir fayda göreceğini düşündüğü için bu fedakârlığı yapma ya da kendi kul hakkını yeme eğilimi gösterirler.

Hayatlarımızda seçimlerimiz, davranışlarımız ve söylemlerimizle kendi kul hakkımızı görmezden gelir ya da önemsemeyiz. Aşırı fedakârlık ederek kendi hakkımız olanı veririz. "Cömertlik namına verirsem etrafımdaki herkes beni görür, beni sever. Allah da beni sevdiği kullarının içine tutar," düşüncesiyle hem kendi kul hakkımızı yeriz hem de sevgi dilencisi oluruz. Ve yaptığımız her şey koşullu olur. Kendi kul hakkımızı yememizin altında çoğunlukla değersizlik hissi, kendinden kaçma, başkalarının onayını alma ve suçluluk duygusu gibi bilinçaltı kodlar yatar.

Bir danışanım çok yoğun bir tempoda çalışıyor. Sabah erkenden kalkıyor ve saat yedide işbaşında oluyor. Temizliğini, hazırlıklarını yapıyor ve yemeklerini pişirmeye başlıyor. İş yerinde birlikte çalıştığı ve ona yardım eden oğlu ise evde uyuyor. Anne, oğlu uyusun ve dinlensin istiyor. Bir de işe gelirse sorun çıkabileceğini düşünüp oğlunun da sorumluluklarını üstleniyor. Oğlu geldiğinde yemek dağıtımına çıkıyor. Tek yaptığı araçla yemekleri adreslerine bırakmak. Sonra da iş yerinin bahçesinde gelen gidenle sohbet ediyor. Annesi ise alışverişe gidiyor tek başına ve ertesi gün için hazırlıklarına başlıyor. Hatta zaman zaman öğünlerini atlıyor veya ayakta atıştırmakla geçiştiriyor. Burada annemiz kendini evlatları için feda ediyor. Öyle çok çalışıyor ki yorgunluktan ne yemek yiyebiliyor ne de rahat bir uyku uyuyor. Ağlarından, yorgunluktan yürürken bile zorlanıyor. Bu annenin kendince bilinçaltı kazanımları var. Bu kadar fedakârlık yaparak evlatlarını kendine borçlandırıyor. Farkında olmadan çocuklarıyla Allah arasına girerek hem kendi kul hakkını hem de özgür irade yasasını ihlal ediyor. Aslında annenin, çocuğunun sorumluluklarını üstlenmek yerine ona bırakması gerekir. Çünkü Allah, çocuğunun böyle bir deneyim yaşamasını istiyor olabilir ve bu, onun terbiyesi için bir sınav olur. Şimdi burada şunu çok iyi anlamamız gerekir. Anne kendi kul hakkını yerken aslında çocuklarının ve çevresindeki insanların da kul hakkını yemiş olur. Kendi kul hakkını yemek, hayatınızdaki kişilerin de dengesini bozar ve iyilik yapıyorum derken kötülük yapmış olursunuz. Sakın ola ki bencillikle kendi kul hakkınızı karıştırmayın. Bencillik, üç adet defteriniz varken ihtiyacı olan birine bir adet defter vermenizdir. Ancak bir adet deftere sahipken ve buna ihtiyacınız da varken onu başkasına vermeniz sizin kendi kul hakkınızı yemenizdir. Sürekli görüştüğünüz bir arkadaşınız her seferinde gelip aynı sorununu dedikodu şeklinde anlatıp sizin enerjinizi tüketiyor ve siz istemediğiniz hâlde buna izin veriyorsanız bu da kendi kul hakkınızı yemenize girer.

Yüce Allah bize ruh, beden ve zihin verdi. Onun bize verdiği nimetleri, gönderdiği bereketi, hediyeleri biz nasıl kabul etmeyiz? Biz onun bize verdiği değeri nasıl kabul etmeyiz? Allah'ın bize verdiği hakları kullanmalıyız. Bir hediye geldiğinde "Yok ben almayayım, benim ihtiyacım yok. İhtiyacı olan birine verin," derken aslında bir yandan da bunun bize gönderildiğinin bilincinde değilsek dışarıya karşı gizli bir kibir içine girmiş oluruz. Allah bize şah damarımızdan yakın, diyoruz. Peki hediyeyi getiren kişiye de şah damarından yakın değil midir? Belki de ona hediyeyi bizim için Allah göndermiştir. Biz bu hediyeyi kabul etmeyerek bir yerde Allah'a da müdahale edip gizli tanrıcılık oynuyoruz. Yani bu gizli kibir hem kendi kul hakkımızı hem de Allah'ın hakkından yememize sebep oluyor.

Danışanlarımın içinde eğitim alıp da kendini yetersiz hissedenler oluyor. Üstelik değersizlik duygusu da var. Kimse bu yetersiz hâlini fark etmesin, görmesin ve daha çok biliyor zannetsinler diye ortaya çıkmıyor, kendini gösterip ifade etmeye çalışmıyor. Hâlbuki eğitimde ne kadar çok uğraşmış, çaba göstermiş ve zaman, para harcamış oluyor. Bu emeğin karşılığını kendine vermediği için de kendi kul hakkınıza giriyor aslında. Aynı zamanda özgür iradesiyle bu kararı vermiş olması da cabası.

Başka bir danışanım ise finansal açıdan iyi durumda. İşi daha çok büyütmek için geç saatlere kadar, hatta hafta sonu tatili olmadan çalışıyor. Şimdi bu baba kendini çocuklarının ve eşinin sevgisinden, evdeki huzurundan, sosyal çevredeki mutluluğundan kendini eksik bırakıyor. Yani kendi kul hakkını yiyor. Diğer yandan anne de evde babanın eksikliğini belli etmemek adına sürekli kontrol ve çaba içinde. Çocuklarına kurallar, yaşam şartları belirleyerek tüm hayatını çocuklarına adıyor. Bizlerin en büyük sıkıntılarından biri sürekli hep verelim diye düşünürüz. Hatta duamız vardır, "Allah'ım beni alan değil veren kıl," diye. Alma verme dengemizi bilmiyoruz.

Farkında olmadan negatif inançlarımızla kurban rolüne gireriz bazen. Bu tür negatif duyguları genellikle dışa vurmak istemeyiz ve bu yüzden kendi haklarımızı çiğneme riskiyle karşı karşıya kalırız. Hatta, "Kahpe kader," diyerek farkında olmadan Allah'ı suçlamış oluruz.

Hepimiz eksiksiz ve tam olarak Allah tarafından yaratıldık.

Kendinize koyduğunuz her sınır, yapmaya cesaret gösteremediğiniz her eylem, direnç gösterdiğiniz her şey kendi kul hakkınızdan vazgeçmenizdir.

"Ben gizli bir hazine idim, bilinmek istedim alemleri yarattım, bilmek istedim Ademleri yarattım."

HELALLEŞME

İslamiyet'te en önemli şeylerden biri kul hakkı yemektir. Kur'an-ı Kerim'deki birçok ayette Allah, "Bana kul hakkı ile gelmeyin," der. Biz insanlar kul hakkı ile ilgili akdimizi ruhlar meclisinde imzalarız. Eğer yaşamımız süresince elimizle, dilimizle, zihnimizle bir şekilde bir insanın kul hakkına girersek, ona zulüm ve eziyet edersek ister güçlü olsun ister güçsüz, ister haberi olsun ister olmasın yediğimiz kul hakkından Allah'ın haberi vardır. Ahirette akdinizi yani sözleşmenizi devreye sokar. Hepsini sizden tahsil eder. Bu yüzden Allah'ın huzuruna gitmeden önce mutlaka hak ve helalliklerimiz ile tüm görevlerimizi yerine getirmeliyiz. Buhari der ki, "Bir gün peygamber efendimize sormuşlar, 'Sahabelerin içinde cennete en yakın olan kimdir?' diye. Peygamber efendimiz, 'İçinizde her gece tüm kul haklarını Allah rızası için helal edeninizdir.' demiş."

"Şüphesiz bu benim dosdoğru yolumdur. Buna uyun; (başka) yollara sapmayın; sonra onlar sizi Allah'ın yolundan ayırır. İşte günahtan korunmanız için Allah bunları size emretti."
– En-am Suresi 153. Ayet

***

"O hâlde sakın yetimi ezme!"
– Duha Suresi 9. Ayet

***

"Senden kadınlar hakkında açıklama istiyorlar. De ki: "Onlara ait hükmü, Allah ve kitapta size okunan ayetler açıklıyor; onlar için yazılanı kendilerine vermediğiniz, nikâhlamak da istemediğiniz yetim kadınlar hakkında, çaresiz çocuklar hakkında, yetimlere adil davranmanız hususunda size okunup duran ayetler (açıklıyor). İyilik olarak ne yaparsanız şüphesiz Allah onu eksiksiz bilmektedir."
– Nisâ Suresi 127. Ayet

***

"Bir zamanlar biz İsrailoğulları'ndan, 'Yalnız Allah'a kulluk edeceksiniz; ana babaya, yakın akrabaya, yetimlere, yoksullara iyilik edeceksiniz. İnsanlara güzel söz söyleyin, namazı kılın, zekâtı verin.' diyerek söz almıştık. Sonra, içinizden küçük bir kesim dışında, sözünüzden döndünüz; hâlâ da sırt çevirmektesiniz."
– Bakara Suresi 83. Ayet

***

*"Allah'a kulluk edin ve ona hiçbir şeyi ortak koşmayın.
Anne babaya, akrabaya, yetimlere, yoksullara, yakın
komşuya, uzak komşuya, yakın arkadaşa, yolcuya,
ellerinizin altında bulunanlara iyi davranın. Allah
kendini beğenen ve böbürlenip duran kimseyi asla
sevmez."*
– Nisâ Suresi 36.Ayet

Kuantum düşünce tekniğine göre eğitimlerimizde ilk ver-
diğimiz bilgiler içinde Evrensel İlkeleri anlatırken Dönücülük
Yasası'nı ayrıntılı bir şekilde ifade etmeye özen gösteririm. Dün-
yadan kaçmak pek mümkün değil. Hatta aramızda konuşurken,
"Durdurun dünyayı, inecek var," demişliğimiz olmuştur. Ancak
düşüncelerimiz tüm evreni dolaşıp bize döner, bunu YouTube
kanalımda çok kez sizlere anlattım.

*"İnsanlar ağzından çıkan cümlelerin, beyninden çıkan
düşüncelerin, bütün evreni dolaşıp tekrar kendine
döndüğünü bilse eminim çok daha dikkatli olurdu."*
– Albert Einstein

Tüm kul hakları -kendinizinki dâhil- İlahi Sistem doğ-
rultusunda diğer âleme kalmadan bu dünyada bize elbet dö-
ner. Doğduğumuz andan ölene kadar bir sürü kişiyle sürekli
ilişki hâlindeyiz. Kendimizle, ailemizle, eşimizle, dostlarımızla,
çevremizle, hayvanlarla, bitkilerle, evlerimizle, arabalarımızla,
denizle, toprakla ve hatta eşyalarla... Bazen bir şeylere kızar,
hayat alanımızdaki kişilerle anlaşmazlığa düşeriz. Farkında ol-
madan ya da olarak gördüğümüz tablonun arkasına bakmadan

yargılarız. Halbuki görünenin arkasındaki gerçeği sorgulamalıyız. Anne, baba, kardeş, eş, çocuklar, dostlar, arkadaşlar... Kim varsa helalleşmek gerekir.

Her birimizin elektromanyetik alanları ve enerji bedenleri var. Sokakta yürürken hiç tanımadığımız kişilerle bile aynı duygu düşünce frekansıyla çekim yasasına göre titreşerek birbirimizi etkileriz. Dargın olduğumuz her kim varsa hakkımızı helal etmeliyiz. Eğer bunu yapmazsak anlaşmazlıklar, sıkıntılar, hastalıklar, olumsuzluklar devam eder çünkü o dosyalar açık kaldığı için enerjetik alanımızda yapışık bir şekilde nefes almaya devam ederiz. Yüklerle hayat koridorunda yürümek hepimiz için zor olsa gerek. Bazen de kendi kul hakkımızı yediğimizi fark etmeden yaşarız. Bir önceki bölümde bunu sizlere ifade ettim. Kendi kul hakkınız Allah'ın hakkıdır. Hayat akışınızdaki her olumsuz durumu çözmek için haklarınızı helal edin. Helal etmediğiniz her olay ve durumda direnç oluşturursunuz. Helal ettiğinizde ise üzerinizden büyük bir yük kalktığını fark edeceksiniz. Hayat akışınız değişecektir.

Günlük hayatta maalesef helalleşmenin değerini bilmeden yaşıyoruz. Öncelikle her şeyden önce kendi kendinize hakkınızı helal etmelisiniz. Kim bilir kaç kere, o kırılmasın bu üzülmesin diye kendi kul hakkınızı yediniz. Hiç düşündünüz mü? Haydi önce kendinizden başlayalım:

1. Bilerek ya da bilmeyerek, anlayarak ya da anlamayarak her olay, kişi, durum, kızgınlık .... için kendimi kırdığım ve kendi kul hakkımı yediğim için ey büyük Allah'ım öncelikle kendi kendime hakkımı helal ediyorum.
Helal olsun, helal olsun, helal olsun.
Oldu. Oldu. Oldu. Oldu.
Ol. Ol. Ol. Ol.

Ve öyle de oldu.
Âmin.

Sonrasında ilk önce anne, baba, eş, kardeşler ve arkadaşlar (görüşmeseniz bile) hakkınızı aşağıdaki şekilde helal edin:

2. Bilerek ya da bilmeyerek, anlayarak ya da anlamayarak her olay, kişi, durum, ... yüzünden seni kırdığım ve senin kul hakkını yediğim için ey büyük Allah'ım ....'dan özür dilerim. Beni affet. Hakkını helal et. Sana eğer hakkım geçtiyse helal ediyorum. Helal olsun, helal olsun, helal olsun. Oldu. Oldu. Oldu. Oldu. Ol. Ol. Ol. Ol. Ve öyle de oldu. Âmin.

En önemlisi Allah ile olan hak durumudur. Aşağıdaki şekilde yapın:

3. Ey büyük Allah'ım doğduğum günden bugüne kadar bildiğim, bilmediğim, anladığım anlamadığım her durumda, yarattığın herhangi bir varlığa iğne ucu kadar dahi hakkım geçti ise senin rızanı kazanmak için hakkımı helal ediyorum. Onların da bana haklarını helal etmelerini nasip eyle. Ey büyük Allah'ım her şeyden ama her şeyden önce sen bana hakkını helal et.

Bu şekilde helalleşebilirsiniz.

Not: Eğer kötülüğünüzün geçtiğini düşündüğünüz biri varsa onun için de mutlaka bir şeyler yapmalısınız. Çocuk sevindirebilir, fidan dikebilir veyahut sokak hayvanlarına yardım edebilirsiniz.

Not: Her helalleşme için bilinçaltı görsel hafıza üzerinden çalıştığından yüreğinizin sesini dinleyerek minik bir para ya da hediye birine vererek içinizden, "Bedelini ödedim, bitti," derseniz karmik dosyanızı da böylelikle kapatmış olursunuz. İnsanın üzerindeki hafifliği paha biçilemez.

ANNE-BABA ETKİSİ

*"Rabb'in, sadece kendisine kulluk etmenizi,
ana-babanıza da iyi davranmanızı
kesin bir şekilde emretti."*
— İsrâ Suresi 23. Ayet

Fiziki hayatlarınızın yanında bir de ruhani hayatlarınız vardır. Ruhlarımız Tanrı katında bu dünyaya gelerek insan bedeninde tekâmül etmeyi kabul ettiler. Tıpkı Yunus Emre'nin bir şiirinde *"Ete kemiği büründüm/Yunus diye göründüm,"* demesi gibi...

Ruhsal yaşamıdan fiziki yaşama geçiş kapımız, anne ve babalarımızdır. Hiç şüphe yok ki bu kadar önemli bir noktada konumlandırdığımız ebeveynlerimiz, kişiliğimiz ve kaderimiz üzerinde de son derece büyük önem taşırlar. Genetik aktarımlar yoluyla taşınan DNA'larla karakterimiz önemli ölçüde belirlenir. Öncelikle anne babamız olmak üzere çok daha önceki atalarımızdan da genler alabiliriz. Atalarımızdan ten rengi, boy, burun yapısı gibi fiziksel özelliklerin yanı sıra hoşgörü, empati, öfke, kaygı gibi duygusal özellikler de alabiliriz. Örneğin olağandan daha fazla kaygı hissediyorsanız bu durum yüzleşemediğiniz, bilinçaltında yer etmiş ebeveyninizden, babaannenizden veya üç kuşak önceki dedenizden kaynaklanıyor olabilir. Elbette tek sebep gen aktarımı değildir. Aşırı kaygı hâliniz farklı sebeplerden kaynaklanıyor da olabilir. Gerçek sebep ancak bilinçaltı taramasıyla ortaya çıkacaktır.

Gen aktarımının yanı sıra özellikle hamilelik döneminde anneyle kurulan bağ dâhil olmak üzere, hayatımızın ilk yedi yılında ebeveynlerle kurulan bağlar, karakterimizi direkt olarak etkiler. Yapılan çalışmalar, hamile bir kadının yediği yemeklerin, çocuğun ileride yemek zevkini bile belirlediğini kanıtlamıştır. Dolayısıyla kaderimizin büyük bir bölümü hayatımızın ilk yedi yılında şekillenir. Uyurken anne-baba kokusu duymak, bir bebeğe sevgi ve huzur duyguları aşılar. Yapılan çalışmalar anne ve babanın, çocuğunun yanında konuşurken kullandığı kelimelerin, onun ilgi alanlarında önemli derecede etki ettiğini raporlamış. Yalnızca bu kadar da değil, yaşamımızın ilk yedi yılında pozitif sözcüklere daha yoğun maruz kalmak, bizleri hayata daha pozitif bir insan olarak hazırlıyor Tabii tam tersi şekilde anne-babamız tarafından negatif sözcüklere maruz bırakılmak, hayata karşı bizleri daha zayıf kılıyor.

Ebeveynlerimiz karakterimiz üzerinde bu derece etkiliyken, kendimize ait zannettiğimiz kimi tercihlerimiz ya da duygularımız gerçekte anne veya babamızın etkisi olabilir. Bu etki olumlu yönde olabileceği gibi olumsuz yönde de olabilir. Eğer olumsuz bir etki altındaysanız bunu fark ederek ve bilinçaltındaki kök inançlardan şifalandırarak olumluya çevirmek mümkün olacaktır. Kuantum alanında evrensel bilinç dediğimiz şey yaratımda başlar. Dünyaya gelen tüm varlıkların DNA ve RNA'larında şu ana kadar olan dünya tecrübesinin ve varoluşun tüm kayıtları yüklü olarak dünyaya gelir.

İnsan vücudunda normalde 46 kromozom bulunur ve bu kromozomlar 23 çift olarak düzenlenir. Bu çiftlerden biri anneden, diğeri babadan gelir. Yumurta hücresi 23 kromozom taşırken, sperm hücresi de 23 kromozom taşır. Bu iki hücre birleştiğinde, 46 kromozomlu yeni bir hücre oluşur ve bu hücre bölünerek embriyo ve nihayetinde çocuk oluşur. Spermin ve yumurtanın birleşmesi sırasında her zaman tam olarak aynı sonucun ortaya çıkması beklenmez. Bunun nedeni çünkü bu süreçte *çapraz geçiş* gerçekleşir. İşte tam da bu çapraz geçiş sayesinde beklenilenin dışında bir genetik değişim gerçekleşir. Doğanın değişime ihtiyacı vardır. Canlı türleri farklılaşsın diye temel değişim burada başlar. Ne kadar çok tür farklılaşırsa yol da o kadar mükemmele gider. Yüce Allah her şeyi değişim üzerine kurmuştur. Bir düşünün. Aynı anne ve babadan doğan kardeşler neden birbirine hiç benzemezler? Bunun için aynı anne ve babadan dünyaya gelmiş dört kardeşi ele alabiliriz. Genetik olarak aynı yumurta ve sperm birleşiminden oluşan kardeşler anne ve baba davranışlarından farklı etkilenebilirler. Bu nedenle biri daha içe dönükken diğeri daha dışa dönük olabilir. Zaten Allah'ın yaratım amacı da değişim, dönüşüm ve evrimleşmektir. Her bireyin her duyguya verdiği tepki kolektif bilince kaydedilir ve hiçbir şey kaybolmaz. Bunun amacı da gelişimin daha mükemmel, her seferinde tekrardan yaratılmasıdır.

Osman Hamdi Bey'in 1906-1907 yıllarında iki farklı versiyonunu yaptığı "Kaplumbağa Terbiyecisi" tablosunu gözünüzün önüne getirmenizi rica ediyorum. Tabloda dönem halkını temsil etmeleri için dünya üzerinde en zor terbiye edilen ve eğitimi en zor olan varlıkları, kaplumbağaları seçen Osman Hamdi Bey bir insanın ne kadar zor yetiştirildiğini, eğitildiğini anlatmak istemiş burada. Anne ve babamıza ne kadar zor bir görev düştüğünü de anlayabiliriz buradan. Peygamber Efendimiz Hz. Muhammed (s.a.v.) de bir sahabesini anne babasına kızarken görmüş ve *"Ey mümin, Allah yalnız kendisine inanmanıza ve ana babaya iyi davranmanıza hükmetmiştir,"* demiştir.

Anne babanın çocukları yetiştirirken farkında olmadığı ancak bilimsel olarak araştırılmış çocuk yetiştirme şekilleri vardır. Bunlardan birkaçını aşağıda sıralıyorum:

Aşırı Hoşgörülü Aileler: Bu tür ailelerde anne ve baba çocuk odaklıdır, aşırı sevgi ve hoşgörü gösterir. Çocuğun her isteği emir telakki eder. Çocuk da her istediğinin olmasına alışkın olduğu için aksi durumda hırçın olur, ağlar, bağırır ve bu şekilde her istediğini ailesine yaptırır. Aile, hayatı boyunca çocuğuna göre hareket eder. Aşırı hoşgörülü ailelerde yetişen çocuklar genellikle sevgi arsızı, doyumu olmayan, bencil, kural tanımayan kişilikler oluştururlar. Ev ve sosyal çevrelerinde geçimsiz ve çevrelerine karşı dengesiz ve zayıf davranışlarda bulunabilirler.

Reddedici Anne Baba: Çocuğun yemek, temizlik, harçlık gibi temel ihtiyaçları anne ve baba tarafından karşılanmaz ve çocuğa hırçın davranışlar gösterilir. Çocuğun yaptığı davranış, kullandığı kelimeler, ürettiği fikriler dâhil hepsinin yanlış olduğu cümlelerle ispatlanır. Çocuğa karşı bir tür direnç gösterirler, çocuk da istenmediğini düşünür. Sonuçta bu tür çocuklar yardım duygusundan tamamen uzak, öfkeli, sinirli olurlar ve hatta kendilerinden güçsüz kişilere karşı düşmanca davranırlar.

Kararsız ve Dengesiz Anne Baba: Çocuklarına olaylar karşısında çocuğun bir türlü anlayamadığı tutarsız davranışlar sergilerler. Anne onaylarken baba reddeder. Aynı olaya bazen pozitif bazen negatif yaklaşabilirler. Çocuk ebeveynlerinin kararsızlıkları karşısında şaşkına döner. Bu tip ailelerde yetişen çocuklar genellikle kararsız, çevreden her türlü etkilenmeye açık, tutarsız, çabuk karar değiştiren kişilerdir. Bu yüzden de hayatları boyunca hiçbir işte istedikleri başarıyı gösteremezler. Özgüvensiz ve kararsız olurlar.

Baskıcı Otoriter Ebeveynler: Askerî disiplin uygularlar. Esneklik yoktur. En önemlisi aile içinde korku hâkimiyeti vardır. Otorite, korku olur. Çocukların fikirleri alınmadan kararlar alınır ve uygulanır. Çocuğun düşüncesine karşı duyarlı ve sabırlı değillerdir. Aynı zamanda çocuklarının fikrini kolay kolay kabul etmezler. Ancak çocuk çok ciddi delillerle fikrinin doğruluğunu ispat ederse fikri onaylamayı düşünebilirler.

Aşırı Koruyucu Aileler: Çocuklarını görünmez bir duvarla çevrelerler. Çocuk hiçbir ihtiyacını söylemeden istediği her şey hazır olur. Bazen de istemedikleri hâlde, sadece aile ona iyi geleceğine inandıkları için isteklerini gözetmeksizin verirler. Çocuğun isteklerinin çoğunu da zarar getirebileceğini düşündükleri için sevgiyle ikna edip onu vazgeçirirler. Bu tür ailelerin çocukları bir yerden sonra aileye teslim olabilir. Artık yemek için bile aç olup olmadıklarını ebeveynlerine sorabilirler. Yani artık karar verebilecek mekanizmaları çalışmayabilir.

Demokratik Anne ve Baba: Çocuklarına karşı kendi öz güvenlerinin yüksek olmasından dolayı ılımlı ve anlayışlı olan anne babalardır. Çocuklarının aile içinde özel ve değerli olduklarını, fikirlerinin önemsendiğini hissettirirler. Ayrıca birlikte karar verilmesi gerektiğini düşünen, çocuklarının yeteneklerini en üst düzeyde ortaya çıkarabilmeleri için yol göstericiliklerini kullanan, çocuklarının sahibi ya da bakıcısı olduklarını değil de onların rehberleri olduklarını düşünüp tüm imkânları ile onlara rehberlik yapan kişilerdir. Çocuklarına özerk ve bağımsız yaşayabilecekleri kadar rehberlik yaparlar. Çocuklarının hayatları boyunca yapmaları veya yapmamaları gereken davranışları kibar bir şekilde, nezaketle ve sevgiyle anlatırlar. Demokratik ailelerin çocukları kendinden memnun, kendine güvenen, çevrelerine ve kendilerine saygılı olan bireylerdir.

Ayrımcılık Yapan Ebeveynler: Her ne kadar ayrım yapmadıklarını söyleseler de farkında olmadan sevgi gösterirken, alışveriş yaparken, konuşurken, otururken, yani günlük rutinlerinde çocuklarına farklı davranırlar. Bu da en önemlisi önce kardeş(ler)ine sonra da ebeveynlerine küsmelerine veya düşmanlık beslemelerine sebep olabilir.

Son olarak şunu unutmamak lazım. Anne babanın asıl hedefi çocuk gelişirken ona doğru bir rol model olmaktadır. Çocuk ebeveynlerinden ne görürse onu yapacaktır. Yani kendinize benzer çocuklar yetiştireceksiniz. Bir arkadaşım bütün hayatı boyunca annesine benzememek için savaş verip durdu. Eğitimler alıp daha iyi ve daha kaliteli yaşam sürmek adına kendini geliştirmeye uğraştı. Sonra bir gün beni aradı. "Ay!

Biliyor musun, bunca çabama rağmen bir de baktım ki televizyonun karşısına oturmuşum, elma yiyorum ve elmanın kabuklarını çiğneyip elime koyuyorum. Çok üzüldüm çünkü annemde en hoşlanmadığım hareketlerdi bunlar." dedi. Yani anne ve babalar, lütfen size rehberlik edin diye emanet edilmiş sevgili ruhlarımıza demokratik aile modeli ile davranalım. Onları önce kendileri, sonra tüm insanlık için özerk, öz güvenli, mutlu, anlayışlı, analitik zihinlere sahip saygılı bireyler olarak yetiştirelim.

Anne babaların en çok söylememesi gereken, çocuklarda ruhsal yaralar açan bazı cümleleri yazacağım. Lütfen bu cümleleri çocuklarınıza karşı kullanmamaya özen gösterin. Farkında olmadan iyilik yaptığımızı düşünerek kurduğumuz cümleler: *"Tıpkı annen gibisin."* ve/veya *"Tıpkı baban gibisin."*: Aile büyüklerinden sevmediğiniz birine de benzettiğinizi söylüyor da olabilirsiniz. Özellikle kızgın olduğunuz bir anda bu tür cümleler kurarsanız bu onlara zarar verecektir.

"Senin için her şeyden vazgeçtim. Sen benim her şeyimsin.": Karşı tarafta çok büyük bir suçluluk hissettirir. Kişi kendi olmak konusunda cesaretini kaybedebilir.

"Sakın çocuk yapmayın, hayatınızı ona verirsiniz.": Ebeveynler eve gelen yeni evli bir çift ile sohbet ederken veya başka bir ortamda çocuklarının yanında bu cümleleri kurarlarsa çocuklar ebeveynlerinin hayatlarını mahvettiklerini düşünecek, hep suçluluk duyacaklardır.

Bazı çocuklar sorgulayıcıdır. Anne babanın kurallarını sorgular. Sadece nedenini öğrenmek için sorar. Ancak anne baba kararları sorgulandığında sinirlenip *"Senin bu ailede söz hakkın yok, sen bir hiçsin,"* hissi verecek tavır ve davranışlarda bulunursa gelecekte, otuz veya kırk yaşlarında bir hiç gibi yaşayan bireyler olabilirler.

Evliliğe gerçekten hazır olmadan başlayabilirler. Evde çatışmalar olabilir. Anne devamlı babadan şikâyet ediyorsa çocuk çok etkilenir. Mesela anne, baba ile olan ilişkilerini çocuğa anlatmaya başladığında çocuk babayla tokalaşmaya bile korkar duruma gelebilir. Anne ve baba arasındaki ilişki karı koca ilişkisidir, fakat çocuklar için ebeveyn ilişkisidir. Bu şekilde davranırsak aile içindeki dinamiği bozabiliriz. Bu da uzun vadede büyük sorunlara yol açabilir. Çocuğunuz sizin psikoloğunuz değildir. Çocuğunuz sizin çocuğunuzdur, bunu unutmayın.

"Ben senin yaşındayken kendi paramı kazanırdım.", *"Ben senin yaşındayken seni doğurmuştum." veya "Ben senin yaşındayken hem çalışıyor hem sana bakıyordum."*: Bu tip cümle kalıpları çocuğu kıyaslamaya zorluyor. Bunlar onu yetersiz hissettirebilir, aranızdaki bağı koparabilir. "Ben senin yaşındayken..." cümlelerinden uzak durmanızı tavsiye ederim.

"Sen hiç düzelmeyeceksin.", *"Sen hep böylesin."* vel veya *"Sen hep böyle kalacaksın."*: Bütün insanlar gelişme ve büyüme sürecinde çalkantılı süreçlerden geçer. Bu süreçte bu gibi cümleler çocuğunuzun zihnine, "Ben hiç değişmeyeceğim," düşüncesini yerleştirir. Bu da başka düşünceleri tetikler: *"Neden boşa çabalayayım?"*, *"Ben böyleyim."*, *"Demek ki benden bir şey olmaz."*

"Bir ebeveyn, annen/baban olarak seni sevmek zorundayım ama bazen seni hiç sevmiyorum.": Bu tarz cümleler kesinlikle söylenmemeli. Bu sözler çocukta çok büyük ve derin yaralar açabilir. En önemlisi de sevgili canlar, onları dünyaya siz getirdiniz. Elbette onun yaşadığı sorunlarda sizin de payınız var. Bunu hesaba katarak, sorumluluk alıp ona göre davranmalısınız. Bu çocuklar size rastgele gelmediler. Biz istediğimiz için dünyaya geldiler, bu bizim seçimimizdi. Bu yüzden her cümleye biraz daha özen göstermeli, seçerek konuşmalıyız.

ÖZGÜR İRADE

Özgür irade, bir varlığın kendi fikrinin olabilmesidir. Özgür irade sahibi olmak sınırsız seçenek sunarken sınırsız özgürlük tanımaz. Bir başka varlığın alanına müdahale etmeden seçimlerini gerçekleştirebilme özgürlüğü tanır. Özgür irade sahibi olmak yalnızca biz insanlara özgü bir durum değildir. Hayvanlar hakkında yapılan birçok çalışma, onların da tıpkı bizler gibi empati kurabilme yeteneğine ve duygularına göre karar verebilme yetisine sahip olduğunu gösteriyor. Hayvanlarda tıpkı bizler gibi üzgün, mutlu, kızgın veya korkmuş hissettiklerinde seçimlerini bu hislerine göre şekillendirebiliyorlar. Hatta kimi hayvanlar, özellikle maymun ve köpekler eşlerini kıskanarak farklı şekilde davranabiliyor. Bu durum bizlere hayvanların da özgür iradeye sahip olduğunu gösteriyor. Onların kendi iradelerini bizimki kadar net bir şekilde ortaya koyamamalarının sebebi, bizler kadar net akıl yürütebilme becerisine sahip olamamalarından kaynaklanıyor. Bizler bir seçim yaparken bu seçimin neleri etkileyebileceğini, nasıl sonuçlar doğuracağını, hatta sonuçların nelere sebep olabileceğini dahi düşünebilecek akıl yürütme kapasitesine sahibiz. Bu yeteneğimiz bizlere sonsuz seçeneğin kapısını açıyor. Aklımızda beliren her fikir bizi zihnimizde olasılıklar evrenindeki bir yolculuğa çıkarıyor. Bu evrende yapacağımız seçim, bir başka olasılık evreninin kapılarını açıyor. Bu şekilde olasılıklar evrenleri arasında seçimler yaparak ilerliyoruz. Doğru seçimler bizi doğru yola sevk ediyor. Henüz haklarında yeterince bilgi sahibi olmasak da bir bitkinin, daha önce kendisine zarar vermiş bir kişinin odaya girmesiyle birlikte insanlardaki korku frekansı ile aynı frekansta enerji yaydığını biliyoruz. Yanında güzel sözcükler kullanılan, kendisiyle şefkatle konuşulan bitkiler çok daha hızlı ve sağlıklı bir gelişme gösteriyorlar. Kim bilir belki bitkiler de bunu bilinçli bir şekilde kendi iradeleriyle yapıyorlardır. İrade sahibi olmak yalnızca içinde yaşadığımız fiziksel dünyamıza özgü bir durum değil. Allah insanları yeryüzündeki halifesi olarak atayacağını söylediğinde şeytan özgür iradesiyle buna karşı çıkmış ve kendisinin daha üstün olduğunu söylemişti. Yalnızca şeytan değil, melekler de özgür iradeleriyle "Biz seni lâyıkıyla anarken neden yeryüzünde bozgunluk çıkaracak olan insanı yarattın?" diye sormuşlardı.

"Hatırla ki Rabb'in meleklere, 'Ben yeryüzünde bir halife yaratacağım.' dedi. Onlar, 'Bizler hamdinle seni tesbih ve seni takdis edip dururken, yeryüzünde fesat çıkaracak, orada kan dökecek birini mi yaratacaksın?' dediler. Allah da onlara, 'Sizin bilemeyeceğinizi herhâlde ben bilirim.' dedi."
– Bakara Suresi 30. Ayet

Şeytanın kovulmasına sebep olan özgür iradesini kullanması veya Allah'ın tercihine karşı kendi fikrini söylemesi değildi. Onun kovulmasına sebep olan üstün olduğunu iddia etmesi ve bunda ısrar etmesi, yani kibirli davranışıydı. Özgür irade sahibi olmak bizlere sonsuz seçenekler arasından dilediğimizi seçebilme hakkı verir. Tıpkı şeytanın yaptığı gibi kibirlenmek, bizleri yanlış yola sürükleyecektir. Buna karşılık meleklerin yaptığı gibi doğru akıl yürütmeyle Allah yolunu seçmek, Allah'ı kabul etmek, sonsuz mutluluğun kapılarını ardına kadar açacaktır.

Her insan özgür irade sahibidir. Kişinin örf ve âdetleri, toplumsal ve kolektif etkileri ve en önemlisi dürtüleriyle farkında olmadan yaptığı seçimleri özgür iradeden gelir. Bugüne kadar yaşadığımız her şeyi biz seçtik. Sadece etkilendiğimiz yerlerin, olayların, kişilerin farkında değildik. Her birimizde özgür irade vardır. Kader adıyla yaşam sorumluluğunu almamak adına bilinçaltımıza verdiğimiz inançlarımızın kurbanı oluruz. Hâlbuki bilinçaltına verdiğimiz tüm kodlarımız, özgür iradeyle yaptığımız seçimlerdir. Bugüne kadar kimi, neyi, neden suçladıysak özgür irademizin farkında olmadığımız içindir.

Bizler kendimizin katiliyiz. Ve aynı zamanda bizler kendimizin ister *beklet* tuşu olsun ister *başlat* tuşu olsun, özgür iradeyle o tuşa ilk basan biziz. Tüm yaşadıklarımıza, şikâyetlerimize, dürtülerimize, etkilendiklerimize rağmen seçim yapabilmek özgür irademizi kullanmaktır.

ÖZ GÜVEN

Yüce Allah, ana rahmine düştüğümüzde şah damarından bize yakın olduğunu iletirken öz güveni DNA'mıza gizli şekilde kodlar. Kendimiz olabilmenin ilk şartı Yüce Allah'ın herkese adil şekilde dağıttığı kendi yeteneklerimize inanmaktır. Her insanda bulunan doksan dokuz esmâ-i hüsnâ bunun bir göstergesidir. Öz güven, kendimiz olabilmemizi engelleyen tüm dış faktörlere karşı verdiğimiz mücadeledir. Öz güven yalnızca "yapabileceğim" demek değil, neler yapabileceğimizi öngörebildiğimiz bir farkındalıktır. Öz güvenli kişi, kuantumun sonsuz olasılıklar kapısından girdiğinde hedefleri bellidir. Sevgi ve olasılıklar artık onun için sınırsızdır.

Harekete geçmediğiniz sürece öz güven limanda bekleyen bir gemi gibidir. Liman başta güvende gözükebilir ancak geminin yeri orası değildir. Gemiler ufka doğru yol almak, insanlarsa kendilerini aşmak için varlar.

Peki hiç düşündünüz mü öz güvene niçin ihtiyaç duyuyoruz? Günümüzde birçok bilim insanı bu sorunun cevabını atalarımıza bağlıyor. Binlerce yıl önce yaşamış atalarımız hayatta kalma şansını arttırmak için güçlü ittifaklar oluşturuyorlardı. Bir gruba dâhil olmak ve o gruba kendini kanıtlamak öz güven hissine sebep olurken grup tarafından dışlanmak tam tersi bir etki yaratıyordu. Atalarımızın yaşadıkları bu hisler binlerce yıllık genetik aktarım ile bizlere kadar ulaştı.

Öz güven eksikliği atalarımızdan aktarılan genetik kodlarla gelebileceği gibi yüzleşemediğimiz duygular sebebiyle de oluşabilir. Yine sevgili bilinçaltımız eleştirilme, beğenilmeme, takdir görememe gibi korkular sebebiyle bize birtakım oyunlar oynayarak öz güvenimizin düşmesine sebep olabilir.

Sürekli bir şeyleri ertelemek, kişisel imaja özen göstermemek, sosyal ortamlardan kaçınmak, tembellik, kendini yeterince iyi ifade edememek, öz güven eksikliğinin en büyük belirtilerinden sadece birkaçıdır. Kendimize duyduğunuz saygının derecesi iş hayatımızı, sosyal hayatımızı, okul hayatımızı, ilişkilerimizi, yaşam performansımızı, ruhsal ve bedensel sağlığımızı direkt olarak etkiler. Örneğin, öz güvenin yaşam kalitesini doğrudan etkilediğini ortaya koyan onlarca araştırmanın sonucunda Kaliforniya eyaleti bazı yasaları yürürlüğe koydu. Bu yasalara göre devlet desteğiyle öğrencilerin öz güvenlerini arttıracak propagandalar yapılmaya başlandı. Öğrencilerin okul başarılarını arttırmakla birlikte mezun olduktan sonra yaşayabilecekleri duygusal sorunları önlemeyi amaçlıyorlardı. Tıpkı hastalıklardan korunmak için yapılan aşılar gibi... Bu sayede devlet ileride karşılaşacağı birçok sorunu yıllar öncesinden çözmeyi planlıyordu.

Öz güven eksikliği, kişinin kendiyle ilgili fikirleri ve yaratıcının ona bahşettiği yeteneklerine karşı negatif tutumu, düşünceleri, duyguları ve inançlarının toplamıdır. Yapabileceği şeyleri denemediği veya çok az bir çaba harcayıp vazgeçtiği hâlidir. Kişi, egosunun yardımıyla devamlı, direkt olarak olumsuz tehditlerle kendi içine çekilir. Zihnimizin oyunlarıyla çocukluk zamanlarımızda edindiğimiz bu şey, genellikle anne ve babanın davranış modelleriyle oluşur. Eleştirilmek, sorumluluk verilmemesi, değerli hissetmemek, paylaşım olmaması zaman içinde inanca dönüşerek öz güven eksikliğini meydana getirir. Karar alamama, ifade sorunları, hayır diyememe, yetersizlik hâlleri, bağımlı ilişkiler, hayat alanlarında yaşadıkları en belirgin durumlardır.

Yapılan araştırmalar güven duygusunun başarı, ödül ve motivasyon ile doğrudan ilişkili olduğunu gösteriyor. Eğitilebilen bir his olan öz güven duygusunu geliştirmek için olumlamalar, düzenli uyku, öz farkındalık son derece önemli. Bununla birlikte kıyaslardan kaçınmamız, eylemlere odaklanmamız sağlıklı bir öz güven duygusu için olmazsa olmaz. Psikolog Abraham Maslow 1943 yılında "İhtiyaçlar Hiyerarşisi" isimli bir teori geliştirdi. Bu teoriye göre öz güven hissi, insanın kendisini gerçekleştirmeden hemen önceki adımı oluşturuyor.

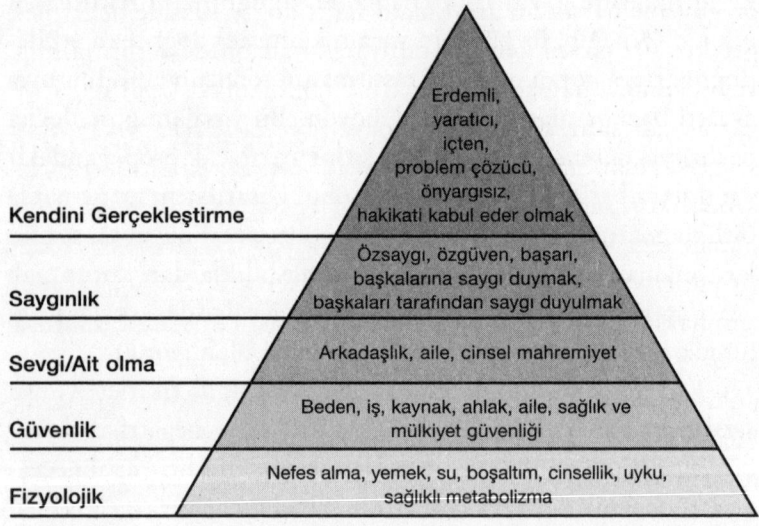

Şekil 1. Maslow'un İhtiyaçlar Hiyerarşisi - Kaynak: Wikipedia

Bir başka psikolog Mark Leary ise "Sosyometre Teorisi" ile öz güvenin sosyal çevre tarafından kabul ve taktire bağlı olduğunu savunur.

Harvard ve Teksas Üniversitelerinde yapılan araştırmalarsa yüksek öz güvene sahip insanların benzer hormon seviyelerine sahip olduklarını ortaya koydu. Liderlik konumunda bulunan birçok öz güvenli insanla yapılan araştırmalar, bu insanların yüksek testosteron hormonuna sahipken kortizol seviyelerinin oldukça düşük olduğunu gösteriyor. Mutluluk hormonlarından olan serotonin, irade gücünü ve hedefe ilerleme hissini arttırırken kortizon seviyesini düşürür. Bu da bize gösteriyor ki ne kadar mutlu olursak o kadar güvende hissederiz.

Bir de güvensiz bağlanma, yani öz güveninin tam tersi vardır. Öz güven ve narsisizm birbirinden tamamen farklı kavramlar olsa da "aşırı öz güven" narsisizme dönüşme eğilimi gösterebilir. Öz güven kendimize karşı bir farkındalık hissiyken narsisizm yanılsamadan ibarettir. Ancak bu noktada öz güvenle narsisizm arasındaki farkı doğru şekilde belirtmek gerekir. Öz güven kendini tanıyarak yapabileceklerini bilmek ve bu konuda harekete geçmektir. Narsisizm ise kendini üstün görme çabasıdır. Kıyaslamaya dayalı bir karşılaştırmadır. Yani sevgili canlar, narsisizm ben merkeziyetçilik, öz güven ise farkındalıktır, değerliliktir. Narsist insanlar başkalarından önde olmak için kendini kazanma hırsıyla yarışta görürler. Öfkeli ve yıkıcı davranışlar sergilemek, kırıcı sözler söylemek onlar için haklılıklarını kanıtlamaktır. Her zaman kendisi kazanmak ister ve bu kazanca giden yol diğer insanların haklarını yemek dahi olsa bundan çekinmez. Hatta bazen mağduru oynayarak bile her türlü şekilde kendince kazanır. Öz güvenli insanlar ise kendilerini başkalarının sözleriyle, başarılarıyla, sahip olduklarıyla kıyaslamazlar ve onları olumsuz yönde eleştirenleri dahi hoşgörüyle dinlerler, pozitif ve gerçekçi anlayışla kendileriyle yarışırlar. Onların en büyük rakibi kendileridir. Öz güvenli kişi kendinin değerli olduğunu bildiği gibi başka insanlarında değerli olduğunu bilir ve saygı duyar.

Narsist insan ise kendi yaptığı her şeyi başkalarının yaptıklarından çok daha değerli ve eşsiz bulur. Empati kuramaz, takıntılı düşünceleri olur ve kendinden daha başarılı insanlara haset duyar, küçümseyici davranışları olur. Kendini bir tanrı gibi görür ve her şeyde haklı olduğunu düşünür. Hayatındaki başarısız olduğu konularda etken sebepler bulur ve kendine objektif bakmaz. Empati kurma konusunda yoksundur. Örneğin, bir bebeğin doğum günü partisinde oradaki duyguları hakkında değil, verilen yemeğin lezzetiyle alakalı olumsuz konuşabilir. Bunun sebebi ise empati kuramamasıdır. Narsist insanlar aslında çok atılgan, cesaretli, korkusuz davransalar da içten içe öz güvensizdir, tıpkı bir çocuğun yarasını saklamak için bir savunma mekanizması gerçekleştirmesi gibi. Küçücük bir güvensiz bağlanmada, inşa ettiği güçsüz temelle kurduğu o muhteşem bina yıkılarak gerçek öz güvensiz tarafı ortaya çıkıp tüm başarısını altüst edebilir. Kendi acılarını sakladığından ruhunu göremediği için yalancı kimliği arasında içsel dürtüleriyle boğularak yaşadığı hayatı bir anda gözlerinin önünde gerçekle yer değiştirebilir. Öz güvenli kişinin kurduğu hayat her zaman gelişir, değişir, dönüşür.

Peki öz güvenimizi arttırmak için neler yapmalıyız? Biraz önce de söylediğim gibi sevgili canlar, öz güven kendimize karşı bir farkındalıktır. Bu yüzden kendimizi, bilinçaltımızı ve yeteneklerimizi tanıyarak farkındalığımızı arttırmalıyız. Benliğimizi olduğu gibi kabul edip sevmeliyiz. Tekiz ve çok özeliz. Farkındalığımız başladığı anda olma süreci de başlayacaktır. Örneğin, birinin göstermek istediği başarının 0-10 arası değeri olsun. 10 numarayı göstermek istiyorsunuz, zaten yapabileceğinizi de biliyorsunuzdur. Öz güven bunu gösterebildiğin izşeffaf perdedir. Bu perde siyaha doğru kayarsa yani siz korkarsanız, cesaretsiz davranırsanız ve kendinizden emin olmazsanız 10 numaralık başarı gösteremezsiniz. Daha azına sahip olursunuz ve insanlar da sizi yansıttığınız bu başarıya göre değerlendirirler. Siz kaç numaralık başarı gösterirseniz insanlar da o gördükleri sayı değerince davranış gösterirler. Bu davranış şeklini fark edip kendinizi dönüştürmediğinizde bir süre sonra bu, gerçeğe dönüşür. Öz güven bu noktada kişinin içindeki değerleri tam olarak ifade edebilmesi ve yansıtabilmesidir.

Bizler her konuda eşsiz, mükemmel olmak zorunda değiliz. Hatta kusurlarımız bizi kusursuz yapar. Her yerde her şeyi yapamayız, kendimize ait kişisel özelliklerimiz vardır. Mesela, bir ressam hem tiyatro sanatçısı hem dansçı hem yazar olsa da her yeteneği değerlendirildiğinde aynı eşitlikte olmayacaktır. Herkes kendini geliştirebildiği konuda dâhiliğini gösterdiğinde öz güven ortaya çıkar. Burada, hangi konulara ilgiliyseniz ya da sempati duyuyorsanız o alanlarda kendinizi denemelisiniz. Şimdi bir düşünün bakalım, yaptığınız işte vakit hızlıca geçiyor mu? Canlar, mesela ben zamanın nasıl geçtiğini anlamıyorum çünkü yaptığım işi kendimi gerçekleştirme sanatı olarak görüyorum.

Kendi içimizde kendimize koyduğumuz değer kıstası vardır ki çoğunlukla bunun farkında olmadan yaşarız. Mesela bir şey yapacakken burada bilinçaltımızın ve egomuzun yardımıyla kendimizle ilgili yarattığımız hayali vizyonlar devreye girer. Biz o işi yapmış ve başarısız olmuşuzdur, tepki görmüş, onaylanmamışızdır. Denemeden kendi düşüncelerimizde kötü sona varmışızdır. İşte burada farkındalığımızı artırarak tüm bunların eskiye dair bilinçaltı kayıtlarımızın ürettiği sahte, negatif vizyonlar olduğunun bilincine varmalıyız. Tüm bunlar eskidi. Ve şimdiki anda aslında her şey değişime uğradı. Hiçbir şey eskisi gibi kalmadı ve değişti. Şimdi eyleme geçmek için yapacağınız her neyse özendiğiniz, kıskandığınız, hatta kötülediğiniz kişilere daha dikkatli bakmanızı rica ediyorum. Aslında onlar kendilerine güvendiler ve başardılar. Kıskanmak, hasetlik, gıybet yaparak oradaki olumlu örneği görmek istemeyiz. Aslında onlar kendine güvenerek, etrafa takılmayarak, kalbinin kıblesini Allah'a çevirerek, ellerinden gelenin en iyisini yapıp tevekkül ettiklerini fark ettiğinizde onlardaki öz güvenin sizde de olduğunu anlayacaksınız. Tek yapmanız gereken kendinizin psikoloğu olarak olumlu telkinlerde eyleme geçmektir. Çünkü o öz güven herkeste olduğu gibi sizde de mevcut ve sadece ortaya çıkmayı bekliyor.

Kişisel imajımıza özen göstermek, sağlıklı beslenmek, düzenli spor yapmak, okuma alışkanlığı kazanmak, yeni hobiler edinmek, insanlarla etkileşime geçmek de öz güvenimizi doğrudan etkileyen faktörlerdendir. Daha çok gülümsemek, dik yürümek gibi basit alışkanlıklar bile öz güvenimiz üzerinde olumlu etki yaratacaktır. Küçük gibi görünen bu alışkanlıklar hayatımızda büyük değişikliklere sebep olabilir. Hatta sevgili canlar, dinlediğimiz müzikler bile bilinçaltımızda etki bırakarak öz güven seviyemizi farklı noktalara taşıyabilir. 2014 yılında Avrupa Sosyal Psikoloji Dergisi'nde yayınlanan bir araştırmada farklı gruplardan deneklere otuz bir şarkılı bir müzik listesi dinletildi. Yapılan araştırma sonucunda değişik tonlardaki müzikleri dinleyen gruplara nasıl hissettikleri soruldu. Sonuçlar tam da araştırma yapan psikologların düşündüğü gibiydi. İçinde Quinn'in "We Will Rock You" şarkısının da bulunduğu yoğun bas içeren müzikleri dinleyenler, kendilerini çok daha güçlü ve öz güvenli hissediyorlardı. Dinlediğimiz müzik, attığımız adım, söylediğimiz söz... Bizler düşünce ve eylemlerimizin birikimleriyiz. Kaderimiz oluyor biriktirdiklerimiz.

Bizler yaşamına yön verebilme yetkisine sahip tek varlıklarız, yapacağımız küçük değişiklikler tıpkı suya atılan bir taş gibi halka halka büyüyerek bambaşka boyutlara ulaşır. Kendinizi sevin ve daima gülümseyin sevgili canlar.

Kendinize güvenin!

"And olsun ki, biz insanoğullarını şerefli kıldık,
onların karada ve denizde gezmesini sağladık, temiz
şeylerle onları rızıklandırdık, yaratıklarımızın pek
çoğundan üstün kıldık."
– İsrâ Suresi 70. Ayet

DUYGULARIN TONU

Kainatımız Yüce Allah tarafından enerji temelli bir sistem üzerine inşa edilmiştir. Var olan her şeyin kendine has frekansı ve titreşimi bulunur. Mükemmel ve kusursuz olan bu sistem sadece maddesel varlıklarla sınırlı kalmaz. Bizlerin, hayvan ve bitkilerin, oturduğunuz sandalyenin, okuduğumuz kitabın, içtiğimiz suyun, hayranlıkla izlediğimiz bulutların ve her şeyin kendine özgü enerjileri olduğu gibi, düşünce ve duygularımızda enerjilerden meydana gelir. Sevginin, aşkın, şefkatin, öfkenin, kıskanmanın, özlemenin, heyecanın, merhametin ve buna benzer pek çok duygunun kendine özgü frekansı bulunur. Çekim yasasına göre de titreşirler.

Duygular, yoğunlaşmış enerji formu olan düşüncelerimizin anlamlandırılmış halidir. Aslında duygular beynin ve ruhun kendini ifade etme şeklidir. Herhangi bir duygu hâline geçtiğimizde tüm bedenimiz ve beynimiz de etkilenir. O zaman duygular hayatımızı yönetir. Her bireyin en çok istediği şey iyi ve mutlu bir hayattır. Ama bunun arkasında daha da çok istediği şey iyi bir insan olmaktır. İşte bunun anahtarı da duygulardır.

Fark ettiyseniz her duygunun içinde bizi tekâmül ettiren mesajlar vardır. Ve bu ruhumuzun kendini ifade etme şeklidir. Duygularımızı doğru anladığımızda onların verdiği mesajları, öğretileri daha da iyi anlarız. Böylelikle geçmişi anlayabildiğimiz gibi geleceği de şekillendirebiliriz. Yeni bir kursa gittiğimizde nasıl hayat alanımızda farklılık yaratıyorsa duygularımızın tonunu ve şifresini çözdüğümüzde de yaşam alanımızda büyük fark yaratır. Ve bu bize dışardaki yaşamın sırlarını sunduğu gibi iç dünyamızın da tüm kapılarını ardına kadar açar çünkü duygular inançlarımızı oluşturur. Ve birçok kişi hayatta aldığı kararların bedelini ödeyerek yaşar. Fikirleri, sabitlikleri, sınırlamaları, farkında olmadığı inadı vardır. Tüm bunları duygularıyla oluşturmuştur. Bu dünyaya geliş nedenini her insan bir şekilde arar. Duygularına doğru yolculuk yapanlar dışarıdaki olaylarda, insanlarda, kavramlarda Tanrı'yı ararken içe doğru algısını çevirdiğinde kendi gerçeğiyle karşılaşır. Biz insanlar yarattığımız duyguları anlayabilir, bulabiliriz. Burada sadece kendimize dürüst olmamız ve biraz da cesaretli davranmamız yeterlidir. Tüm duyguların özünde sevgi ve korkunun iç içe geçmiş muhteşem beraberliği vardır. Tekâmül sevgi ve korkunun dengesinden oluşur. Ve tüm duygular bu ikilinin senin patronluğunda yarattığı yansımalarıdır.

Bir duygu kendini saklamak için birçok duyguyu kendi önüne koyabilir. Ve gerçek duyguya gidilen yolu göstermemek adına kişiyi diğer duyguların esiri yapabilir. Burada onun en büyük yardımcısı bilinçaltıdır. Her duygunun kendine ait enerjisi, frekansı ve titreşimi vardır. Titreşen enerjilerle aynı alanda hem şikâyet ederiz hem de beraberliğimiz uzun yıllar devam edebilir. Burada çok önemli bir ayrıntı var ki duyguların yaydığı frekans hareket hâlindedir. Böylelikle kontrolü ele alan duygular şiddetini çoğaltabilir ve alanımızda bizleri bir ahtapot gibi sarabilir. Tek bir çözüm vardır ki duygularımızı görmezden gelmek yerine yüzleşmektir. İşte o zaman var olan her şeyin asla kaybolmadığını, sadece fizik yasalarına göre bile değişip dönüşebildiğini gözlemleyen kişiler, kendi değişimlerini başlatabilir. Özümüze kavuşmanın yolu duygularımızı anlamaktan geçer.

Çekim yasasına göre birlikte ağlaşanların veya birlikte mutlu olanların hikâyelerini duymuşsunuzdur. Neşeli birinin yanında ağlayamazsınız, acısı olan birinin yanında neşeli davrandığınızda bir şekilde o ortamdan uzaklaşmak zorunda kalırsınız. Bizim de enerji seviyemiz aşağı çekilir ya da yukarı çıkar. Oradaki enerji ne ise aynı hâli biz yaşarız. Duygular elektromanyetik alanda karşı taraftaki enerjinin frekansına göre şekillenir ve titreşir. İçten öze yolculuk yaptığımızda ruhun ana merkezinde duygular vardır. Duygularını bilen ruhunu bilir, ruhunu bilen Allah'ı bilir. İşte en büyük zenginlik budur.

Bizler *İnsanın İçsel Keşfi*'nde sizi duygularınızla tanıştırıyoruz. Çoğumuz kendimizi dünya hapishanesinde zannediyoruz. Ayaklarımızda ve ellerimizde, duygularımızın köleliğinde prangalarla yaşıyoruz ve bizi müebbet hapsine mahkûm ettiğini düşünerek, kendi içimizdeki ruhsal zenginliği fark etmeden göçüp gidiyoruz. Kalbimizin önüne de içimizdeki karanlık tarafın yarattığı şeytan betimlemesiyle elçi dikerek bu hâlimizi korunaklı kılıyoruz. Duygularımızı anlamama oyunumuz budur işte. Bu köleliği bırakmanın tek yolu onların bize ve alanımıza yarattığı negatif ve pozitif öğretilerini görmekten geçer. Tüm hayatımız duygularımızın kontrolündedir. Peki, bu yaşam sizin için ne kadar değerli?

İçimizde hazine dairesi vardır. Bu, yaşamda ana rahmine düştüğümüz andan itibaren bizimle birliktedir ve her an bizim onu bulup hayatımıza katmamızı bekler. İçinde bir hazineyle dolaşan sevgili okuyucum, şimdi bu muhteşem dairenin kapısını açmaya hazır mısınız? Yani duygularınızla tanışmaya...

Şimdi olmaz diye düşündüğünüz en büyük hayallerinizi aklına getirmenizi istiyorum. Gözlerinizi kapatın. Sadece 2-3 dakika boyunca bu hayallere odaklanın. İçine girin, anlam katın, hisler ekleyin, detayları yaratın. Ve şimdi haydi bu duruma bir duygu ismi verin ve o duyguyu yaşayın.

Farkında mısınız? Şu an yaşadığınız bu duygu sizde zaten var olduğu için hissedebildiniz. Hayallerinize o kadar da uzak değilsiniz. Ruhunuzun zenginliğinde bu güzel duygular gerçekte var. Sadece sizin gerçeğinizde, şu anki yaşamınızda değiller. Çünkü içinizdeki duygular hayallerinize ait duygular değil. Hayallerinizin olmaması için korktuğunuz, engel koyduğunuz, cesaret edemediğiniz, kendinizden uzaklaştırdığınız duyguların köleliğindesiniz. İlk önce anlamanız gereken hayallerinize mesafe koyan duygularla yüzleşmeniz gerektiği. Tanrısal özünüzle bir olarak hayatınıza devam etmek istiyorsanız sizi *Gerçek Ben*'e ulaştırabilecek yöntem budur.

Bizim için kendimizde kusur bulmak, kendimizi yeterli bulamamak, değersizleştirmek, eksik bulmak çok kolay. Hâlbuki duygularımızı tanısaydık içimizdeki Allah tarafından verilen ruhsal zenginliğimizi ve duygusal zekâmızı kabullenirdik. İlahi sistem ve koruyucular tarafından devamlı gelen işaretleri okurduk. Her duygunun kendine has iletişim hâli vardır. Ve bize yaşattığı etkileri mevcuttur. Biz kendimize yönlendiğimizde bilinçaltı, beş duyumuzla tüm kapıları açar. Kış aylarında yazı özlerken, bazen 90'lar müziğiyle, yüzümüzdeki tebessümle, yanımızdan geçen birinin parfüm kokusuyla, duyduğumuz bir sözle, gördüğümüz bir resimdeki renklerin dansıyla, kısacası duygular bağlantıda olduğu diğer duygularla bize mesajlarını verir. Aslına bakarsanız duygular asla yok olmaz. Duygularda ayrım yoktur. Hele hele onları bastırmaya çalıştığınızda çeşitlenir, diğer duygularla bağlantı kurar, ahtapot gibi bizi sarar. Çünkü bizler duygular olmadan bir hiçizdir. Duygular hayatımızın şeklini, kalitesini belirler. Bizler çoğunlukla yok saymaya, bastırmaya, kontrol altına almaya çalıştığımızda onlar kendilerini göstermek için yani hediyelerini, öğretilerini vermek için alanımızda daha da belirginleşerek ve büyük olaylar şeklinde deprem yaratarak kendilerini daha da çok var ederler.

Saklanan gerçekteki duygu ilk önce bağlantı kurduğu diğer duyguları ortaya çıkarır. Yaşadığımız deneyimler iyi ya da kötü duygularımızın ifadesidir. Her duygu, bastırılmış olsa dahi mutlaka bir eylemle kendini gösterir. Mesela kendisini anlamayan biri içindeki öfke duygusuyla yüzleşmek istemez. Öfkesini bastırmak için ailesinden uzaklaşarak kendini alkole ya da başka bir bağımlılığa verebilir. Alkol, duygularını bastırmak için muhteşem bir yöntemdir. Belli bir zaman sonra bu bağımlılık hâline geldiğinde artık ana duyguyla kurduğu diğer duygu bağlamları ortaya çıkmak için alkolü daha çok gereksinmeye başlar ve kişi de sorumluluklarını yerine getirmeyerek finansal açıdan zorlanır. Bu ihtiyacını gidermek için eşinden, dostundan para ister. Bu durumun artçısı olarak tartışmalar, güven kaybı ortaya çıkar. Bu da bir döngüyü çağırır ve insan başa çıkamadığı duygular için daha çok içer. Evine gereken özeni göstermediğinde yalnızlık duygusu ortaya çıkar ve kimsenin onu anlamadığı düşüncesini savunur. Varlığını yok sayarak alkole bağımlılık gösteren kişi eşinden de anlayış, itikat, sevgi göremediğini savunduğu için duygu salınımları onu kendi içine çeker ve burada ana duyguyla bağlantı kuran diğer duygular titreşimini, frekansını, canlılığını ve en önemlisi hediyelerini vermek için şiddetini arttırdığında kişi öfkesini, yalnızlığını, güvensizliğini kullanarak davranışlarındaki negatif şiddeti arttırır. Kendi zihninde yetersizlik duygusuyla çıkmazda olduğunu düşünerek eylemleri intihar, boşanma, trafik kazası şeklinde kendini gösterebilir. Aslında buradaki ana duygu değersizliktir. Ve bu duygu kendini saklamak için yetersizlik duygusuyla baş gösterir. Burada kendini anlasaydı eğer, ana duyguyu saklayarak diğer duygularla bağlantı kurmak yerine Yüce Allah'ın hepimizi eşit yarattığı ve diğerlerine de aynı eşitlikte verdiğini, aklını kullanarak yetersiz olmadığını, değerli olduğunu görerek başka çözüm yollarını deneyebilirdi. Kendini anlamayı seçen kişide öfke barınmaz. İnsanların davranışlarına, tutumlarına öfkelenmez. Kendisinin de diğer kişilerin de Allah'ın bir parçası olduğunu bilerek işaretleri okumayı seçer. Bizler dünya tiyatrosundaki muhteşem sanatçılarız. Kendimiz yazıp bu sahnede kendimiz oynuyoruz. Ana duygu olan değersizlik duygusunun senaristi olarak bu örnekteki kişi alkolün, eşinin, insanların ona değer vermesini isterken kendine değer vermeyi, anlamayı, saygı duymayı, güvenmeyi unutmuştu. Hâlbuki her zaman bir çıkış yolu olduğu hâlde, *"Bunun bana katkısı, öğretisi nedir?"*

diye sormak yerine dünya oyunundan çıkmayı tercih ederek her şeyi kaybedebilir. Bu duruma kader diyen kişiler, duygularını kontrol altına alarak ve gözlemci taraflarını aktive ederek yaşamlarının siyah taraflarını gökkuşağının renklerine çevirebilir.

Yapılan birçok araştırmaya göre renkler ve duygular çok yakından ilişkilendirilir. Düşünsenize bugüne kadar birçok şeyi yaşadık. Duygularımız olmasaydı yaşadıklarımızda anlam olur muydu? Mesela mutluluğun getirdiği duygu ve içimizde buna verdiğimiz renk bizi ileriye götürmüyor mu? Duygusuz bir dünyada yaşamak tatsız, tuzsuz ve renksiz olurdu ya da sadece kötünün, üzüntünün, şiddetin olduğu bir dünyada duygular acı, keder ve siyah olurdu. Kırmızı rengin bedeni uyararak istek arttırıcı özelliği, mavi tonlarının huzur ve sakinlik verdiği tüm psikologlar tarafından kabul edilir. Renk-duygu ilişkisi günümüzde özellikle satış ve pazarlama alanında kullanılıyor olsa da farklı alanlarda da duyguların renk tonlarıyla olan ilişkisini görmek mümkün. Örneğin sağlık alanında... Hiç düşündünüz mü doktorlar ameliyat sırasında neden hep yeşil-mavi tonu önlükler kullanıyorlar? Bu seçim asla bir tesadüf değil sevgili canlar. Kırmızı tonu pazarlama alanında işe yarıyor olsa da uzun süre bu tona maruz kalmak bedenimizde mide bulantısı, baş dönmesi gibi yan etkilere sebep olabiliyor. Yeşil ve mavi tonları ise daha dingin hisleri tetikleyerek kırmızı tonunun yan etkilerini hafifletiyor. Ameliyat sırasında uzun süre kan görmek zorunda kalan doktorların, dünyanın hemen her yerinde sakinleştirici etkisi olan renklerde önlük giyme sebepleri kırmızı tonunun yan etkilerini hafifletmek istemelerinden kaynaklanır.

Günümüzde birçok psikolog renk-duygu etkileşiminden yola çıkarak renk terapisi yapıyor. Ancak bu yöntem gerçekte çok daha eskilere dayanıyor. Eski Mısır ve Çin'de renk ve ışığın iyileştirici gücünden faydalanılıyordu. Ağrıların tedavisinde maviden faydalanılırken nefes alıp vermeyi hızlandırdığı için akciğer tedavisinde turuncu renk kullanılıyordu. Işık ve renk arasındaki bağ için yüzlerce yıl önceye dönmemiz gerekiyor.

İngiliz bilim insanı Isaac Newton, 1666'da yaptığı bir deneyle saf beyaz ışığın bir prizmadan geçtiğinde altı ana renge ayrıldığını keşfetti. Newton aynı zamanda her rengin bir dalga boyundan meydana geldiğini, farklı bir renge ayrışamayacağını keşfetti. Yani doğada altı ana renk ve bu renklerin bir araya gelmesiyle oluşan beyaz renk mevcuttu. Hepimizin bildiği gibi diğer ara renklerse ana renklerin karışması sonucu ortaya çıkıyordu. Sarı rengin maviyle birleşmesiyle yeşilin, kırmızıyla birleşmesi sonucuysa turuncu rengin ortaya çıkması gibi...

Mucizelerle dolu kutsal kitabımız *Kur'an-ı Kerim*'de bu konuya muhteşem bir atıf bulunuyor. Hiçbir kelimenin tesadüfi olmadığı *Kur'an-ı Kerim*, kelime tekrarlarıyla hayranlık uyandıracak mucizeleri barındırıyor. Örneğin *Kur'an*'da gün kelimesi 365 kez, günler kelimesi ise 30 kez tekrarlanır. Dünya ve ahiret kelimeleri (115), güneş ve gölge kelimeleri (33), erkek ve kadın (24) kelimeleri ise eşit sayıda bulunur. Bu örnekler *Kur'an-ı Kerim*'deki onlarca kelime mucizesinden yalnızca birkaçıdır. Benzer bir mucize renk kelimesi için de geçerlidir. *Kur'an-ı Kerim*'de "O'nun renkleri" (Allah'ın verdiği/yarattığı renkler) altı kez geçerken "sizin renkleriniz" kelimesi bir kez tekrarlanır. Tıpkı altı rengin bir araya gelip beyaz rengi oluşturması gibi Allah'ın verdikleri de bir araya gelerek bizi oluşturur.

"Allah'ın (verdiği) rengiyle boyandık. Allah'tan daha güzel rengi kim verebilir? Biz ancak O'na kulluk ederiz (deyin)."
– Bakara Suresi 138. Ayet

Tıpkı duygular gibi... Şaşırma ve merak duyguları bir araya geldiğinde heyecanın, korku ve yetememe duygusunun birleşimiyle öfkenin ortaya çıkması gibi... Sevgili Newton yaptığı deneyle tüm renklerin birleşmesiyle saf beyaz rengin oluştuğunu gözlemlemişti. Tüm duyguların bir araya gelmesiyle de saf özü, yani bizleri oluşturuyor.

Albert Einstein Tıp Fakültesi'nde fahri profesör unvanlı Robert Plutchik, 1980 yılında "duygu çarkı" olarak bilinen duygu sınıflandırma sistemi tanıttı. Sistem sekiz ana duygudan (sevinç, güven, korku, şaşkınlık, üzüntü, tiksinme, öfke ve beklenti) oluşmaktaydı. Bu model, ana duyguların birleştirilebileceğini ve yeni duygular ortaya çıkaracağını gösterdi. Duygu Çarkı'na göre umut beklenti ve güvenin, telaş beklenti ve korkunun, aşk sevinç ve güvenin, haz sevinç ve sürprizin, teslimiyet güven ve korkunun, merak güven ve sürprizin birleşmesiyle meydana geliyordu.

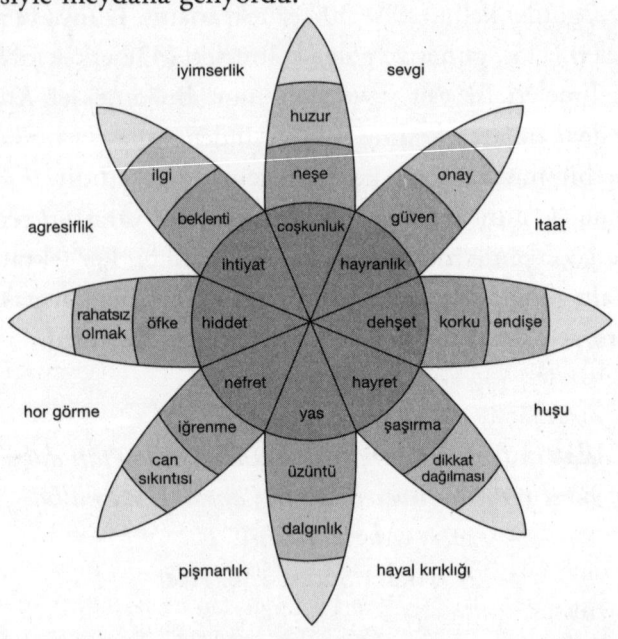

Şekil 2. Plutchik Duygu Çarkı

Amerikan Psikoloji Derneği duyguyu, "deneysel, davranışsal ve fizyolojik unsurları içeren karmaşık bir tepki modeli" olarak tanımlıyor ve üç bileşenden meydana geldiğini savunuyor. Buna göre duygular deneyim, fizyolojik tepki ve davranışsal/ifade edici bir tepkiden meydana geliyor.

Ana duygular, tanımlanabilir yüz ifadeleriyle ilişkilendirilir ve biz farkında olmadan yüzümüzde belirir. Charles Darwin, duygular sonucu yüzümüzde beliren ifadelerinin evrensel olduğunu söyleyen ilk kişiydi. Duyguların oluşturduğu ifadeler ırk, dil, din, cinsiyet ayrımı olmaksızın küçük kültürel farklar dışında her insanda aynı şekilde meydana gelir.

19. yüzyılda William James ve Carl Lange ortaya attıkları teoriyle deneyimin sinir sistemimizi harekete geçirdiğini, daha sonra duygusal hissin oluştuğunu söylediler. Bu teoriye göre yaşadığımız olay vücudumuzda hızlı bir kalp atışı, gergin kaslar, terleme, mide bulantısı gibi tepkimeleri tetikliyor, bu tepkiler sonucu duygularımız ortaya çıkıyordu. Benzer bir teori ilerleyen yıllarda Charles Darwin ve William James tarafından dillendirilen Yüzsel Geri Bildirim Teorisi'ydi. Bu teoriye göreyse duygular doğrudan yüz kaslarımıza ve ifadelerimize göre otomatik olarak oluşuyordu. Örneğin ağzımıza bir kalem alıp ısırdığımızda yüzümüzde gülümseme ifadesi belireceği için kendimizi daha mutlu hissederiz. Kaşlarımızı çatıp beklediğimizde ise otomatik olarak öfke hissetmeye başlarız.

Duygularımızın farkında olmak, değerlendirmek ve kontrol edebilmek yaşamımız üzerinde büyük bir etkiye sahiptir. Başka insanların duygularını algılamak ise "duygusal zekâ" olarak adlandırılır. İlk olarak Peter Salovey ve John D. Mayer tarafından isimlendirilen duygusal zekâ kavramı Daniel Goleman'ın yazdığı *Duygusal Zekâ: Neden IQ'dan Daha Önemlidir* isimli kitabıyla büyük popülerlik kazandı. Buna göre duygusal zekâsı yüksek kişiler kendi ve başkalarının duygularını anlayarak kontrol edebilirken, düşük duygusal zekâya sahip olmak bizleri manipülasyon ve sömürülere karşı savunmasız kılar. Öğrenilebilen ve geliştirilebilen duygusal zekâ için dünya genelinde farklı eğitim ve metotlar mevcut. Dinlemek ve empati kurmak duygusal zekâmızı geliştirmek için yapabileceğimiz en kolay yöntem. Ancak duyguları tanımanın ve kontrol altına almanın en net ve kesin çözümü kuantum düşünce sistemidir. Çünkü kuantum düşünce sistemiyle her türlü duyguya sebep olan ana etmene ulaşılabilir ve kontrol altına alınabilir.

Duygusal dürtüler beynimizde yer alan Limbik Sistem içerisindeki "amigdala" da şekillenir. Aynı sistemde yer alan hafıza merkezi "hipokampus"un hemen yanında yer alır. Yaratıcımız Yüce Allah tarafından verilmiş ne güzel bir işaret öyle değil mi, sevgili canlar? Hafıza ve duygular yan yana...

Gelin sevgili canlar, daha yakından tanımak için duygulara hep birlikte yakından bakalım.

DUYGU BULMA ÇALIŞMASI

"Çocukken dışarıda arkadaşlarımı bir araya toplanmış olarak gördüm. Yanlarına gittim, bir çukurun içinde kaplumbağa vardı ve herkes ona taş atıyordu. Ben de sürü psikolojisiyle yerden bir taş alıp kaplumbağaya doğru attım. Dıştaki sert kabuğu kırılmaz diye düşündüğüm için atmıştım. Ancak bir dakika sonra kaplumbağadan kan geldiğini gördüm. .... duygumla çok üzüldüm. Henüz 6 yaşlarındaydım. Bir daha hiçbir hayvana zarar vermeme kararı aldım."

Noktalar olan kısmı doldurun.

Bu sizde hangi duyguyu ifade ediyorsa yazın ve bununla ilgili bir deneyiminizi lütfen alttaki satırlara ekleyin.

....
....
....
....
....
....
....
....
....
....
....
....
....

.... duygu ile deneyimimi edindim, öğretimi aldım.

NOT: Yukarıda verdiğim örneği baz almamak şartıyla hangi duyguyu, nerede yaşadığınızı biraz üzerinde düşünerek en az yedi duygunuzun üzerinde çalışın.

Bu çalışma size, bilinçten bilinçaltına yolculuk yapma fırsatı verecek.

TOKSİK DUYGULAR

"De ki: İçinizdekileri gizleseniz de açığa vursanız da
Allah onu bilir. Göklerde ve yerde olanları da bilir.
Allah her şeye kadirdir."
– Âl-i İmrân Suresi 118. Ayet

En genel kullanımıyla toksik, zarar veren anlamına gelir. Buradan yola çıkarak bizlere zarar veren ve ilerleyişimizi engelleyen tüm duygular, toksik duygular olarak adlandırılır. Oysa burada bir kavram hatası yapılır, sevgili canlar. Hissettiğimiz hiçbir duygu, gerçekte bize zarar vermez. Hepsi bizlere yol gösteren bir rehber gibidir. İlerleyişimizi engelleyen duygular değil, o duygularla baş edemediğimiz süre zarfında beynimizde oluşan düşüncelerdir. Örneğin utangaçlık duygusunu toksik bir duygu olduğu söylenir. Diğer yandan da her aklına eseni dilediği gibi yapan, sosyal yaşam kurallarına uymayan kişilerin de utanmaz olduğu söylenir. Utandığınız için kendinize kızmayın, sevgili canlar. Utanmak asla kimseye zarar vermez. Aksine, bizleri içinde yaşadığımız sosyal hayata uyumlu hâle getiren bir rehberdir. Ancak utanma duygusuyla yüzleşemediğimizde bu duygu bilinçaltımızda yer eder, giderek büyür ve kimseyle konuşamaz, sohbet edemez, arkadaş edinemez hâle geliriz. Bu noktada bize zarar veren şey utangaçlık değil, utangaçlık duygusuyla yüzleşemediğiniz için bilinçaltımızda gelişen kök inanç ve yanlış düşüncelerdir.

Benzer şekilde suçluluk duygusunun da toksik bir duygu olduğu ve ondan kurtulmamız gerektiği söylenir. Oysa hiçbir duygu, kurtulunması gereken bir olgu olarak değerlendirilemez. Duygular tıpkı bir ışık gibi bize yol gösterir ve giderler. Eğer biz gitmesinler diye onlara sıkı sıkı tutunursak işte o zaman sorun hâline gelir. Burada sorun olan duygular değil, bizim onlara tutunmamızdır. Zaman zaman istemeden de olsa hatalı davranışlarda bulunabilirsiniz ve bu durumda suçluluk hissetmek son derece insanidir. Suçluluk duygusunu hissettiğinizde onun bize gösterdiği yolu fark etmeli, bize getirdiği öğretiyi kabul etmeli ve bu duyguyu sevgi ile geri göndermeliyiz.

Bu noktada, "Nefret duygusundan kurtulmamız gerekmez mi?" sorusu akıllara gelebilir. Ancak "nefret" kendi başına bir duygu değildir. İki temel duygu olan öfke ve korkunun baskılanması sonucu ortaya çıkar. Korku size kaybetme, öfke ise tehlike sinyali ile gelir. Beyniniz sizlere can güvenliğiniz, sevdiğiniz bir eşyanız veya sahiplendiğiniz bir fikir için tehlike sinyalleri göndererek öfke veya korku hissetmenize sebep olur. Aslında beynimiz sizlere sadece "dikkat et" demek ister. Tepki olarak da mücadele etmeniz veya uzaklaşmamız gerektiğini söyler. Psikolojide bu durum "savaş ya da kaç" uyaranı olarak adlandırılır. Eğer siz öfke ve korku ile yüzleşmeyerek onları baskılamaya çalışırsanız işte o zaman "nefret" dediğimiz, yıkıcı tepki verme durumu ortaya çıkar.

Birbirinden nefret ettiğini söyleyen karşıt görüşlü kişiler, samimi bir şekilde birbirlerini dinlerlerse, yani beyinde tehlike sinyallerine sebep olan durumla yüzleşirlerse mutlaka nefret ortadan kalkacaktır. Beyin için kaybetme tehlikesi devam ediyorsa öfke ve korku duyguları hissedilmeye devam edebilir. Ancak artık yıkıcı bir tepki kalmaz, nefret yerini anlayışa bırakır. Bu yüzden duygularımızı baskılayıp saklamaya çalışmak yerine onlarla yüzleşip kucaklaşmalıyız.

BASTIRILMIŞ DUYGULAR

"Hâlbuki Allah onların gizlediği şeyleri çok iyi bilir."
— İnşikâk Suresi 23. Ayet

Geçmek bilmeyen yorgunluk hâli, sebepsiz yere kötü hissetme, aşırı kırılganlık, unutkanlık, motivasyon düşüklüğü... Eğer bu belirtileri deneyimliyorsanız o hâlde bastırılmış bir duygunun etkisi altında olabilirsiniz, sevgili canlar.

Bastırılmış duygular, tıpkı baskı altındaki bir yay gibi hareket ederler. Bir yayın üzerine ne kadar çok baskı uygulanırsa baskıdan kurtulduğu an ortaya çıkaracağı enerji de o kadar çok olur. Aynı şekilde bir duygu da ne kadar çok baskılanırsa bizi etkileme oranı da o kadar artacaktır. Bazı insanlar hissettiği tüm duyguları en yalın hâliyle ifade ederken bazıları da hislerini kendisine saklamayı tercih eder. Hisleri saklamak, onları bastırmakla aynı şey değildir. Herhangi bir duyguyu hissettiğinizde bunu kendi içinizde yaşamayı veya başkalarıyla paylaşmayı tercih edebilirsiniz. Bu tamamen kişisel bir tercih meselesidir. Bastırılmış duygular kendinize dahi söylemekten çekindiğiniz, kaçındığınız, yüzleşmek istemediğiniz duygulardır. Hissedilen her duygu bizlere bir şey öğretmek için gelir ve biz o duyguyla yüzleşip getirdiği öğretiyi alana dek beklerler. Kabule geçmediğiniz her an, duygu biraz daha sertleşerek daha katı bir hâle gelir ve en sonunda bastırılmış duygu olarak bilinçaltınızda yer eder.

Uzun süre bilinçaltınızda kalan bastırılmış duygular en sonunda mide bulantılarına, sindirim sorunlarına, şiddetli kas ağrılarına ve kramplara, hatta kalp ve damar rahatsızlıklarına yol açabilecek ciddi boyutlara ulaşabilir. Bu şekilde bilinçaltınızda yer etmiş, yüzleşemediğiniz bastırılmış duygulardan kalıcı olarak kurtulmak, temizlenmiş bir bilinçaltı ile mümkün olacaktır. Korku, hayal kırıklığı, öfke, utangaçlık, üzüntü gibi duygular genel olarak en çok bastırılan duygulardandır. Böyle bir duygu hissettiğinizde ilk yapmanız gereken, duygunun arkasındaki temel sebebi görmektir. Sinirlendiğiniz bir anda ne yapacağınızı, nasıl karşılık vereceğinizi düşünmek, hissettiğiniz öfkeyi baskılamaktır. Öfkenize neden olan gerçek sebebi düşünmek ve bu sebebi çözüme kavuşturmak için çabalamak, öfke duygusuyla yüzleşmek, size getirdiği öğretiyi kabul etmek demektir.

İkinci adım ise biz ona sıkı sıkıya tutunmadığımız sürece hiçbir duygunun kalıcı olmadığını bilmektir. Belki de bu satırları okurken yakın zamanda sizi çok üzen bir anı aklınıza gelmiş ve tekrar üzgün hissetmenize sebep olmuş olabilir. Bu son derece doğal ve insani bir durumdur, sevgili canlar. Üzüntü duygusu çoğunlukla size, bir daha tekrarlamayın diye nerede, kendinize ne yaptığınızı göstermek için gelir. Üzülmenize sebep olan gerçek sebebi gördüğünüzde nerede, nasıl ve kendinize ne yaptığınızı fark eder, öğretiyi kabul ederseniz üzüntü geçer gider.

Bastırılmış duyguların etkisi altında kalmamak için hissettiğiniz duygu her ne olursa olsun o duyguyu kabul edin. Eğer o an hissediyorsanız mutlaka size bir öğretiyle gelmiştir. Gerçek sebebini bulmaya çalışın. Bastırılan her duygu, bilinçaltında bir kayıt yeriyle mutlaka bir inanca bağlıdır. Bazı durumlarda da yaptığımız bireysel ve toplu çalışmalarda bastırılmış duyguların altında travmalar gizlenmiş olabilir. Bilinçaltı negatif inancı desteklemek için travmalarla beraber kendini yaşatır. Kişi, genelde travmalarını unutur gibi yaparak yok sayar, negatif inanca yol alırken bastırılmış duygulara baktığımızda ait olduğu travma negatif inancın sakladığı beyindeki bölümü ve dosyayı gösterebilir.

Her duygu bir öğretmendir, sınıfı geçmek için öğretmeni dinlemek gerekir. Görmezden geldiğiniz, bastırdığınız ve kabul etmediğiniz tüm duygular esasında yaratıcı öğretmenleriniz olarak sizi siz yapmaya çalışan, negatif gibi görünüp aslında altında yatan muhteşem gerçeği öğreten pozitif öğretilerdir. Tüm bunların farkına vardığınızda kendiniz için dönüşümü başlatacaksınız. Kendi kendiniz ile iletişim hâlinde olun.

Yaşadığınız sıkıntılar, öfkeleriniz ve kendinizi rahatsız hissettiğiniz her ne varsa bunlar için sizlere bazı önerilerim var:

1. Duygularınızı yazın. Bir farkındalık defteriniz olsun. Hepsini fütursuzca, her aklınıza geleni ayrım yapmadan yazın. Önce ağır gelebilir ancak ifade ettikçe sizlere nasıl iyi geleceğine inanamayacaksınız.

2. YouTube'da sizlere açtığım Serbest Bırakma çalışmasını yapın. En az yedi gün aynı saatte bir bardak sudan bir yudum alın ve tek başınıza sessiz bir ortamda olun. Bittiğinde kalan suyu için. Deftere her bir duyguyu yazdığınız için, her bir duygu için ayrı ayrı yapın.

3. Kendi kıymetinizin farkına varın. İsminizi söyleyerek problem yaşadığınız konu gerginlik, öfke, alınganlık, sinirlilik her ne ise yüksek sesle kendinize ifade edin. Kuantum alanında her şey sestir. Evren sizi sesinizle duyar.

4. Kendinizi yerin dibine sokarcasına eleştirmeyi bırakın. Bu deneyimlediğiniz negatif duygu, mesela alınganlık diyelim, öncesine şöyle bakın. Bunu neden yaşadınız? Neden böyle hissettiniz? Alınganlık size mi ait, yoksa kendinizi yok etmeye çalışma oyunu mu bu? Ufacık bir çocuk gibi küstünüz mü? Kim zarar gördü? Hepsinin cevabı "ben" değil mi, sevgili canlar? Bu durumlar

içinde yaşadığınız bastırılmış her duyguyu kendinize itiraf edin. Kuantum alanında her şey kendinizle alakalıdır. Sizler bunu keşfettiğinizde yepyeni bir alana girersiniz. Bastırdığınız tüm duyguları keşfedip yerine pozitif olanları koymayı deneyin. Aynı gece ile gündüz gibi... Dönüşümünüz gerçekten muhteşem olacak. Bu iyiliği kendinize yapın. Sadece farkına varın ve eyleme geçin. Eski sizden eser bile kalmayacak.

Yunus Emre "Bir ben vardır bende benden içeri" diyerek Tanrı'nın bir parçası olarak varlığımıza dikkat çeker. Hepiniz bilirsiniz ki, Yüce Allah'ın bizleri kendinden bir parça olarak yarattığını düşünürsek, -ki bu da *Kur'an-ı Kerim*'de iletilir- insanı yaratırken kendi ruhundan üflemiştir. O zaman bunca duyguyu bastırırken içinizdeki Allah parçanızı bastırıyorsunuz. Kendinizi kapana sıkıştırmak nedendir, ey sevgili canlar?

Sadece kendinizi seçin. Bastırdığınız tüm negatif duygulardan kurtularak özgürleşin ve Allah'a kavuşun.

İKİLİ İLİŞKİLERDE DUYGUSAL MANİPÜLASYON

Rönesans'ın en etkili isimlerinden olan İtalyan filozof, devlet adamı ve yazar Niccolò Machiavelli 1513 yılında yazdığı Prens adlı kitabıyla günümüz siyasetine dahi ışık tutabilen çok önemli bir esere imza atmıştır. Machiavelli kitabında verdiği birçok örnekle, yönetici konumunda olan bir politikacının ahlaki değerlerle yapılması gereken arasında bir çelişki olduğunda ahlaklı olanı değil, doğru olanı yapmak zorunda olduğunu anlar. Daha sonraki yıllarda bu kitaptan yola çıkarak siyasette sonuca ulaşabilmek adına her yolun mübah olduğu görüşünü anlatmak için Makyavelizm terimi ortaya çıkar.

Aynı terim psikolog Richard Christie ve Florence Geis'in insan davranışları üzerine inceleme yaptıkları sırada bazı insanların kendi çıkarları doğrultusunda karşısındaki kişiler üzerinde yanıltıcı yönlendirmeler yaptıklarını fark etmeleri sonucunda psikolojide de kullanılmaya başlandı. Çıkarları uğruna ahlaki değerleri dikkate almadan başkalarına karşı yanıltıcı söz ve davranışlar, hatta duygu sömürüsü gibi davranışlarda bulunan kişiler psikolojik anlamda Makyavelist kişilerdir. Bu kişiler duygusal manipülasyonlarla insanların bilinçaltını etkilemeyi amaç edinirler. Makyavelizm, narsisizm (aşırı öz hayranlık) ve psikopati (suç işlemeye meyilli kişilik) ile karanlık üçlü olarak adlandırılır.

İkili ilişkilerde manipülasyon çok farklı şekillerde olabilse de bazı başlıklar altında kategorize etmek mümkün:

Pasif Saldırganlık: Pasif saldırganlık davranışları sergileyen kişiler öfke ve negatif duygularını sert ve açık bir şeklide dile getirmek yerine daha sakin, ancak karşı tarafı zayıflatmaya yönelik davranışlarda bulunurlar. Dalga geçmeye varan iğneleyici şakalar, abartılı sessizlik ve somurtkanlık, kasıtlı ertelemeler ve hatalar pasif saldırganlığın en çok görünen örnekleridir. Bu tür davranışlarla karşısındaki kişinin bilinçaltına sen zayıfsın mesajı vermeye çalışırlar.

Suçlu ve Mağdur: Birçok insanın en zayıf olduğu nokta suçluluk hissidir. Bu zaafın farkında olan kişilerde mağduriyetini abartılı şekilde göstererek veya mağdur rolüne bürünerek etki altına almak istediği kişiye suçluluk duygusunu hissettirmeyi amaçlar. Kimi zaman bu mağduriyet rolü öylesine etkili olur ki bilinçaltında gerçekten suçlu olduğuna inanan kişi kendisini cezalandırmaya yönelik davranışlara bile yönelebilir.

Duygusal Zorbalık: Yüksek ses tonla konuşma, hakaret ve aşağılamaya yönelik cümleler psikolojik şiddet ve duygusal zorbalık olarak tanımlanır. Benzer davranışlar çalışma yaşamında yapıldığında ise mobbing olarak adlandırılır. Şiddet yalnızca fiziksel olmaz sevgili canlar, psikolojik şiddet de tıpkı fiziksel şiddet kadar tehlikelidir.

Şantajcı Yaklaşım: Gerçeklik içermese bile tehdit içerikli söylemlerle karşı tarafı etki altına almak için kullanılan manipülasyon yöntemidir. Müdürün, "Böyle yavaş çalışmaya devam edersen mesaiye kalacaksın," demesi, eşlerden birinin ayrılık tehditleri veya "Ben de senin yaptıklarını yapayım bakalım, o zaman neler olacak?" şeklinde söylemleri şantajcı manipülatif yaklaşıma örnek olarak gösterilebilir. Bu manipülasyonlara maruz kalan kişiler karşı tarafın tehditlerini inandırıcı bulmasalar bile bilinçaltında yaşayacakları korku ve baskıyla farkında olmadan davranışlarını değiştirebilirler.

Duygusal manipülasyonlar aile yaşamından arkadaş çevresine, iş hayatından bürokrasiye kadar her yerde karşımıza çıkabilir. Manipülatif tavırlar sergileyen kişiler kimi zaman bunu farkında olmadan yapabilirler. Makyavelist kişilerin bunun farkında olup olmadıklarının ayrımını yapmak çok kolay olmasa da duygusal manipülasyonlardan korunmak mümkün. Bunun için öncelikle kendinizi tanımalı ve sınırlarınızı iyi belirlemelisiniz. En yakınınız bile olsa kırmızı çizgilerinizin olması, onu yeterince sevmediğinizi değil, kendinize ve ilişkinize saygı duyduğunuzu gösterir. Eğer karşınızdaki kişi sizin sınırlarınızı ihlal ediyorsa, sizi duymuyorsa işte o zaman sizi yeterince sevmiyor veya size saygı duymuyor demektir. Kimi zaman yüksek sesle ifade etmeniz gerekse bile kişisel sınırlarınızın ihlal edilmesine asla müsaade etmeyin, sevgili canlar. Kırmızı çizgileriniz, kendinize verdiğiniz kimliğinizdir. Nasıl bir kimlik seçtiğinize dikkat etmelisiniz.

En net çözüm ise yine farkındalıkla mümkün olacaktır. Kendinizi ve çevrenizdeki kişilerin size karşı olan davranışlarını fark ettiğinizde daha doğru kararlar alabileceksiniz. Hayır demeyi denemelisiniz. İdeal bir ilişki karşı tarafı etki altına almaya çalışmadan samimi şekilde paylaşımda bulunmak, güzel davranışa daha güzel bir davranışla karşılık vermek şeklinde olan ilişkidir. Tıpkı Yüce Rabb'imizin bizlere öğrettiği gibi...

"Güzel davrananlara daha güzel karşılık, bir de
fazlası vardır."
– Yunus Suresi 26. Ayet

MUTLULUK

Mutluluk kelimesini TDK şöyle tanımlar: İnsanın tüm özlemlerine eksiksiz ve sürekli olarak ulaşmaktan duyulan kıvanç durumu. Ünlü filozoflardan Aristo, mutluluğun kişiyle alakalı olduğunu ve hedeflediği şeylere ulaşınca mutlu olduğunu söyler. Konfüçyüs mutluluğun bir sarhoşluk duygusu yarattığını, Sokrates ise bir insanın mutlu olmasının onun başarısına bağlı olduğunu öne sürer. Aristoteles'e göre de mutluluk ile erdem aynı anlama gelen iki kavramdır. Kişi erdemli bir yaşam sürerse tam anlamıyla mutlu olur.

Mutluluk bir olma hâlidir. Çünkü duygular geçicidir. Mutluluk ise her zaman var olandır. Örneğin, kişi her zaman öfkeli, üzüntülü, çaresiz olamaz. Duygu belli bir düşünce ve yaşadığımız belli bir duruma karşılık gelir. Mutluluk için insanın bu duruma ihtiyacı yoktur. Mutluluk mekânda, zamanda, geçmişte veya gelecekte aranmaz. Mutluluk her daim her yerdedir. Yaptığından, ettiğinden, ürettiğinden, yediğinden, içtiğinden, nefes aldığından mutlu olabiliyorsa insan, mutluluğun sırrını çözmüş demektir. Mutluluk, işsiz biri için iş bulmaktır, evsiz biri için ev, sevgilisiyle küs olan birinin özür duyması, özlem dolu bir insanın sevdiğinden aldığı bir haber...

Mutluluk hayatı ertelemeden, andan keyif alarak yaşamaktır. Mutluluk bir lokma ekmeği bölüşebilmektir, sevgili canlar. Aslında mutluluğu güzel bir gelişme veya genel olarak hayatın güzel akışıyla hissederiz ve yüzde gülümseme ifadesiyle belirir. Hedeflere ulaşmak, kabul görmek, taktir edilmek gibi faktörlerle ortaya çıkar. Mutlu olmak bir defa kendimizi kusurlarımızla, iyi taraflarımızla kabule geçmektir. Geçmişimizle barışmaktır.

Geçmişimizi çok ciddiye almamak, geleceğe ise aldanmamaktır. Aslında elimizde var olan gerçek bu an, yani şimdidir. Ve bizi mutlu eden de budur.

Peki başarılı olursak bu bize mutluluk getirir mi? Ya da çok para kazanınca mutlu oluyor muyuz? Eğer bunların cevabı evet olsaydı dünyadaki bütün başarılı ve zengin insanlar mutlu olurdu. Demek ki çok çalışmak, başarı, para insanı daima mutluluğa götürmüyor.

Fizyolojik açıdan mutlulukla ilgili olarak, size iyi gelen bir eylem beyindeki belirli bölgelerdeki serotonin, dopamin, endorfin ve oksitosin salgılanmasına neden olur.

Genellikle yeme-içme gibi ödüllendirici faaliyetlerle ortaya çıkan "endorfin" aynı zamanda ağrı giderici özelliğe sahiptir. Bu hormon vücutta gece saat on bir ile üç arasında en yüksek düzeyde salgılanır. Yaşamdan alınan zevk, doğal uyuşturucu görevi gören bu hormonun spor faaliyetlerinde daha çok salgılanır. Eksik olduğunda kaygı, depresyon, ağrılar, uykusuzluk, düşük enerji, yorgunluk, migren görülebilir.

"Serotonin" ise rahat uyku ve sindirim kolaylığı etkisine sahiptir. Daha kolay öğrenme sağlar. Ruhsal ve bedensel vücut işlevlerini düzenlemekte başroldedir. Serotonin dengesizliğinde stres baş düşmanımız olur. Düşüklüğünde depresyona, panik ataklara, uykusuzluğa sebep olabilir. Çok yüksek olmasında ise kararsızlıklar, baş ağrısı, kas ağrıları gibi durumlar ortaya çıkabilir.

"Dopamin" kendimizi iyi hissetmemizi, hayattan zevk almamızı sağlayan beynin salgıladığı hormondur. Nöro-kimyasal olarak beyinde hafıza, motivasyon, ruhsal şifa, kararlılık, uyku düzeni, dikkat ve öğrenmenin düzenlenmesini sağlar. Sosyal çevrenizle sosyalleştiğinizde dopamin hormonu yükselir. Motive olmak, harekete geçmek gibi eylemlerde farkındalığa geçtiğimizde kendini gösterir. Sevdiğiniz bir yemeği yerken yüzünüzde oluşan gülümsemenin sebebidir. Dopamin hormonu enerjinizi yükseltir. "Oksitosin" hormonu ikili ilişkilerle doğrudan ilişkili bir hormondur. Sarılma, öpüşme gibi anlarda salgılandığından aşk hormonu olarak da bilinir. Güven, empati, ifadeyi kolaylaştıran bu hormonun duygu durumumuzu düzelttiği bir gerçektir. Öz güven ve öz saygıyı da desteklediğinden dolayı ortaya çıkmamızı sağlar. Bu hormonu arttırmak için yoga, pilates, kişisel gelişim eğitimleri, hayvanlarla beraber vakit geçirmek yapacağınız şeyler arasında olmalıdır. Anne ile çocuk arasında kuvvetli bir bağ kurulmasına yardımcı olur. Vücutta gereğinden az olduğunda yaşama sevinci düşer, depresif ruh hâli artar, uykuya dalamamak ve anksiyete gibi sorunlar yaşayabilirsiniz.

Gördüğünüz gibi sevgili canlar, sadece mutlu olarak sindirim sistemimizi düzenleyebilir, iş ve okul hayatımızdaki başarımızı arttırabilir, daha kaliteli uyku uyuyabilir, sosyal ilişkilerimizi kuvvetlendirebiliriz. Mutluluğumuz arttırmak için atmamız gereken ilk adım, kendimizi olduğumuz gibi kabul etmek, sevmek ve taktir etmek. Mutluluk duygusunu etkileyen faktörler arasında kabul görmeyi ve taktir edilmeyi söylemişimdir. Siz kendinizi kabullenmez ve taktir etmezseniz bunu başkasından bekleyemezsiniz, sevgili canlar. Gülümsemek mutluluğun altın anahtarıdır. Gülümsediğiniz anda mutluluk hormonlarınız harekete geçmeye başlayacak.

Bununla birlikte yediklerimiz de duygularımız üzerinde büyük bir etkiye sahiptir. Başta bitter çikolata (ölçülü kullanıldığında) olmak üzere muz, ananas gibi tropikal besinler, peynir, yumurta, süt gibi yüksek proteinli gıdalar mutluluk hormonlarını tetikler. Özellikle gün ışığının D vitamini etkisine maruz kalacağımız saatlerde dışarıda sosyalleşmek, sevdiklerimizle ve hayvanlarla vakit geçirmek yine mutluluk seviyesini arttıran en önemli faktörlerden biridir. Akşam saatlerinde veya gün doğumu sırasında yapılacak meditasyonlar, Allah'ımızı daha içten hissetmemizi sağlayan ibadetler, ruh hâlimizi mucizevi şekilde iyileştirerek çok daha mutlu hissetmemize sebep olabilir. Mutluluk nedir diye kendimize sorduğumuzda cevabını genelde veremeyiz. Çünkü kişilere göre değişiklik gösterir. Bir karardır. Belki de hepimizin aradığı, cevabını henüz netleştiremediğimiz tek konudur. Hazdır, hayatınızdan memnun olmaktır. Kendinle barışık olma hâlidir. İyi olma durumudur. Yaşam sevincidir. Kişinin kendini güzele yönlendirme şeklidir. İçsel başlar. Her ruh eşsiz ve diğer tüm ruhlardan farklıdır. Kendini tanıyan mutluluğun formülünü çözer. Kalbin, aklın, zihnin beraberce uyum içinde olmasıdır. Hayata, kendine ve hatta olan her şeye bakış açımızdır. Dışardan satın alınabilecek bir şey değil, içsel izin verdiğin bir seçimdir.

Mutlu olmak için yapacağınız ilk şey kendinize dürüst olmaktır. Düşüncelerinizi değiştirmelisiniz. Şu anki hayatınızda yapabileceklerinizin en iyisini yaptıktan sonra, gece uyumadan önce içiniz rahatsa yaşam sevinci ertesi sabah uyandığınızda tüm gününüzü saracaktır. Bu hâl mutluluktur.

Mutsuzluğun tek sebebi kişinin kendisidir. Kıyaslama yapıyorsanız, kendinizi geçmişte tutuklu bırakıyorsanız, egonuzu dinliyorsanız, kendinize izinli değilseniz, kendinizi onaylamıyorsanız, kendinizi takdir etmiyorsanız, kendinizde kusur buluyorsanız ve en önemlisi kendinizi kabul etmiyorsanız ve sevmiyorsanız mutluluk sizin kapınızdan dahi geçmeyecektir. Sizin için mutluluğun nedenleri vardır elbet. Ama hepsini bir kenara bırakıp kendinizi değiştirdiğinizde, asla vazgeçmediğinizde, bedeninize önem verdiğinizde, egonuzla konuşup arkadaş olduğunuzda, kendinize olumlu telkinler verdiğinizde, ruhunuza bir şeyler katacak insanlarla beraber olduğunuzda, yeteneklerinizi geliştirdiğinizde, bilgiyi yaşamınıza katıp denemeye izin verdiğinizde, kalbinizin sesini dinlediğinizde, girdiğiniz her ortamda ışığınız yansıyacak, mutluluğunuz katlanarak çoğalacak, en önemlisi ruhunuzun muhteşemliğinde VAR olacaksınız. İşte mutluluk budur.

Haydi şimdi bana mutluluğun resmini çizin! Sadece size özel olsun.

SEVGİ

Üzerine bestekârların şarkılar yaptığı, senaristlerin oyunlar yazdığı, yazarların konularını bu duygudan aldığı sevgiyi tanımlamak çok da kolay değil. İnsanın ana iki temel duygusundan biri sevgi. Anne karnında öğrenilir ve anne kucağıyla şiddeti artar. 0-7 yaş arasında aileden, diğer büyüklerden ve çevreden öğrenilmeye devam edilir.

Sevgi birçok şekilde ortaya konabilir. Bazıları, "İçimden seviyorum," der. Bazıları dokunarak sever. Bazıları da sıkı sıkı sarılır, öper. Kimi uzaktan kimi koruyarak sever kimi de anlayış göstererek sever. Aslında olay nedir biliyor musunuz? Bir insan sevgiyi nasıl görüyorsa öyle sever ve etrafındaki insanlara da öyle gösterir. Eğer sevgi görmemişse nasıl sevilmek istiyorsa öyle gösterir sevgisini.

Bizler *her şeyi olduğu gibi de sevebiliriz,* deriz ve sevginin yerine korkuyu da koyarak ayırdığımız yerler vardır. Sonra sıralamaya başlarız. Çiçeği, böceği, ağacı, yeşili, hayvanları… *Hepsini severiz,* deriz. Bazen de her şeyi kendi içindeki oluşumuna göre sevgileri koşullandırırız. Deniz bir doğa olayıdır, bize sonsuzluğu ifade eder, huzur verir diye severiz. Peki ya seli, tsunamiyi? Ormanı, yeşillikleri ve içinde barındırdığı hayvanları severiz, hatta bazılarına evlerimizi açarız, bize dostluk ve arkadaşlık yaparlar. Peki ya doğadaki yırtıcı hayvanları? Yani genel olarak bakınca bize tehlikesi dokunmayacak ve iyi gelecek şeyleri severiz. Birinin her şeyini de sevebiliriz, sadece beğendiğimiz taraflarını da. Hatta farkında olarak ya da olmayarak bazen sevgide ayırım yaparız. Anne çocuğunu her şeyiyle sever. Çocuk da annesini ona baktığı için değil, annesi olduğu için sever. Ona iyi gelir getiriyor diye işini seven bir patron ya da dersi güzel anlatıyor diye bir çocuk öğretmenini sevebilir. İleriki dönemlerde de sevgide ayrım yaptıkları için bu sevgi dereceleri değişebilir.

Bir arkadaşınızla çok şey paylaşırsınız ve ortak faydada buluştuğunuz için birbirinizi sevebilirsiniz. Ama bir gün o arkadaşınız, her zaman yaptığı sizi arayıp ilgilenme hâlinden vazgeçtiğinde hemen sevmekten vazgeçebilirsiniz. Hatta biri sizi çok seviyor diye başka kimse beni sevmez korkusuyla o sevgiye kendinizi muhtaç edebilirsiniz. Yani karşıdaki kişide bir şeyler görür ve öyle sevebilirsiniz. Ya da kendi içinizde onu karşılıksız sevebilirsiniz.

Sevgi aslında görülen bir şey midir? Yoksa sevmek ve sevilmek için hissetmek mi gerekir? Aslında gerçek sevgi emek ister, sabır ister, şefkat ister, yapıcıdır, birleştiricidir, anlayıştır ve tabii ki saygıdır. İlişki zenginleşip büyüdükçe paylaşımlar da çoğalıp büyür. Sevgi, yaradılışın temelidir. Hep vardır ve asla yok olmayacaktır. Tüm ruhların yaratılışının özünde Yüce Allah'ın sevgisi vardır. Sevgi ham maddemizdir. Bizi var edenin bilinç hâlidir.

Sevgili Osho'ya göre sevgi üç aşamalıdır: fiziksel sevgi, ruhsal sevgi ve spiritüel sevgi. Bu üçü aşıldığı zaman İlahi olana varılır.

"İsa, 'Tanrı sevgidir' dediğinde Tanrı'nın mümkün olan en iyi tanımını yapmıştı; çünkü Tanrı'ya giden yolda bilebileceğimiz en son şey sevgidir. Bunun ötesi tanımlanamayan bilinmeyendir. İlahi olanı, ancak en son gerçekleştireceğimiz şey olan sevgi ile gösterebiliriz. Sevginin bu aşamasından sonra hiçbir deneyim yaşanmaz çünkü deneyimleyen yoktur. Damla okyanus olmuştur."
– OSHO

Ünlü Japon düşünürü Masumi Toyotome de Osho gibi sevgiyi üçe ayırır: EĞER türü sevgi (Koşula bağlı ve karşılık bekleyerek sever.), ÇÜNKÜ türü sevgi (Bir şeye sahip olduğunda, yaptığında, olduğunda sever.) ve RAĞMEN türü sevgi (Koşulsuz sevgi, gerçek sevgidir.)

Dervişe bir gün sormuşlar "Sevginin sadece sözünü edenlerle, onu yaşayanlar arasında ne fark vardır?" diye.

Size farkı gösteriyim deyip önce sevgiyi dilden kalbine indirememiş olanları çağırarak onlara bir sofra hazırlamış. Hepsi sofrada yerlerini almışlar. Derken tabaklar içinde sıcak çorbalar gelmiş, arkasından da derviş kaşıkları denilen bir metre boyunda kaşıklar.

Derviş şöyle bir şart koymuş. "Bu kaşıkların ucundan tutup öyle yiyeceksiniz."

Peki deyip çorbalarını içmeyi denemişler fakat kaşıklar uzun geldiğinden sıcak çorbayı döküp saçmaktan hem kendilerini yakmışlar hem de ağızlarına bir damla bile götürememişler. En sonunda bakmışlar olacak gibi değil sofradan aç kalkmışlar.

Daha sonra derviş, bu defa sevgiyi gerçekten bilenleri yemeğe çağırmış. Yüzleri aydınlık, gözleri sevgiyle gülümseyen insanlar gelmiş, sofraya oturmuş. Onlara da aynı şartı koşmuş. Her biri uzun kaşığını çorbaya daldırmış, sonra karşısındaki kardeşine uzatarak çorbalarını içmişler. Böylece her biri diğerini doyurmuş ve sofradan afiyetle şükrederek kalkmışlar.

Derviş sevgiyi gerçekten yaşayanların farkını soranlara, "İşte! Kim ki hayat sofrasında yalnız kendini görür ve doymayı düşünürse o aç kalacaktır. Ve kim kardeşini düşünür de doyurursa o da kardeşi tarafından doyurulacaktır. Şüphesiz şunu da unutmayın ki hayat pazarında her zaman alan değil, veren kazançlıdır.

- Anonim

Bizler de sevgiyi bu üç aşamaya göre farkında olmadan kullanırız. Birinci aşamadaki kişiler ailesini, yakın çevresini, yemek yemeyi, yaptığı hobileri ve nicesini severek hayata bağlanan kişilerdir. İkinci aşamadaki kişiler ilk aşamadaki kişilerden farklı olarak ailesini, yakın çevresinin yanı sıra toplumu, ülkesini, dünyada yaşamayı da severler. Üçüncü aşamadaki kişiler ise tüm bunları severken en önemlisi olan Yüce Allah'ı da severek ölümün sadece bedenden çıkış olduğunu bilirler ve ruhlarının sonsuz olduğunun farkındadırlar. Bizler bu aşamaları geçerken sevgi zanlarımıza bakmalıyız. Bazen haz, zevk, keyif, coşku, mutluluk kişilere göre değişse de bu hisler yaşandığında adını sevgi koyabiliyoruz. Bazen de duygusal ve maddesel ihtiyaçlarımıza göre sevdiğimizi zannedebiliyoruz. Hâlbuki gerçek sevgi ne olursa olsun kalıcı olur. Eğer ne yaşanıyorsa yaşansın sevgi başka duygularla yer değiştiriyorsa o zaten gerçek değil, koşullu sevgidir.

Bizler bazen sevdiğimizi kabul etmemek adına öfke, nefret, suçluluk gibi negatif duyguları kullanabiliriz. Ve tüm bu duyguların içinde aslında sevgi vardır. Yaşadığımız negatif duyguların içinde "Neden böyle yaptı? Ama ben onu çok seviyordum," diye sorgulayarak bilinçli gözlem yaptığınızda onu her hâli ile sevdiğinizi kabule geçiyorsanız bu, gerçek sevgidir; kabule geçemiyorsanız beklentiyle sevdiğiniz için bu gerçek sevgi değildir.

Gerçek sevgi her zorluğu aşar. Ve sevdiğiniz her ne olursa olsun anlayışı beraberinde getirir. Koşulsuz sevgi olanı olduğu gibi kabul etmektir. Ve bu ancak anlayışla olur. Gerçek sevginin içinde öz saygı vardır.

Biliyorsunuz ki sevginin zıttı korkudur. İşte orada, o korkunun içine ve derinine inmek gerekir. Mesela kaybetme korkusu, aşırı ilgi göstererek ya da karşı tarafın kusurlarını bunaltıcı şekilde iletmesidir. Bazen annenin çocuğunu kısıtlayıcı davranışlarla, atacağı adımlara engeller koyarak hayattan korkutmasıdır. Ve bazen de sorgu ve sual ile karşımızdaki kişinin güvenlik duvarlarını kaybetme korkusuyla yıkmaya çalışmamızdır.

Burada aslında herkesi ve her şeyi sevmenin dışında, kendinizi sevmekten bahsetmemiz gerektiğini düşünüyorum. Kendini seven her şeyi, herkesi olduğu gibi kabule geçer. İşte bu sevmektir. Çok zor dediğini duyar gibiyim. Hatalarınızda, başarısızlıklarınızda kendinizi sevmek... Burada ilk yapacağınız şey kendinizi sevmediğinizi kabul etmektir.

"Dün sabaha karşı, kendimle konuştum.
Ben hep kendime çıkan bir yokuştum.
Yokuşun başında bir düşman vardı.
Onu vurmaya gittim, kendimle vuruştum."
– Özdemir Asaf

Kendini sevmeyen başkalarını sevemez. Keyif, haz, yaşam coşkusu hissetmiyorum diyorsanız kendinizi olduğunuz gibi kabul etmiyor ve sevmiyorsunuzdur. Buradaki kendini kabul etmek kendine merhamet göstermek, sevgi, şefkat vermek, hatta kendini onaylamak ve takdir etmektir. İlk önce yapmamız gereken şey bu dünyada eşi benzeri olmayan ve hatta başka bir insana benzemeyen, farklılıkları olan bir varlık olduğumuzun bilincine varmamız. Ve sizler böyle bir varlığı eleştiriyorsunuz, kıyaslıyorsunuz, hatta olayı daha da büyütüp başkalarının gözünden kendinizi yargılıyorsunuz. Farklılıklarınızı kullanarak ortaya çıkmak yerine zayıflık tanımıyla saklanırız. Başarısızlıklarımızla, yapamadıklarımızla, beceremediklerimizle ve olduramadıklarımızla kendimizi suçlar, geriye çeker, acımasız davranırız. Hâlbuki onlar öğretilerle dolu öğretmenlerimizdir. En çok acımasız davrandığımız kişi kendimizizdir. Kendimize yıkıcı davranarak, başkalarının bizi sarmasını bekleyerek yıllarımızı heba ederiz. Hâlbuki kendimizi sevmenin en iyi yolu yapıcı davranarak dışarıdan beklediğimiz sevgiyi içten öze, senlerden bene dönerek, yaratılıştan beri gizli hazine dairesinde saklı olanın kapısını açarak kendimize vermektir. Herkesin bir hikâyesi ve bu hikâyede başrolü vardır. Ama kendi hayatınızı genelleme yaparak küçümsersiniz. Bazen de rolünüzü, kendinize layık görmediğinizden başkalarına teslim edersiniz.

> *"Kendinizi kıyaslayabileceğiniz tek kişi*
> *geçmişteki eski kendinizdir."*
> – Sigmund Freud

Kendi analizinizi hiç yaptınız mı? Aşağıda sıraladığım maddeler üzerinde düşünmenizi, zaman ve emek vererek cevaplamanızı öneririm. Yıllar önce ben de sizler gibi kendimi kabul etmenin, onaylamanın, takdir etmenin ve sevmenin yolunu bilmiyordum. Sorduğum bu soruları sizlerle paylaşarak aslında bakarsanız kendimi sevmemin minik bir sırrını vermiş oluyorum:

Kendinizle barışık mısınız?

Kendinizi ne kadar tanıyorsunuz?

Güçlü yanlarınızı biliyor musunuz?

Almaya açık mısınız?

Size yapılan iyi şeyleri kabul eder misiniz?

Kendinize açık yürekli ve samimi misiniz?

Kendinize dışarıdan bakıyor musunuz?

Kendinizin pozitif taraflarını biliyor musunuz?

Kendinizi ne zaman desteklediniz?

Kendinizin ilahi sistemde yeri olduğunu biliyor musunuz?

Kendinizin Allah'ın biriciği olduğunuzun farkında mısınız?

Kendinize özel zamanlar ayırıyor musunuz?

Kendinize hediyeler alıyor musunuz?

Kendinize ne zaman olumlu telkinler verdiniz?

Kendinizin sınırları nelerdir?

Kendinizin değerler marketinin içeriği nedir?

Kendinizi en son ne zaman anladınız?

Not: Kendinize küçük notlar eşliğinde daha sonra dinleyeceğiniz ses kayıtları alın.

Sevgi, anlamaktır. Allah'a giden tek yol sevgiden geçer. Hz. Mevlânâ'nın sözünde olduğu gibi; aşk teleskoptur ve göremediğimiz bazı şeyleri daha net görmemizi sağlar. Aşk insanı Allah'a götüren ve tüm hakikatlerini gösteren teleskoptur, betimlemesiyle ifade etmiştir. Bizlerde sevgideki Allah aşkını yakalamak için önce sevgili okurum, başka şeylere, paraya, mevkiye, statüye, kişilere, doğaya, denize, hayvanlara aşırı bağlanma veya saplantı şeklinde davrandığınızda ona giden yolu uzatırız. Tekâmül için geldiğimiz bu dünyada Yüce Allah'ımın yarattığı her şeye duyduğumuz yakınlık, teslimiyet, anlayış, içsel kabul bizi Yüce İlahi kudrete yaklaştıracaktır. Maalesef ki bizler Allah'ın gölgelerine takılıp ona olan aşkımızı, sevgimizi erteleriz. Başkalarına olan düşkünlüklerimiz, arayışlarımız, yakınlığımız aşk ve sevgi zannetmelerimiz aslında kendimize olan bakış açımız olup kendimize sevgi tanımımızdır. Manevi aşk ve sevgi beklentisiz olandır. Sevgi, egonuzu ve nefsinizi sarmadan hakikatin gerçeğine ulaşamayız. Yüce Allah'ı görmeye bilmeye hissetmeye çalışmalıyız. Her şeyde o vardır. Bizler onu materyallerde, kişilerde, tanımlarda sıkıştırıyoruz. Ondan uzaklaşmak, onu anlamamak, bilmemek ve görmemek için kendi önümüze sınırlamalar, engeller, hendekler kuruyoruz. Kendi kişisel gelişim yolculuğumda "Ben kimim?" sorusunu sorduğumdan beri en büyük mucizem Allah'a yakınlaşmak oldu. Yaratılan her şeyin o olduğunu anladığımda içimdeki negatif tepkiler sevgiye dönüşmeye başladı. Sevgi ve ilahi aşk Yüce Allah gibi görmek, bilmek, duymak, hissetmek, anlamaktır. Her şey O'dur. Bu düşünce kalıbı beni hiçliğe doğru götürdüğünde çaresiz kaldım. Tamamen teslim olmaya başladım. Hastalıklarımı, travmalarımı, olmazlarımı, keşkelerimi ama en önemlisi sevgi dilenciliğimi böylelikle bırakmaya başladım. Sizler de bu ilahi kudretin karşısında hiçliğinizi hatırladığınızda sevgi yaşamanızın amacı, ilahi aşk ise varlığınızın gerçekleşme nedeni olacaktır.

Leyla ile Mecnun aşkını hepimiz biliriz. Padişah Mecnun'u çağırıp sormuş, "Gerçekten sen Leyla'ya aşık mısın?" diye. Mecnun demiş ki, "Siz kadehle ilgilisiniz, ben o kadehin içindekini güzelliğini görüyorum." Sonra padişah Leyla'ya sormuş. "Leyla gerçekten Mecnun sana mı aşık?" Leyla demiş ki, "Evet, bana aşık. Siz bunu anlayamazsınız çünkü Mecnun değilsiniz." Bu anlatılanda öylesine Mecnun ol ki Leyla'da Allah'ın varlığını ve güzelliğini gör.

Tüm sevgiler aşka çıkar. Ve bize kendimizi gösterir. Her şeyi olduğu gibi koşulsuz anladığımızda koşulsuz sevgiyi yaşamaya başlarız. Her yerde, her şeyde Allah'ı görürüz, biliriz, duyarız, hissederiz, anlarız. Bu da bize İlahi Aşk'ın kapısını açar.

Aşk, kula ya da maddiyata duyulmaz. Sadece Allah'a duyulur. Allah aşkıyla yanmanız dileğiyle...

KORKU

Korku, hayat oyununda tekâmül edebilmek için verilen, siyah ve beyazın dengesini anlayabilmemiz için sevgiyle birlikte DNA'nızda yazılıdır. İlkel olmasının dışında amacı, bizi hayatta kalmamız için korur. Korkularımız, yaşamımız boyunca gelişen bir durumdur. Dünyaya gelirken ne çok cesur ne de korkusuz oluruz. Doğduktan sonra ilk bir yıl içinde etrafımızdaki insanların belirginleşmesiyle korkuyla arkadaşlığımız daha da netleşir. İki yaşına doğru ayrılık rüzgârları esmeye başlar. Yanına bir de endişeyi alarak anneyle ilgili "ya giderse" korkusu basabilir. Bilinçaltı mesajlarını aldığımız en önemli iki ve beş yaş aralığında yalnızlıktan, ani olaylardan, hatta belki de hayali yaratıklardan korkabiliriz. Altı ve yedi yaşlarda, ilkokul çağlarında ise en belirgin korku belki de ayrılık korkusu olabilir.

Korkma hissi hayatımız boyunca her zaman olacaktır. Kontrol altında tutulduğu sürece tıpkı bir güvenlik duvarı gibi bizi tehlikelere karşı korur. Ancak bizi koruyan bu güvenlik duvarının fazla olması özgürlüğümüzün kısıtlanmasına sebep olur. Korku, ego ve nefisle beraber çalışır. Korku hissini en doğru seviyede tutmayı öğrenmek kaliteli bir yaşam için son derece önemlidir. Böylelikle egomuzu yönetmeyi ve sağlıklı düzeyde tutmayı öğrenmiş oluruz. Bunun için gerçek ve hayali tehlikeleri iyi ayırt etmek gerekir. Trafikte hız yapmak gerçek bir tehlikedir, bu durumda korkunun bizi uyarmasına ve korumasına ihtiyaç duyarız. "Ya yapamazsam?" gibi düşünceler hayali korkulardır ve bu durumda farkındalığımızın bizi hayali korkunun esaretinden kurtarması gerekir.

Korku iki çeşittir. Gerçek korku ve hayali korku. Gerçek korku bizi hayati tehlikelerden koruyabilir. Korku, Yüce Allah tarafından verilen sezgi yeteneğinin tehlike anındaki acil butonudur. Süzgeçten geçmiş sezgisel bilgi, beynimizde kendimizi korumak adına ortaya çıkardığı koruma mekanizmasıdır. Her kişinin gizli hazine dairesine giden sezgisel bilgi yeteneği mevcut olsa da sezgilerimizi dinlemediğimiz için hayat alanımızda korkularımızı arttırırız. Mesela, "kadınların çoğu erkekler tarafından aldatılır" inancını bilinçaltına yaşamsal deneyimi olmasa da alabilir insan. Partnerin böyle eğilimi olmasa da genel bakış açısıyla değerlendirildiği için aynı alanda titreştikleri frekans kadınlardan gelen korkuyla birleştiğinde kişi, belli bir süre sonra aldatılabilir. Burada içsel sezgi yeteneğini kullanan kadınlar, partnerini diğer erkeklerden ayırdığında böyle bir durumla karşılaşmazlar.

Korku, tehlikeli durumlarda illüzyonlar üreterek ani, güvenli ve hızlı hareketiyle zararı en aza indirir. Bilinçaltının ezberlemiş hareket durumundan korku sayesinde bizi çıkarır ve çözüm yollarını gösterir. Mesela bıçağı dikkatli kullanmamızı sağlar. Korkunun amacı bizi hayatta tutmak ve içimizdeki "hayatta kal" kodunu çalıştırmaktır. Bize Allah tarafından verilen DNA'mızda yazılı olan bu muhteşem duyguyu negatif yönde kullandığımızda endişe yaşamınızı sarar ve hayatımız çekilmez bir hâl alır. Danışanlarımızda gördüğümüz kuantum alan çalışmalarında negatif çekirdek inançlara doğru gidip travma tespit ederken korku her zaman yan oyuncudur. Travmanın canlılığını korku, öfke sabitler. İyi tarafından bakarsanız benlik kavramınızı, alan ihlallerini korku koruyabilir.

Aslında *korkak olmak*la *korkudan korkmak*, ayrı anlamlar taşısa da genelde bunları aynı duygu zannedebiliyoruz. Her ikisinin de verdiği anlam farklıdır. Korkmak bizi ileride ki tehlikelerden koruyabilir. Hatta onun koruyucu tarafını kullanabiliriz. Korkudan korkmak yaşamda ilerlemeyi, değişime direnmeyi ve atacağımız adımları etkiler. Düşünsenize, etrafta devamlı havlayan ve köşeden köşeye hızlıca giden bir köpek karşısında korku duygusuyla kendimizi koruruz. Bu da bizi tehlikeden bertaraf ettirir. Ya da araba kullanırken yüksek hız yapmamamıza, 14. kattan atlamamamıza neden olur. Korku bize sınırlarımızı çizdirir. Korkudan korkmak bizi başkalarına bağımlı kılar. Fazla abartıldığında evden çıkamayan danışanlarım oldu. Hayatı tehlikeli bulup yaşamdaki her şeyden korkmak onların tüm benliğini ele geçirmişti. Hayatımızda yaşanan çoğu olumsuzlukların sebebi de korkudan korkmaktan kaynaklanır. Savaş, terör bunlara örnektir. Çoğu duygunun bilinçaltındaki sarmal duygusu korkudur. Hâlbuki Yüce Allah korkuyu sevgiyle birlikte dengeli bir şekilde her DNA'ya yazmıştır. *Kork ki kendine sahip çık, kendini koru ve asla ölme.*

Tüm hastalıkların temelinde korku vardır. Anksiyete, depresyon, panik atak, çoklu kişilik bozukluğu, manik depresif, bipolar... Her insanın kendi mizacı ve karakteri vardır. Beğendikleri, beğenmedikleri, sevdikleri, sevmedikleri, doğruları, yanlışları ve tüm bu ayrımlarına göre kişisel sınırlamalarını belirler. Korkudaki bu ince çizgiyi yakalayamamış birey, sağlıksız egosunu güçlendirerek bireysel sınırlarını belirleyemez, başkalarının tesiri altında kalır ve hatta başkalarının alanını ihlal edebilir. Yeni deneyimler yerine geçmiş anılara tutuklu kalır. Olmak yerine olmamak için çabalar. Tüm bunlar tekerrür eden olayları oluşturur. Düşünsenize, her şeyi tekrar tekrar yaşamak ne kadar sıkıcı. Ve bunun altında güvende olmak isteği sabittir. Hâlbuki korku, biraz önlem, biraz idrak, biraz kendini ve etrafını anlayışla zaten daha korunaklı bir güveni yaşam alanına verir. Çoğu kişinin, "Şunu sevmiyorum, bunu sevmiyorum," diyerek değişime direnmesinin altında da güvensizlik ve daha derininde korkusundan korkmak vardır. Kendini kaybetme korkusu, ölüm korkusu, hastalık korkusu, boğulma korkusu, yükseklik korkusu, parasını kaybetme korkusu, gelecek korkusu vs.

Gerçek korkuda ise, umut, güven, yenilik, huzur, dinginlik, kendine odaklanmak, korumak ve eminlik vs. verir. Daha da önemlisi yeterince bilgiye sahip olmamız için imkân sağlar ve hatta doğru zaman için olanak verir. Verdiği imkân ve olanak daha derin baktığımızda Yüce Allah'ın verdiği her kişiye özel yaratıcılık yeteneğini de ortaya çıkarır. Mesela dalgın bir şekilde yolda yürürken hızla geçen arabadan içsel güdü ve korku bizi korumaz mı? Boyayı fazla beklettiğinizde saçlarınızın yanacağından korktuğunuz gibi, küçük çocuğunuzun prize parmağını değdirmesinden korkarak onu çekiştirmeniz gibi...

Bazı durumlarda korkumuzu gerçek zannedip kaygıyı kullandığımız hâllere geçebiliriz. Korkuyla kaygının tanımlarını karşılaştırmamak adına yaşamımızda nelerde tek tek, nerelerde beraber kullandığımızı yeniden gözden geçirmemiz gerekebilir. Kaygı, her türlü durumda ortaya çıkabilir. Korkunun kaynağı belli, kaygının daha belirsizdir. Korku daha şiddetli, kaygı zayıf ama geniştir. Korku daha kısa sürer, kaygı ise daha uzun sürer. Mesela sağlığına dikkat etmeyen, sürekli sigara içen bir yakınımıza, "Ciğerlerin hastalanacak, KOAH hastası olmandan korkuyorum," deriz. Aslında tarif edemediğimiz ve bilinçaltında korkumuzu desteklemek için "Senin için endişeleniyorum," deriz. Mesela böcekten korkan birinin yeşillik bir alana gittiğinde yaşadığı his kaygıdır. Korku somut, kaygı ise potansiyel bir tehlikeye karşı ortaya çıkan duygulardır.

Korku biyokimyasal ve duygusal olmak üzere iki tür tepkimeye yol açar. Biyokimyasal tepkiler, vücudun otomatik olarak verdiği tepkilerdir ve daha çok gerçek tehlikelerle karşılaştığımız zaman ortaya çıkar. "Savaş veya kaç" tepkisi olarak bilinir. Kalbin hızlanması, terleme ile aniden yükselen adrenalin seviyesi enerjimizi yükseltir dikkat seviyemizi de arttırarak bizi daha dirençli ve güvenli bir hâle getirir. Herkeste aynı şekilde gerçekleşir. Duygusal tepkiler ise daha çok kişiye göre değişen tepkilerdir. Mide bulantısı, nefes daralması, baş dönmesi, yüzün kızarması, göğüs ağrısı en çok rastlanan tepkilerdir. Geçmiş travmalar ve DNA aktarımları sonucu oluşur. Duygusal tepkilere genellikle hayali korkular sebep olur.

Duygusal tepkilerin sebep olduğu tepkiler, heyecan, sevinç, mutluluk gibi duygularla benzerlik gösterebilir. Bazı korkutucu etkinliklerin eğlenceli bir hâl alabilmesi bundan kaynaklanır. Lunaparklarda korku tünellerinin bulunması, sanat, sinema ve edebiyatta korku kültürünün gelişmesi duygusal korku tepkilerinin, heyecan tepkileri ile benzerlik göstermesine sebep olmuştur. Adrenalin tutkusu olan insanlarıysa biyokimyasal tepkiler sonucu oluşan hırs, heyecan, coşku duyguları etkiler.

Hayali korkuları en aza indirgemek, hatta kontrol altında tutarak eğlenceli bir hâle getirebilmek, o korkuların gerçek olmadığını fark etmekle mümkün olabilir. Deniz korkusu hayali bir korkudur. Yüzmek için uygun koşulların olduğu, her gün yüzlerce farklı insanın gelip yüzdüğü sahile gidip yüzmek hayati bir tehlike içermez. Sadece "ya boğulursam" hayali korkusuyla başımız döner de korku içinde çırpınmaya başlarsak hayati tehlikeye yol açabilir. Bunun gerçek olmadığını, denizin sahip olduğu kaldırma kuvvetinin bir insanı çok kolay şekilde suyun üzerinde tutabileceğini fark ettiğimizde geriye sadece eğlenmek kalır.

Sistematik duyarsızlaştırma yöntemiyse korkuya karşı yavaş yavaş alıştırma yöntemidir. Örneğin yükseklik korkusu olan bir insanla önce bu konu hakkında konuşmak, sonra birinci kata ve sırasıyla ikinci, üçüncü katlara çıkararak pencereden baktırmak şeklindedir. Bir başka yöntem ise tecrübe etmek, yani direkt olarak korkuyla yüzleşmektir. Uçak korkusu olan bir insanın korkusu ile yüzleşerek uçağa binmesi ve bir sorun olmadığını görmesi şeklinde açıklanabilir.

Ancak bu korkuların sebebi travmatik tecrübeler veya DNA aktarımı ise bilinçaltındaki gerçek sebep bulunarak temizlenmediği sürece korkular bir süre sonra tekrar gün yüzüne çıkma eğilimi taşır. Korkular aslında bizi büyütür ve ilerlememiz için birer araçtır. Yaradan bize korkuyu değil sevgiyi seçmemizi kutsal kitabımızın her ayetinde iletmiştir. Tekâmül zıddıyla vardır. Korkunun zıttı sevgidir. Ego ve nefsimiz korkunun hâkimiyeti altına geçtiğinde daima sorunlara yol açar. Sorun varsa çözüm vardır. Ve bu bizi tekâmül ettirir.

Korku anlarında ruh ve beden birlikte hareket eder. Bedene gönderilen sinyal ile heyecan bizi daha da korkutabilir. Burada yükselen enerji korku frekansıyla güçlendiğinde sağlıksız ego devreye girer. Bahsetmek istediğim korku anı geçtikten sonraki süreçtir. Buradaki şok hâli ve yükselen negatif enerjinin boşaltılması gerekir. Eğer yapılmazsa korku sürecini uzatır. Biriken negatif enerji korkunun devamlılığını ve daha sonra tekrardan daha değişik negatif şekillerde olayların gelişeceğini hissettirir, korkutmaya devam eder. Korku hâlinde biriken yüksek enerji bazen gülmek, bazen ağlamak, bağırmak, uykusuzluk, kabuslar hatta ağrılar şeklinde olabilir. Buraya, sevgi dolu baktığımızda korkunun geçip gittiğini, oradaki yüksek enerjinin boşaltmak için yarattığı eylemler olduğunu fark ederiz. Hepsinin bir mesajı ve öğretisi vardır. İçsel keşfine çıkmış kişi, bilinçli bir şekilde yaşadığı korku dolu anları ve olayı tekrar gözden geçirdiğinde şerdeki hayrı fark edecektir. Korkuları bastırdığınızda ve onlardan kaçtığınızda psikolojik hastalıklara dönüşebilirler. Tüm bağımlılıklar duyguları boşaltmak yerine bireylerin bastırma oyunlarıdır.

"İfade etmek hayattır; bastırmak intihardır."
– OSHO

Yüce Allah yarattığı muhteşem ruhu, bedava verdiği bedeni korumamız için bize korkuyu vermiştir. Korkularını fark eden kendini bilir, kendini bilen Allah'ı bilir. Korkularımızdan kaçtığımızda onları büyütürüz. Bizi çaresiz yapan korkular belirsizlik denizinde boğulmamızı sağlar. Bizler aslında korkudan korkuyoruz ve onu varlık hâline getiriyoruz. Zihnimizin oyunlarıyla korkularımızın yaratacağı sonuçları sonsuzlukta büyütüyoruz. Olumsuz illüzyonlar yapmış oluyoruz. Korkunun yerini ve önemini fark ettiğimizde onun yarattığı belirsizlik ortadan kaybolur ve çözümleri ortaya çıkar. Korkudan korktuğumuzda yarattığı öfke bizi içine çeker. Her gün korkmaktansa korkumuzla yüzleşip anlatmak istediğini algılamak için kendimize fırsat verdiğimizde o artık eski tesirini bize hissettirmeyecektir. Yüce Allah tarafından verilen saf niyeti bize adım attırmaktır. Korkudan korkmak yerine korkudaki kudreti görmeniz niyetiyle...

KAYGI

Kaygı geçmişte yaşadığımız korkuların, şimdiye taşıdığımız hâllerinin fragmanlarıdır. Çok üzgünüm ki hiçbirinizin bundan haberi yok. Korku varsa kaygı vardır. Bazı durumlarda güvende olma isteği kaygıyı ortaya çıkarsa da altta onu besleyen korku, akışa güvenmemek ve şimdi de olmamaktır. Aslında sonsuz varlıklar olan siz ruhlar, kaygılarınızla yaşamadığınız geleceğinizi neden karanlık senaryoların içine hapsedersiniz? Deneyimlemediğiniz bir eylemin etraftan aldığınız öngörülerle bunu yaptığınızın farkında bile değilsinizdir. "Böyle olursa, ya başıma gelirse" gibi cümlelerle kendi bilincinizin farkında bile olmadan kaygı sizi ele geçirmiştir. Hâlbuki az miktarda kaygı; koruma, önlem alma ve yeni fikirleri getirme özelliğine sahiptir. Bu yararından görmeyip kaygı bozukluğu yaşarsınız. "Peki, bunun nedeni nedir?" diye sorduğunuzu hissedebiliyorum, sevgili canlar. Yaşam sorumluluğunu almamak içindir. Kaygı bozukluğu olduğunda kontrol mekanizmanız çalışmıyordur. Gelecek senaryolarınız sizi ele geçirmiştir. Baskı, şiddet, bastırılma, yok sayılma, travmalar, şok hâlleri, anne ya da baba faktöründen kopyalama başlıca sebepleridir. Bu durumda yönetim kaygı bozukluğundadır. Hayatınızın ve kendinizin kontrolünü bıraktığınızda gelecekte yaşatan kaygı, geçmişte yaşadığınız saydığım nedenleri bilinçaltında bularak korkularınızın eşliğinde kaygı bozukluğu şeklinde şimdinizi ele geçirir.

Kaygı varsa tehdit ve tehlike durumu sinyalleri verir. Genelde geleceğe bağlantılı hayali senaryolarla zihnin oyunlarıdır. İllüzyonlarla deneyimlemediğiniz hâlde kendinizce önlem alma, hazır olma durumuna geçebilirsiniz. Negatif bakış açılarıyla gelecek senaryoları yazarak gerçekleşmemesi için elinizden geleni yaparsınız. Böylelikle yaşayabileceğiniz güzel şeyleri, olumlu sonuçları kaygılanarak kaçırırsınız. Başarı, yolun sonundaki kazanç değil gidilen yoldur. Yolda öğreneceklerinizi de tamamen gözden çıkarmış olursunuz.

Kaygı ve kaygı bozukluğunun anatomisine bakmak gerekirse anne karnındayken başlayan güvensizlik korkusu sebebiyle tedirginlik ilerledikçe kaygıya dönüşebilir. Kaygıyı nasıl fark ederiz? Çocuğunuz henüz 3-4 aylıkken yemek yerken keyifsiz ise, önüne koyduğunuz oyuncaklarla ilgilenmiyorsa, sizden gözlerini kaçırıyorsa biraz daha ilgi ve sevgi gösterip kendisini güvende hissetmesini sağlamanız gerekir. Bu davranış ve duygu durumları fark edilmeden büyütülen bebekler önce ilkokulda, sonra ortaokulda, lisede, üniversitede, sosyalleşmede ve hatta gelecek planlamasında kendisini doğru yönlendiremez. 0-7 yaş arasında aldığı izler 18-40 yaş arasında kendi hayatında çok ciddi etkileşimler yapabilir. Kaygı duygusu ciddi olarak bizlerde korku, panik, tedirginlik, endişe yaratır. Kaygının ilerlemesi kişilerde birçok psikolojik hastalığın başlangıcı olabilir.

Mesela 18-40 yaş arası kaygılı olan fakat kaygısının farkında olmadan hayatına devam eden bir genç, ergenlik döneminde arkadaşlarıyla bağımlılıklara yönelebilir. Birden çevresindeki insanların ona zarar verebileceğinden, bulunduğu ortamın güvenli olmamasından kaygı ve korku duymaya başlayıp çok ciddi bir psikoza girebilir. Örneğin bu kişi, büyüme çağlarında ilk önce anne ve babasından, sonra çevresinden yeterli derecede sevgi görmediğini düşünmeye başlamış, büyük ailedeki anneanne, dede, teyze, hala, dayı gibi yakın akrabaların ailedeki diğer çocukları daha çok sevdiklerini görmüş, aile fertlerinin çocukları koruması gereken bu durumda kendisinin en son korunacağını ve kendi kendisini koruması gerektiğini düşünerek kaygıyı büyütüp kaygı bozukluğuna çevirebilir. Dışlanmışlık hissiyle bağlantı kurup kendisini ailesinden ve çevresinden yavaş

yavaş içgüdüsel koruma amacıyla uzaklaştırıp farkında olmadan yalnızlaştırabilir. Bu kaygı bozukluğu ilk olarak genelde lise çağlarında ortaya çıkar. Çünkü farkında olmadan kendi gibi kaygı bozukluğu deneyimleyen ve kendini aykırı gören arkadaş gruplarının çekim yasasının içinde bulabilir kendini. Öz güven ve öz saygı eksikliği de onu bağımlılıklara yöneltebilir.

Güç ve cesareti kendi içinde aramak yerine bağımlılık bu hâli uyuşturabilir. Bu kişiler için kendilerince *güvenli bir alandayım* oyunudur. Bu durum kişiyi güncel hayattan uzaklaştırır. Bu tarz kaygı bozukluğu yaşayan kişiler çalıştıkları işlerde süreklilik sağlayamazlar. Her zaman olumsuz bir neden bulabilirler. Kişi hep geçmişte olduğundan gelecekle ilgili tam ve bütün bir planlamayı hiçbir zaman yapamaz. Anne ve babasıyla ciddi tartışmalar yaşar. Kardeşi ile hiçbir konuda anlaşamaz. Her şey ona karşıdır ona göre.

Bir gün biri öyle bir olay yaşadı ki hayatındaki her şeyi değiştirmek zorunda kaldı. Arkadaşlarıyla toplandıkları bir akşam aldıkları yasal olmayan içeceklerde doz aşımı olunca derin bir uykuya daldı. Kırk sekiz saat sonra uyanan bu genç herkesin onun hakkında kötü düşündüğünü hissediyordu. Hâlbuki uyumadan önce böyle bir yanılgısı yoktu. Kaygı artık psikolojik bir hastalık hâlindeydi. Ve sonra şüphe duyguları ile arkadaşlarından bazılarının onun hakkında hırsız olduğu ile ilgili konuştuklarını zannetti. Bu zihinsel oyunlarda her şeye rağmen kendisi için en güvenli olan anne babasının olduğu alandan, haftalarca odasından, hatta yatağından çıkmadı. Tüm dünyayla ilişkisini kesmişti. Anne ve babasının zorlamasıyla doktorun yolunu tuttu. Doktorun verdiği ilaçlar erkeklik organıyla ilgili sorunlar yaşamasına sebep olmaya başlayınca kendisini tamamen güçsüz de hissetmeye başlamıştı. İlaçları ve doktorunu sık sık değiştirdi. Çünkü kendini güvende hissettirecek bir çözüm arıyordu. Ne yaparsa yapsın çaresiz kalmıştı. Sonra Allah'a, dine yönelmeye başladı. Diniyle ilgili tüm vecibelerini yerine getirip sürekli dua ederek namaz kılıyordu ama çalışmıyordu, üretmiyordu, yenilenmiyordu. Çareyi hiçbir şey yapmadan Allah yapsın diye bekliyordu. Gücü içeride değil dışarıdan bekliyordu. Farkına varmadan aşırı saplantılı olmuştu. Sonra ailesi ve çevresi tarafından uyarılınca adım atmayı denedi. Ancak bütün bu denemelerine rağmen çözümlenmeyen bilinçaltı, negatif çekirdek inançları nedeniyle her geçen gün kendini daha güvensiz bir alanda hissetmeye başlamıştı. Artık öyle bir noktaya gelmişti ki insanların bulunduğu ortamlarda beş dakikadan fazla kaldığında onların kendisi hakkında kötü şeyler düşündüklerini, ondan korktuklarını, onu suçladıklarını düşünerek bulunduğu ortamdan ayrılıyordu. Uzaklaşır uzaklaşmaz herkesin onun hakkında konuştuğunu düşünüyordu. Güvenlik alanına aldığı her kişi onun için tehdit unsuru olmuştu. Arkadaşlarından gelen hediyeleri dahi kabul etmiyordu çünkü içinde dinleme aleti olacağından şüphelenmeye bile başlamıştı. Artık tüm dünya ve ailesiyle de bağlarını kesmişti. Ailesiyle sadece yemeklerde beş dakika kadar görüşüp odasına dönüyordu. Bu durum onu her gün daha da yalnızlaştırmıştı. Dünyaya gelme sebebini, tekâmülünü, başarması gereken görevlerini, hayat amacını unutmuştu. Ölüm onu çağırıyordu. Kendini atıl yapmıştı. Gideceği yerin buradan daha iyi olacağını zannediyordu, nefsi onun sahibi olmuştu. Çözümü kendi yaşamını sonlandırmakta buldu. İntiharıyla ailesinin ve yakın çevresinin de başka travmalarına yol açtı.

Olaylar, kişiler, durumlar ve duyguların tekrar tekrar etkilemesinin sebebi bilinçaltındaki negatif çekirdek inançlardır. Bilincin patronluğunda bilinçaltına kendinizi güvende tutmak adına oluşturduğunuz bu inançlarınızın sizde oluşunu kabul etmedikçe, korku ve kaygılarla devamlılığını sağlamak için beslersiniz. Kaygılı olma hâlinizi başka kişilerin de yaşayabildiğini ve yalnız olmadığınızı kabul ederek fark etme butonunu aktive edebilirsiniz. Hangi hâllerde kaygılı olduğunuzun listesini çıkartırken -mesela aylık ödemeleri yaparken, sosyal bir çevreye girdiğinizde, çocuğunuzla ilgili durumlarda, önümüzdeki ayın iş grafiğinde, araba sürerken, her an deprem korkusuyla, ekonomik durumlarda- gözlemci tarafınızı kullanarak analiz yapmalısınız. Sonrasında kendi hayatınızla ilgili zaman yolculuğu yaparak daha derin nedenlerine inip bunları kimlerden kopyaladığınızı bulmalısınız. Tüm duyguların bedende yeri olduğunu artık biliyorsunuz. Bu kitabı okurken hastalıklarınız varsa ve yarınlarınızda da bu hastalıklarınızın olacağını düşünüyorsanız eğer, korku ve kaygılarınızla beslendiği için varlar. Ve hepsinin arkasında mutlaka negatif inanç deposu mevcuttur. Korku ve kaygılar öldürmez, fark ettiğinizde onlar gitmek için heveslenirler. Tüm duygular negatif ya da pozitif, hepsi bizi tekâmül ettirmek içindir. Seçiminizi içsel keşfinize doğru yönelttiğinizde bağlı oldukları bilinçaltınızdaki negatif inançlar ortaya çıkar, şifalandırma, değiştirme, dönüştürme yöntemleriyle de yerlerini pozitif inançlarla değiştirebilirsiniz.

Her şey insanın içsel keşfine çıkmaya karar verdiğinde tanrısal özüyle bir olması için kusursuz düzende inşa edilmiştir.

BİR'den geldik,

BİR'lik olduk,

BİR'e gidiyoruz.

Sevgili canlar, kişisel olarak birey olmadıkça diğer tüm ruhsal kardeşlerini etkiler. Her biriniz enerjisiniz. Çekim yasasına göre birbirinizin elektromanyetik alanında görünmeyen ipliklerle, duygu ve inanç etkileşimiyle etkileriz.

Sizler olmadıkça, eyleme geçmedikçe, yeni bir şey denemedikçe, kendinizi fark etmedikçe, gözlemci tarafınızı kabul etmedikçe, tanıklık ve şahitlik programınızın farkına varıp yeni yazılımınızı aktive etmedikçe tüm diğer ruhsal kardeşlerinizi etkilemektesinizdir.

Her birinizin kusursuz olan ilahi sistemde yeriniz vardır. Yüce Allah'ın biriciğisiniz. Sistemdeki yerinizi kabul etmeniz dileğiyle...

ÜZÜNTÜ

Üzüntü, yaşanan kayıplar veya başarısızlıklar sonucu ortaya çıkan temel duygulardan biridir. Hafif bir hayal kırıklığı ile büyük depresyon aralığında, oldukça farklı boyut ve çeşitlerde meydana gelebilir. Üzgün hissetmek Periferik (Çevresel) Sinir Sistemini etkileyerek fizyolojik tepkilere yol açar. Bu tepkiler arasında en sık rastlanan ağlama refleksi, ağrı hafifletici ve yatıştırıcı özelliğindedir. Bu sebeple kimi zaman hüzünlü filmler izlemek, duygusal şarkılar dinlemek gibi aktiviteler genel ruh hâlimizi olumlu yönde etkileyen bir ihtiyaç hâlini almıştır.

Yüce Allah'ın mucizelerinden yalnızca bir tanesi olan gözyaşı, bizleri ileride karşılaşabileceğimiz büyük tehlikelere karşı otomatik olarak korur. Bilim insanları gözyaşlarının ortaya çıkış sebeplerine göre farklılık gösterdiğini keşfetmiştir. Örneğin bir toz kaçması veya duman sebebiyle oluşan gözyaşlarının yaklaşık olarak 98%'i sudan meydana gelir, içerdiği lizozim sayesinde gözümüzü bakterilerden korur ve gözlerimizde kayganlaşmayı sağlar. Duygusal sebeplerle döktüğümüz gözyaşları ise vücudumuzun stres hormonları ve toksinlerden arınmasına yardımcı olur. Bunun yerine oksitosin ve endorfin salgısını arttırarak kendimizi daha iyi hissetmemizi sağlar. Bu sayede anlık hissettiğimiz üzüntü duygusuyla yüzleşmemizi ve bilinçaltımızda kök duygu hâline gelmesini önler. Gözyaşları yalnızca kontrolsüz şekilde çok sık meydana geldiğinde sorun teşkil edebilir.

Evrendeki tek duygu gezegeninde yaşayan bizler için üzüntü de diğer tüm duygular gibi bizi biz yapan etkenlerden biridir ve son derece gereklidir. Ancak tıpkı korku gibi kontrol altında tutulmadığında ruh sağlığımızı bozarak depresyona kadar ilerleyebilir. Üzgün bir kişi umudunu korumaya devam eder, mutsuz bir kişi bunun farkındadır ve değiştirmek için bilinçli olarak adımlar atabilir ancak depresyon rahatsızlık seviyesindedir. Genellikle uzun süre bilinçaltında kalmış, yüzleşemediğimiz duyguların çok daha kuvvetli bir şeklide gün yüzüne çıkmasıyla meydana gelir. Dünya genelinde yaklaşık 350 milyon insanın depresif belirtiler gösterdiği tahmin ediliyor. Üzüntü veya mutsuzluk yalnızca birkaç dakika bile sürebiliyorken depresyon farkına varılarak gerçek sebebi temizlenmezse aylarca, hatta yıllarca sürebilir. Bu durum tüm hayatımızı olumsuz yönde etkileyebilen sonuçlara sebep olur.

Üzüntü ve öfke duyguları genellikle birbirini tetikleyen duygulardır ve kimi zaman birbiriyle karıştırılabilir. İrlandalı yazar C. S. Lewis bu durumu çok güzel bir cümleyle özetler. *"Bana gerçek adının hüzün olduğunu söyleyene kadar öfkemle uzun süre oturdum."*

Örneğin işini kaybetmiş bir kişi kendini çok mutsuz hissettiğini söyleyebilir. Ancak gerçekte işini yeterince sahiplenmediği veya farklı bir işte çalışacak seviyede olmadığını düşündüğü için üzüntüsünü mutsuzluk tanımıyla adlandırıp aslında kendisine karşı öfke hissediyor olabilir. Bu ayrımı sağlıklı şekilde yapabilmek için gerçek kendimizle tanışmalı, duygularımızla objektif olarak yüzleşebilmeliyiz. Üzüntü geçicidir, öfke kalıcıdır. Üzüntü kendi değerimizi ve duygularımızı tanımlamamıza yarar. Her duygu gibi o da öğreticidir. Duygularımızla yüzleşmedikçe kendimize en uzak kişi biz oluruz.

ÖFKE

Öfke, genellikle haksızlığa uğradığımızı düşündüğümüz zamanlarda ortaya çıkan oldukça kuvvetli bir duygudur. Birçok insan öfkeyi olumsuz, uzak durulması gereken bir duygu zannedebilir. Oysa öfke daha iyi olmamız için, dünyamızı daha güzel kılmamız için, kendimizi savunmamız için bizi tetikleyen bir duygudur. Doğru kullanıldığında en etkili motivasyon kaynağı olabilir. Öfkeyi doğru şekilde kullanabilmek için önce onu doğru tanımak gerekir.

Öfke genellikle dört farklı türde kategorize edilir. Bunlar sıcak öfke, soğuk öfke, uzun öfke ve kısa öfkedir. Kısa öfke ani tepkileri ifade eder. Örneğin biri bize yanlışlıkla çarptığında vücudumuz ilk başta bunu fiziksel bir tehlike gibi algılar, kendimizi korumamız için otomatik olarak harekete geçer ve öfke duyarız. Ancak çarpmanın yanlışlıkla olduğunu anladığımız an güven hissi geri gelir ve öfkemiz bir anda ortadan kaybolur. Uzun öfke genellikle kök inançlar sebebiyle oluşur. "Benim hayatım neden böyle?" gibi cümlelerle dünyaya ve hayata karşı sürekli öfke hissederiz. Hatta bazen bu öfke, "Tanrım neden hep ben!" şeklinde yaratıcımıza karşı yönlenebilir. Gerçekteyse öfke duygusunun altında değersizlik, hak etmeme gibi kök inançlar yatar. Sıcak ve soğuk öfkelerse bireysel değil toplumsal öfkelerdir. Genel işleyişe, adaletsizliğe ve haksızlıklara karşı verilen kitlesel tepkilerdir. Dünyanın birçok yerinde zaman zaman meydana gelen işçi eylemleri, cinsiyet eşitliği için yapılan eylemler sıcak öfkeye örnek gösterilebilir. Soğuk öfkeyse anlam olarak çok kuvvetli ancak eylem olarak daha hafif tepkileri tanımlar. Pasif direniş olarak da adlandırılır. İran'da başörtüsü kurallarına uymadığı için hayatını kaybeden Mahsa Amini için dünyanın her yerinde kadınların saçlarını kesmesi soğuk öfke için oldukça güzel bir örnektir. Benzer bir örnekse 1955 yılında ABD'de yaşandı. O yıllarda ABD'de toplu taşıma araçlarında beyaz tene sahip insanların koltuklarda oturma önceliği bulunuyordu ve siyahiler asla beyaz tenli insanlarla aynı sırada oturamıyordu. Rosa Park isimli bir kadın kendisinden sonra gelen beyaz bir kişiye yerini vermeyi reddettiği için tutuklanmıştı. Rosa Park kefaretle serbest kalsa da insanlar ırkçı yasalara karşı tepki vermek için büyük bir öfke duymaya başlamıştı. Çeşitli sivil toplum kuruluşlarının hazırladığı el ilanlarıyla tüm siyahiler toplu taşıma araçlarını boykot etmeye çağrılmıştı. Mahkeme günü boykota destek veren binlerce insan otobüslere binmedi. Onlarca kilometrelik yolu yürüyerek işe gitmek zorunda kalanlar insani muamele görünceye ve siyahi şoförler işe alınıp ortadaki değişken statülü koltuklara "ilk gelen oturur" statüsü verilinceye kadar otobüse binmeyi reddettiler. Yaklaşık bir yıl süren eylem sonucunda "öfke" ırkçı yasaların yerine insani yasalar gelmesine sebep oldu.

Öfke tıpkı yerkürede biriken enerji gibidir. Kontrollü bir şekilde boşaltılmaya ihtiyaç duyar. İçeride tutulup biriktirilirse yıkıcı etkilere sebep olabilir. Hastalıkların 70%'inin bastırılmış duygulardan kaynaklandığı bildiriliyor. Örneğin kalp rahatsızlıklarının sebebi yüksek ihtimalle çokça bastırılmış öfkedir. Öfkeyi bizleri koruyan bir dost gibi görmeli ve motivasyon aracı olarak kullanmalıyız. Bu şekilde ilerleyişimizdeki en etkili itici güç olacaktır. Öfkelenin ama öfkenize yenilmeyin.

Öfke bize nerede sıkıştığımızı, sınırlarımızın ne olduğunu, nelere takılıp kaldığımızı gösterir. Doğuştan itibaren her insanda vardır ve onu tehlikelere karşı korumak için programlı refleks davranıştır. Yani her insanın DNA'sında mevcuttur. Öfke, vesveselerle, takıntılarla, daha önceden yaşadığımız olaylarla ve kişilerle vs. bağlantılı olabilir. Genellikle altında kıskançlık, yalnızlık, anlaşılmamak, önemsenmemek, haksızlık, değersizlik, utanma, reddedilme, üzüntü, çaresizlik, başarısızlık, beğenilmemek, dışlanmak gibi duygu ve düşünceler yatabilir. Öfke duygusu hafif bir tepkiyle başlar, saldırganlığa kadar şiddetini arttırabilir. Belirli bir seviyeye kadar bilinç hâkimdir, yükseldikçe beyindeki amigdala kısmı kontrolü ele alarak kişinin bilincini aradan çıkartabilir. Kadınlar, erkeklere göre öfkelerini daha çok bastırma eğilimindedir. Günlük hayatta sinirimizi bozan birçok şeyle karşılaşabilirsiniz. Baskıcı anne baba, anlayışsız sevgili veya eş, iş yerinde hakaret eden müdür, işleri yığan mesai arkadaşları, trafikte sıkışıklık bunlardan bazılarıdır. Bu olaylara eğer uygun tepkiler verirseniz ve öfkenizi doğru bir biçimde belirtirseniz sorun olmaz. Bu tepkileri kontrol edemezseniz kendinize zarar verebilirsiniz. Bazen de tepkilerinizi içinize atar ve biriktirirsiniz. İçeri atılan bu tepkiler de zamanla enerjisel olarak bedenin bir yerinde hastalık olarak çıkabilir.

Öfke kontrol bozukluğu, çocukluk döneminde başlar. Aile içinde, etrafta yaşanan yüksek sesli konuşmalar, şiddete varan davranış şekilleri, el kol hareketleriyle hararetli konuşma ve tabii ki kavgalar, tartışmalar rol oynar.

Sevgili canlar, öfkenizi kontrol etmek için öncelikle öfkeli olduğunuzu kabul ederek başlamalısınız. Aslında bu duygu diğer başka duyguları içinde barındırır. Değersizlik, yetersizlik, alınganlık sakladığı ana duygulardır. Burada kendinize dönerek öfkenin içindeki duygulara ve hangi durumlarda öfkelendiğinize bir gözlemci olarak yeniden bakmalısınız. Yok saydığınız, görmezden geldiğiniz, yüzleşemediğiniz şeyleri karşı taraftaki kişiler yaptığında öfkeniz ortaya çıkar. Öfke burada kamuflaj ve maskedir. Öfkeli olmamızın sebebi genellikle ifade sorunudur. İçinize atarsınız, kırılganlıklar, alınganlıklar, aşağılanmalar öfkenin arkasındaki duyguları sakladığımız gizli bir kutunun içindedir. Devamlı içimize atarız ve bekletiriz.

Sonrası malum... Küçücük şeylerde öfke patlamaları ortaya çıkar, her zaman saldırıya uğrayacakmış gibi hisseder. Böyle durumlarda öfkeniz çıktığında hemen gözlemci tarafınıza geçerek karşınızdaki kişinin bakış açısı olduğunu gördüğünüzde daha sakinleşeceksiniz. Lütfen şimdi kendinize bir sorun. Öfkelendiğiniz şeyler neler? Kimlere öfkeleniyorsunuz? Bulabilmek için takıntılı olduğunuz durumlara bakmalısınız. Öfke boşaltımı yapılamayan her şey ileride emin olun karşınıza sorun, sıkıntı, acı, hastalık olarak çıkabilir. Öfkeniz varsa bilinçaltınızda değişmesi gereken negatif çekirdek inançlarınız vardır. Ve bu inançlar artık şifalanmak için öfke tepkisi şeklinde kendini gösteriyorlardır.

Geçmiş, bitmiş, şifalanmış, gitmiş olsun.

ŞAŞIRMA

Şaşırma hissi tüm duygular arasında en kısa süreli olanıdır. Tüm duygular çok kısa ve çok uzun süreler arasında değişkenlik gösterebiliyorken şaşırma hissi sınırlı süreye sahiptir, uzun süre devam edemez. Şaşkınlık hissi, kendisine sebep olan durumu fark ettiğimiz an mutluluk, üzüntü, öfke gibi farklı bir duyguya dönüşür. Kaş ve ağız kenarının gerginleşmesi ve göz kapaklarının açılması şeklinde fizyolojik tepkilere yol açar. Bu tepkiler irkilmeye çok benzese de şaşkınlık ve irkilme birbirlerinden farklıdır. Şaşkınlık bir duygudur ve önceden tahmin edilerek etkileri azaltılabilir. Ancak irkilme reflekstir, önlenemez.

Denver Üniversitesi'nden Kimberly Chiew'in yaptığı araştırmalar sonucu şaşırma hissiyle hafıza arasında kuvvetli bir bağ olduğu ortaya çıktı. Bu araştırmaya göre şaşkınlık hissi beynin hafıza bölümünü harekete geçirerek âdeta bir bellek taraması yapıyor. Bu taramanın sonucunda geçmiş deneyimlerde benzer bir olay yaşanmışsa beynimiz bu anıyı bize hatırlatarak o an ne olduğunu anlatmaya çalışıyor. Arkadaşlarınızla sohbet ederken aniden parlak lambaların yerini loş bir mum ışığı aldığını ve etrafınızdaki insanların gülümseyerek telefon kameralarını açtığını hayal edin. Kısa süreli şaşkınlığınız bellek taraması sonucu, muhtemelen arkanızdan bir kutlama pastasının gelmekte olduğunu size hatırlatacaktır. Bu da size mutluluk getirir.

Manchester Üniversitesi'nden bilişsel bir sinirbilimci Dr. Darya Frank ise şaşırma hissinin tıpkı hafıza gibi öğrenme üzerinde de pozitif etkisi olduğunu ortaya çıkarttı. Dr. Darya 24 öğrenci üzerinde yaptığı araştırmada öğrencilere doğa ve insan yapımı nesnelerin resimleri gösterildi. Ekranda her doğa fotoğraflarından önce üçgen, diğer fotoğraflardan önce ise kare şekli beliriyordu. Daha sonra MRI tarayıcısına bağlandı ve aynı fotoğraflar gösterilirken bu kişilerin beyinsel aktiviteleri incelendi. Doğa resminden önce kare şeklinin belirmesi gibi beklenmedik bir sıralama geldiğinde öğrencilerin beyinlerinde öğrenme ile ilgili kısımların çok daha aktif olduğu gözlemlendi.

Bizlere bahşedilen tüm duygular özeldir ve her biri ayrı birer mucizedir. Şaşırmanın mucizelerine şaşırmamak elde değil. Çok şaşıracağınız anlar biriktirmeniz dileğiyle...

TİKSİNME

Temel duygularımızdan biri olan tiksinme hissi hayatta kalabilmemiz için oldukça önemli bir etkiye sahip. İnsanlık henüz yetiştiriciliği keşfetmeden önce avlanarak veya doğada bulduklarını yiyerek hayatta kalıyordu. Bu dönemde tiksinme hissi insanları bozulmuş, bakterili, küflenmiş yiyeceklerden uzak tutarak yaşamını sürdürmesine yardımcı oluyordu. Günümüze kadar DNA aktarımlarıyla gelen tiksinme hissi temel işlevini koruyarak ve gelişerek bizlere kadar ulaştı. Artık sadece sağlıksız gıdalara karşı değil, sağlıksız ilişkilere, yapılan haksızlıklara, bilinçli verilen üzüntülere, sevgiye karşı yapılmış ihanetlerde de benzer duygular hissedebiliyoruz. Bizi rahatsız edecek bir tat, koku veya olayla karşılaştığımızda beynimizdeki insular lob harekete geçerek tiksinme duygusunu hissetmemize sebep oluyor. Daha çok burnun kırışması, mide bulanması gibi fizyolojik tepkilerle vücudumuz uyarılıyor.

Diğer tüm duygularda olduğu gibi kontrolün yine bizlerde olması gerekir. Kontrolsüz gelişen ve önlem alınmayan tiksinme duyguları yaşam kalitemizi olumsuz yönde etkileyebilir. Örneğin bakterilere karşı kontrolsüz şekilde tiksinme hisseden bireyler bir süre sonra tokalaşma, sarılma gibi oldukça insani temaslardan bile kaçınmaya başlayabilir. Daha derinlerde çözülmemiş travmalar insanın kendisine karşı tiksinme hissetmesine yol açabilir. Bu durumda kaçınılan esas olgu içsel hesaplaşmalardır. Utangaçlığa, insanlardan kaçmaya hatta sosyal fobiye sebep olabilir. Aslında çözülememiş duyguların birikmesi sonucu tiksinme hissiyatıyla vücudumuzun bizlere yaptığı bir uyarıdır. Kendimizle yüzleşmemiz gerektiğini bizlere hatırlatan bir uyarı sistemi gibi... Bir an önce vücudumuza kulak vermeli ve kaçtığımız, bilinçaltımızın derinliklerine gömdüğümüz tüm duygularla yüzleşmeliyiz.

Psikolog Hilary Jacobs Hendel 2020 yılında yazdığı bir yazıda danışanı Kyle'ın hikâyesinden bahsetmişti. Sürekli kaygı ve depresif ruh hâli sebebiyle Hendel'e başvuran Kyle'a yapılan seanslarda annesinin yaşantısı üzerinde büyük bir etkiye sebep olduğu ortaya çıkmıştı. Annesi okul yıllarında Kyle'a her zaman en iyi notu alması konusunda baskı yapıyormuş. Biraz düşük not aldığında bile "seni koca aptal" gibi ağır, alaycı ifadelerle küçük düşürüyormuş. Hendel tüm bunları dinlerken Kyle'ın yüzünde net tiksinme ifadeleri gördüğünü yazısında belirtiyor. Vücudumuz oldukça nettir ve her zaman doğruyu ifade eder. Kyle, annesinin kendisine uyguladığı zorbalığa karşı tiksinme hissediyordu. Hendel'in kendisine sorduğu, "O anları düşündüğünde neler oluyor?" sorusuna cevabı "Kusmak istiyorum," olmuş. Yazının devamında Hendel, Kyle'a kaygılı ve depresif ruh hâlinin, derinlerde kalmış tiksinme duygusundan kaynaklandığını ve kusma isteğininse "vücudunun derinlerdeki tiksinme hissini bir an önce dışarı atmak isteği" şeklinde anlattığını yazıyor. Yüzleşme seansları ve beraberinde yapılan nefes egzersizleri ile Kyle çok kısa sürede özünde bulunan pozitif kişiliğini keşfediyor, tüm kaygılarından ve depresif ruh hâlinden hızlıca kurtuluyor. Duygular bizim hizmetkârlarımızdır, gardiyanlarımız değil. Hislerinizin sizi hapsetmesine izin vermeyin.

BEKLENTİ

Beklenti, karşılanmamış duygusal ihtiyaçlarımızın dışa vurulmuş hâlidir. Sevilmeyi bekleriz. Çünkü kendimizi yeterince sevmeyiz. Güvenilmeyi bekleriz. Çünkü yeterince öz güvenli değiliz. Gösterişli hediyeler bekleriz. Çünkü kendimizi değersiz hissederiz. Beklentiler gelecek merkezli bir duygudur ve beklentiler karşılanmadıkça kaygıya dönüşme eğilimi gösterir. Hiçbir kıyaslamaya girmeden önce kendimizi, daha sonra tüm ruhsal kardeşlerimiz olan etrafımızdaki insanları olduğu gibi kabul ettiğimizde beklentilerimiz azalacaktır. Kabule geçmediğimiz sürece yanlış beklentiler içerisine girebiliriz. Karşılanmamış her beklenti, kendisinden sonra gelecek olan beklenti için kaygı oluşturur. Kaygılar büyüdükçe beraberinde ön yargılar başlar. Oluşan ön yargılar başta kendimiz olmak üzere tüm ruhsal ailemizle olan ilişkimizi olumsuz etkiler. Bu durum "nocebo etkisi" olarak adlandırılır. Nocebo etkisi plasebonun tam tersi durumu ifade eder. Yani ilacın yan etkilerine karşı ön yargı oluşturmuş bir hastaya, tamamen etkisiz bir ilaç verilse dahi kişide yan etkilerin görünmesi durumudur.

Benzer şekilde yanlış beklentiler de bizleri gerçek olmayan ilişki sorunlarına sürükler. Beklenti de bir duygudur ve gerçekte bizlere hizmet için var olmuştur. Önemli olan kimden ne bekleyeceğimizdir. Elbette beklentisiz bir yaşam düşünülemez. Ancak en büyük beklentimiz kendimizden olmalıdır. Kendimizi olduğumuz gibi kabul ederek yapabileceklerimizi keşfetmeli ve bu yönde kendimizden daha iyisini beklemeliyiz. Daha güzel bir hayat, daha renkli bir sosyal yaşam, daha yüksek maddi gelir, daha fazla bilgi beklemeliyiz. Bu beklentileri bize sadece biz verebiliriz.

Ruhsal ailemizi oluşturan arkadaşlarımız, sevdiklerimiz, annemiz, babamız, kardeşimiz, akrabalarımız, iş arkadaşlarımız... Peki, onlardan ne beklemeliyiz? Ruhsal ailemizden en büyük beklentimiz özlük haklarımıza, benliğimize ve hedeflerimize saygı göstermeleri olmalıdır.

İlk kuralımız elbette ki yine onları, oldukları gibi kabul etmek. Biz yine de başkalarının bizi kurtarmasını beklemeyelim. Her şeyi kendimizden bekleyelim. Haydi kendi elimizden kendimiz tutalım.

KISKANÇLIK

*"...Zaten nefisler kıskançlığa hazırdır. Eğer iyi
geçinir ve Allah'tan korkarsanız şüphesiz Allah
yaptıklarınızdan haberdardır."*
– Nisâ Suresi 128. Ayet

Kıskançlık, kurulan duygusal bağın tehlikede olduğunun
sinyallerini veren en temel duygulardan biridir. Acı, öfke ve
kızgınlık ile bağlantılı olduğu için genellikle negatif bir duygu
olarak tanımlanır. Gerçekte ise kıskançlık değerli bir bağın
korunması için bize önceden uyarı veren oldukça değerli bir
duygudur. Kıskançlık eş, aile ve arkadaşlar arasında olabileceği
gibi cansız maddelerle kurulan bir duygusal bağ üzerinden de
hissedilebilir. Kıskançlık doğru değerlendirildiğinde hem de-
ğerli duygusal bağlarımızı korur hem de ileriye yönelik adımlar
atmamız için itici bir güç olur.

Yapılan araştırmalar birçok farklı sebep olabileceği gibi
düşük öz güven ve değersizlik duygusunun, kıskançlığın en
temel sebepleri olduğunu ortaya koyar. Güzel ve mutlu bir
yaşam için kendinize yeterince güvenmez ve bir başkasının,
örneğin eşinizin varlığına mutlak ihtiyacınız olduğunu (eşim
olmazsa ben bir hiçim) düşünürseniz, onsuz asla mutlu ola-
mayacağınıza inanırsanız bu bir bilinçaltı oyunu olur. Dola-
yısıyla ortaya çıkan yanlış bir kıskançlıktır. Dolayısıyla size
ve kurduğunuz duygusal bağınıza zarar verir. Buna karşılık
eşinizin sizinle yeterince vakit geçirmemesinden dolayı kıskanır

ve bunu onunla paylaşırsanız ilişkinizi muhtemel tehlikelerden korumuş olursunuz. Veya çalışma arkadaşınızı başarılarından dolayı kıskanarak çalışma hayatında kendinizi geliştirebilir ve kariyer basamaklarında hızla tırmanabilirsiniz. Kıskançlık duygusunun içinde yapabilirlik vardır. Neyi kıskanıyorsanız o sizin aynanızdır. O yaptıysa siz de yapabilirsiniz.

Kıskançlık bastırılması ve görmezden gelinmesi gereken bir duygu değil, tam tersine doğru yönlendirilmesi gereken bir duygudur, sevgili canlar. Kıskançlık başta kedi, köpek, maymun olmak üzere hayvanlarda da görülebilen son derece doğal, varoluşa uygun bir duygudur. Eşinizi, ailenizi veya arkadaşınızı kıskanabilir ve aranızdaki bağı korumak için adımlar atabilirsiniz, bu en doğal hakkınızdır ancak birini kıskanmak onun sahibi gibi davranma hakkını size vermez. Kıskançlık ile ilgili en büyük hata bu noktada yapılır.

Çok sevdiğimiz bir arkadaşımız yeni bir ortama girdiğinde doğamız gereği duygularımız bizi uyarır ve arkadaşlığımızı korumak adına birtakım önlemler almaya yönlendirir. Alınacak önlemleri belirlemekse bize kalır. Temiz bir bilinçaltına sahip, mantıklı düşünebilen kişiler arkadaşıyla güzel organizasyonlar yapmak, ona küçük sürprizler hazırlamak gibi son derece insani adımlar atarak arkadaşlığını olası bir tehlikeye karşı korumaya çalışır. Değersizlik duygusu gibi hatalı bilinçaltı koduna sahip kişiler ise yeni girdiği ortamı arkadaşına kötülemek, kendisini acındırmak gibi duygusal manipülasyonlar başta olmak üzere son derece mantıksız adımlar atabilir. Bu adımlar arkadaşı ile arasındaki bağı korumak yerine maalesef daha da kötü hale getirir.

Kıskançlık üzerine yapılan araştırmalar yapan psikolog Nereida Gonzalez-Berrios, aşırı korumacı ve şüpheci yaklaşımların, takıntılı davranışların ve güvensizlik hissinin ikili ilişkilerde yanlış kıskançlığa sebebiyet verdiğini ortaya koyar. Tüm bu davranışların arkasında yatan temel sebep ise kökleşmiş yanlış bilinçaltı inanışlarıdır. Bilinçaltı oyunlarından kaynaklanan kıskançlıklar doğru şekilde yönlendirilmediği için vücudumuzda mide ağrısı ve bulantısı, çarpıntı, tansiyon, iştahsızlık, göğüs ağrısı gibi semptomlara sebep olur. Bu durum farkına varılmadığında ise ciddi boyutlarda anksiyete, depresyon ve obsesif kompulsif bozukluğunu doğurur.

Yapılan araştırmalar sonucu kıskançlık duygusunun, beynimizin serebral korteksin sol kısmıyla ilişkili olduğunu gösteriyor. Kıskançlık üzerine araştırmalar yapan İngiliz psikiyatrist John Todd, gerçeklikle bağdaşmayan kıskançlıklar için Shakespeare'in yanlış anlamalar sonucu eşinin ve kendisinin ölümüne sebep olan ünlü karakteri Othello'dan esinlenerek Othello Sendromu terimini kullanır. Sürekli olarak eşinin kötü niyetli olduğunu düşünmek, aşırı kuşkucu davranmak, eşini sınırlamalara maruz bırakmak gibi davranışlar Othello Sendromu'nun belirtileri olarak gösterilir.

Yine İngiliz edebiyatındaki farklı bir roman karakterinden bahsetmek istiyorum, sevgili canlar. Jane Austen'ın *Aşk ve Gurur* kitabındaki baş karakter Elizabeth Bennet yetiştirilme tarzı ve soylu kişiliği sebebiyle bilinçaltı oyunlarına maruz kalarak, Fitzwilliam Darcy ile ilişkisinde hatalı yargılarda bulunuyordu. Ancak daha sonra bakış açısını değiştirerek olaylara farklı bir gözle bakmaya başlayan Bennet mutluluğu yakalamayı başarıyordu. Henüz Elizabeth Bennet adına tanımlanmış bir terim yok ancak onun yaptığı gibi doğru bakış açısı yakalamanın çok büyük artıları vardır. Kıskançlık herkesin hissettiği bir duygudur. Buradaki en önemli ayrıntı onu fark edebilmek ve bu negatif duyguyu pozitife çevirerek tekâmülünüzde basamak atlamaktır.

İNANÇ

İnanç, bir düşünceye çok sağlam bir biçimde, içten, gönülden bağlı bulunma, güvenle doğru saymadır. Tanrı'ya, dine inanma, iman. Google amcamızın verdiği bilgi böyledir. İnanma duygusu, bir insanın doğuştan getirdiği bir şeyin kudretine, varlığına inanma ve güvenme duygusudur.

İnsanın yüksek bir güce inanma ve sığınma ihtiyacı vardır. İnanç, insan davranışlarını yönetir. Her birey tüm inançlarının ne olduğunu bildiğinde kendi içsel keşfine çıkar. Bazı inançlar sizi ilerletirken bazı inançlar da sizi oldukça geriletir. Gün içinde online yaptığımız bireysel çalışmalarda unuttuğunuz, hatırlamak istemediğiniz, yok saydığınız negatif inançlarınızı bulduğumuzda istediğiniz hayatın yolunu beraberce açabiliyoruz.

İnançlar fizyolojimizi bile etkiler. Plasebo ilaçlarla yapılan deneylerde, hiçbir etkisi olmayan kimyasal çözeltilerle kişinin iyileştiği görülmüştür. Hakk'tan gelip Hakk'a doğru yürüdüğünüz dünya yolculuğunda zihin deneyimleme ve gözlem şeklinde, akıl ise her zaman gerçeğe yani Allah'a doğru yürür. Akıl inançlarınız doğrultusunda yürürken, size verilen en güzel yeteneklerden biri olan ve her insanda bulunan sezgisel tarafınız, aklınıza hakikati hep hatırlatır. Hep özünü arar.

Peki siz inançlarınızı nasıl oluşturuyorsunuz? Farkında olarak ya da olmayarak aileden, çevreden, travmalardan, acılardan, kopyalama bilgilerden, hipnotik hâllerden, başarılardan ve başarısızlıklardan olumlu ya da olumsuz etkilenerek kendi yolunuzu çizersiniz.

Daha önce yazdığım üç kitapta da bilinçaltını bilmenin ve bilinçaltı inançlarınızı bir rehberden destek alarak veyahut bunun eğitimini benden ya da başka hocalardan öğrenerek değiştirebileceğinizi anlatmıştık. Bu hususta kişinin kendini tanıması ve geliştirmesi için önemini her yerde, her zaman altını çizerek üzerinde duruyorum. Nasıl düşündüğünüz, nasıl algıladığınız, tüm bakış açılarınız, inançlarınız ile ilgilidir. İnsan var olduğunu anlamak ve bunu kabule geçmek için inanır. İnanmak rıza, kabulleniş ve güveni içerir.

Kendinizi Allah'a teslim ettiğinizde ve sadece O'na inandığınızda bu yönelim kişiyi daha iyi bir insan yapar ve ona toplum için yararlı olma motivasyonu sağlar.

Değer, çoğunlukla inançla karıştırılır. Çoğumuz değerlerimizin farkında olmadan yaşıyoruz. Neyi neden yaptığımızı bilmiyoruz. Değerler çok kabaca önemli olarak kabul ettiğimiz ihtiyaçlarımızdır. Üzgünüm ki çocuklukta ödül ve cezalarla anne baba tarafından davranış modelleriyle kendimizi oluşturmuşuzdur.

Öz inanç ise, kişinin kendine inanmasıdır. Bir işe, eyleme veya olguya karşı "ben yapabilirim" ve "ben ulaşabilirim" bilincinde ve zihniyetinde olur. Yani başarmak için bazı şeyleri dener, eyleme geçer ve zorlar.

Kendine inanmayan bir kişi nasıl harekete geçebilir? En temel düzeyde bir insanın kendisine karşı olan inancı zorluklar karşısında harekete geçebilme yeteneği ile bağlantılıdır. Bir kişi önüne hedef koyuyor ve o hedef doğrultusunda hareket edebiliyorsa sonucunda başarısızlığa uğrasa dahi o kişinin kendisine olan inancı artmaya başlar. Her şeyin başı aslında bakarsanız inanmak ve en önemlisi kendine inanmaktan geçer. Kendine inanan Allah'ına inanır. Allah'ına inanan kendini bilir. Kendini bilen Allah'ını bilir.

Kendinize inandığınızda ilk yapacağınız şey kendinizi terbiye etmek ve disipline sokmaktır. Her şeyden kaçabiliriz. Ama tek kaçamadığımız şey kendimiziz. Dünyaya tekâmül etmek için gelen biz ruhlar, her şeyde ve her yerde olan Yüce Allah'ı bulmaktan başka çaremiz yoktur.

"Şüphesiz biz Allah'a aitiz ve biz O'na döneceğiz."
– Bakara Suresi 156. Ayet

Birbirimizin elektromanyetik alanından etkilenerek şekilleniyoruz. Yaşamda yaydığımız enerji değişmedikçe her zaman bizi eleştirecek, bizde eksik bulacak, aşağı çekecek kişiler olacaktır. Her insan onur ve gururuyla yaşar. Ve her birimiz dışarıda bir kahraman arasak da kendi hayatlarımızın kahramanlarıyızdır. Hepimiz kendimizce sözde konforlu bir alana, bir şekilde Yüce Allah'ın bizi dünya hapishanesine koyduğunu zannederek hapsediyoruz ve güvende hissetmek adına da riskten kaçıyoruz. Kısıtlı yaşamlarımızın içinde başkalarına inanarak kendimizi güvende hissetmeye çalışıyoruz. Hâlbuki hayatın kendisi risk alarak en üst versiyonumuza çıkabilmemiz. Zihnimizdeki konuşmalarla, ileri geri yaptığımız yorumlarla, öz benliğimize mesafe koyarak kendimize zarar veriyoruz. Bu da kendimizce biz olma şeklimiz. Burada zannetmelerle, maskelerle, acı beden, sağlıksız ego ve nefisle sahte benliğimize hizmet ederek, öz benliğimize engel koymamız. Yüce Allah'a verdiğimiz, *"kendimiz olacağız"* sözümüzü unutarak geldiğimiz bu dünyada, oyun alanlarımızda kolay yolları görmek yerine acı dolu travmalarla hikâyeler yazıyoruz. Kendimize inanarak olumlu telkinlerle içimizdeki cesareti ortaya çıkarıp denemekten başka çaremiz yok. Şimdi içsel keşfe çıkmamızın tam zamanı. Bunun için kendimize ve Allah'a inanmamız yeterli.

TRAVMA

Kişi gerçek bir tehditle karşılaştığının farkına varmış, algılamış, fiziksel bir zarara uğramış veya bu duruma şahit olmuş, bu sırada da aşırı derecede korku, çaresizlik ve dehşet hissetmişse bu durum kişi için travmatik bir yaşantı, olay, durum, kişi şeklinde tanımlanabilir.

Dr. David Berceli, travmayı, "Baş etme mekanizmalarını altüst eden herhangi bir olaydır." diye ifade etmiştir. Kuantum düşünce tekniğine göre, beklenmedik anda olağanüstü bir şey olması hâlinde beyin, zihin, akıl, hatta kalp bilinçaltının yönetimiyle travma olarak adlandırır. Burada göz ardı etmememiz gereken öyle bir unsur var ki o da bilinç tarafından bilinçaltına atılmış inancı desteklemek için travmaları seçmemiz. Bu da kişiden kişiye değişiklik göstermesinin sebebi. Olağanüstü, beklenmedik bir anda ve altüst eden bir olay olduğundan dolayı, travmayı yaşayan kişi yaşadığı her ne ise onunla ilgili daha sonradan kaygılanması da çok normaldir.

Doğal afetler, trafik kazaları, yangın, tacize uğrama, tecavüz, ameliyat, ölüm, ayrılık, aşağılama, çaresiz kalma, savaş, terör saldırıları, silah ve bıçak gibi aletlerle yaralanma, işkenceye maruz kalma, haksız yere suçlanma gibi sebepler travmaları tetikleyebilir. Travma, bazı kişilerde ilerleyen zamanlarda geçebilirken, yani bilinçli gözlem hâliyle öğretiyi aldığınızda negatiften pozitife çevirmiş olursunuz, bazıları için de aylarca, hatta yıllarca sürebilir. Bu da bunların bilinçaltına atılarak negatif inançların esiri olmalarına neden olur. Benzer durumlar ve olaylar yaşandığında da travma tetiklenir, daha şiddetli şekilde ortaya çıkabilir.

Travma esnasında bilinçaltındaki inancı desteklemek adına görüntü, koku, ses, iklim şartları, renkleri farkında olarak ya da olmayarak yüklenir. Travmanın varlığını sabitlemek için devamlı olarak bilinçaltı negatif inancı da hatırlatmak amacıyla korku, kaygı endişe, panik şeklinde bu verileri anımsatır. Tüm bunların aslında yaptığım çalışmalarda gördüğüm esas nedeni Tanrısal Öz'ünüz tarafından travmanın ve negatif inancın şifalanıp, arınıp, dönüştürülmesi için verilen mesajdır. *Beni gör, beni temizle, bunun öğretisini al,* demektir.

Bazı durumlarda devamlı aynı şekildeki davranış modelleri de kişinin hayatında travma olarak algılanabilir. Tabii ki bunu yapan zihin oyunlarıdır. Örnek verecek olursak, bir çocuğun sevgi ve ilgiden mahrum bırakılması, ihtiyaçların karşılanmaması, okula gönderilmemesi de travma etkisi olabilir. Ancak burada dikkat edilmesi gereken konu, kişi bu durumla duygusal ve ruhsal olarak baş edemeyeceğini düşünür. Bu hayatına, varlığına, bedenine ve kendine yönelik tehdittir. Bu da travmatiktir.

Travma yaşayan kişide olayla ilgili anılarının zihninde canlanması çok sık görülebilir. Olayla ilgili sesler ve görüntüler düşünülmek ve hatırlanmak istemese de zihinde canlanabilir. Bu durum kişiyi çok rahatsız eder. Titreme, terleme, çarpıntı, iç sıkıntısı, nefes alamama gibi bunaltılar yaratabilir. Bu durumdan dolayı bedensel semptomlar da görülebilir.

Travma sonrası stres bozukluğu yaşayan bireyde, uykusuzluk, çabuk sinirlenme, kabuslar görme, çabuk irkilme, olayla ilgili anıları sık sık ve rahatsız edici bir biçimde hatırlama, yeniden aynı şeyleri yaşama korkusu ve bu yüzden kendini güvende hissetmeme, yabancılaşma, gelecek kaygısı, gelecekle ilgili hedef koyamama, plan yapamama, olayı hatırlatan durumlardan kaçınma görülür.

Travma yaşamış kişiler, bazen olayın detaylarını unutabilir. Genellikle olayın en sıkıntı verici bölümleri unutulur veya hatırlamakta güçlük yaşanabilir. Bu durum olayı düşünmek istememekten farklıdır. Kişi hatırlamak istediği hâlde hatırlayamaz. Ruhsal travmalardan sonra "Benim yaşadıklarımı kimse anlayamaz," gibi bir düşünce çok sık duyulur. Çünkü bilinçaltı desteklediği negatif inançta kendini güvende zannettiği için saklar, yok sayar.

Kuantum alan çalışmalarında rastladığımız, beklemediğimiz bir anda başımıza gelen, dengemizi ve hayat şartlarımızı bozan olay ya da olayların tamamı görülür. Aslında bilinçaltımıza yerleşmiş tüm olumsuz inançlarda travmaların etkisi mevcuttur. Öyle bir yanılsama vardır ki danışanlara kuantum alanda travmasını bizler tarafından görülüp sorulduğunda "Benim bir travmam yok." cevabıyla çok sık karşılaşırız. Travmanın olması için büyük bir olayın olmasına gerek olmadığını açıklamıştık. Güven duygusunun zedelendiği her yerde bir travma ortaya çıkabilir. Burada dikkatinizi çekmek istediğim en önemli detay tekâmül yolunda Allah'la yaptığınız, dünyaya gelmeden önceki sözleşmenizde olan yedi ana yaşam dersinize bağlantılı aldığınız bilinçaltı inançları ve bunları desteklemek için yaşadığınız travmalardır. Ruh dünyada kendi gerçekliğine uyandığı anda tüm iyi ya da kötü deneyimlerinin öğreti, negatif ve pozitif inançlarının tekâmül yolunda olmak (yürümek), travmalarının yol araçları olduğunu anlar.

Not: Tekâmül yolunda bilinçli yürümek (bilinçli gözlem) olmaktır.

Travmalar sırasında ve sonrasında, duygularımızdan sorumlu olan beynin amigdala bölümü iş başına geçer. Hipokampus hafıza merkezi olarak bize devamlı travmayı hatırlatır. Amigdala olay esnasında ya kaçar ya savaşır ya da donakalır.

Küçük yaşlarda maruz kalınan ve travmaya yol açan en yaygın olumsuz davranış çocuğa fiziksel şiddet uygulamaktır ve bu da davranışlarda, hatta bedende iz bırakacak boyutlara gelebilir. Defalarca bu tür şiddete maruz kalan çocuk ise, kendini dışlanmış, aşağılanmış olarak hissedecek ve ömür boyu bu olumsuz davranışların izlerini taşıyacaktır. Ruh hastalanmadan beden hastalanmaz. Ruh ve beden arasında muhteşem bir denge vardır. Bilinçaltındaki negatif inançların desteklediği travmalar, hastalıklara neden olabilir. Mesela travmalar depresyon, korkular, panik bozukluk, sosyal fobi, kaygı bozukluğu, takıntı hastalığı, travma sonrası stres bozukluğu, mide ve bağırsak hastalıkları, ağrılar, deride döküntüler gibi pek çok hastalığa davetiye çıkarabilir.

Kuantum alan çalışmalarında genelde danışanın bilinçaltı travmalarını, negatif çekirdek inanç dosyalarına ulaşmamamız için yok sayar, saklar, unutur. Hâlbuki kişi bilinçaltı negatif inançlarını temizlemek için bizlere gelmiştir. Bilinçaltı, bilincin patronluğunda kendini güvende hissetmek için aldığı inanç dosyasında, sağlıksız egonun ve nefsin yardımıyla travmalarla süslediği bu durumu güvenlik zanneder. Daha çok acı, daha çok üzüntü, daha çok zorluk, daha çok mutsuzluk, daha çok keder, daha çok hastalık, daha çok vesaire yaşamamak adına o da kendince çok haklıdır. Burada sizlere düşen bilinçsiz gözlemden bilinçli gözleme geçiş yapmanızdır. Şu anda bu kitabı okuyorsanız farkındalık, bilinçli gözlem hâline bir adım atmış durumdasınız.

BAĞIMLILIKLAR

Bağımlılık bir durumdur ve beyinle alakalıdır. Zarar verdiğini bildiğiniz hâlde devam ettiğiniz her şey bağımlılıktır. Bu bir bilinçaltı meselesidir. Bağımlılıkla zihin, akıl, kalp hem ters hem de düz işler ve de bağımlılıkla hepsi kavga eder, hepsi barışık davranır, hepsi yenilir.

Birçok açıdan zarar görüldüğü hâlde ilişkiyi bitirememek ya da acı veren travmatik bir evliliği sonlandıramamak da bir bağımlılık örneğidir. Bu arkadaşlık ya da iş ilişkilerinde de geçerlidir.

Bağımlılık dediğimizde lütfen sadece bir madde olarak algılamayın. Kişiler ve duygular da bunun içindedir, hatta hastalıklar bile... Biyolojik, psikolojik, sosyal ve kültürel bozukluk olarak ortaya çıkabilir.

Biyolojik tarafıyla bağımlı olduğu kişiyi, maddeyi veya olayı yüksek bir şiddetle ister, sürekli aldığı hazzı arttırmak için hayat alanında büyütür ve çoğaltır. Zaman geçtikçe bu durum bağımlısı olduğu bir varlığın verdiği hazdan ziyade "amigdala"nın mutluluk hormonuna karşı hassaslaşmasının bir sonucudur. Birey mutsuzluktan (negatif getirisi olan bağımlılığından) mutlu olmaya başlar. Mesela, yaptığımız kuantum alan çalışmalarında travma sonrası stres bozukluğu deneyimleyen bireylerin bu durumun üstesinden gelmek için maddeye, alkole de başvurduklarına, internet üzerinden sürekli alışveriş yaptıklarını gözlemledik.

Bağımlılığı sosyal açıdan ele alırsak, ilişkilerini korku ve kaygı protokolleriyle yöneterek kopamayan hatta sınırları zorlayan modeller gösterebilir. Yaptığımız çalışmalarda danışanın bağımlılığının nedeni kişi ya da herhangi bir duygu olarak ortaya çıkar. Daha derine yaptığımız zaman yolculuğunda ise ailesinin içinde sürekli kaos yaşayan, baskıcı bir aile ya da hiç umursamayan aile ile büyüyen çocukla karşılaşırız. Şu anki yaşamında kişinin sosyal imkânlarının da bu yüzden aldığı modellemelerle kısıtlı olduğunu çoğu zaman gözlemledim. Bağımlılığın bir rolü de kültürel rolüdür. Mesela, bir bölgede yaşayan bireylerin madde ya da alkolü, herhangi bir bağımlılık türünü normal karşılayıp bir başka bölgedeki topluluğun aynı bağımlılık türünü normal karşılamamasıyla kendini açıkça belli eder. İstismarcı, toksik veya sağlıksız ilişki geçmişi olan kişilerde, bağımlı kişilik bozukluğu görülme ihtimali daha yüksek boyutta olduğunu yaptığım on binlerce çalışmada gördüm.

Duygusal Bağımlılık: Hayatla mücadele etmek için tüm yaşamınızın genelinde alıştığınız belirli duygulara yapışkanlık hâlidir. Mesela sevgisizlik, acıdan beslenmek, kurban rolünde olmak bunlara örnektir. Çocukluk çağında yaşanan şiddet, taciz ve ailesel öğretiler bilinçaltına bu bağımlılıkla ilgili sağlıksız ego eşliğinde kayıt şeklinde yerleşir.

İlişki Bağımlılığı: İlişkide bulunduğunuz kişileri, hayatınızın anlamı yapmaktır. Her an o arasın diye bekler, aramayınca duygusal çöküntü yaşarsınız. Hatta putlaştırma şeklinde kendi yaşamınızın merkezine koyarsınız. İçinizdeki boşluğu dışarıdan doldurmaya çalışırsınız.

Toksik İlişki: Kişiye zarar veren, yıkıcı etkisi olan, kişinin kendini hem iyi hissetmediği hem de vazgeçemediği, her iki tarafı da zehirleyen bir durumdur. Güvensizliğin hâkim olduğu, tehditlerin havada uçtuğu, inat ve savaşın olduğu, suçlama ve eleştirilerle ilişkinin dinamiğinin yüksek olduğu bağımlılık türüdür. Birbirlerine muhtaçmış oyunuyla tüm ilişkileriniz yok olmuş, sadece bu ilişki kalmış olur.

Temas Bağımlılığı: Partneri dışında yoksunluk çektiğinden, yakınlık duyduğu kadın ya da erkek fark etmeksizin dokunmak ve hissetmek isterler. Bazen de gerçekçi olmayan aşk hissediyormuş gibi karşı cinse arzudur. Bu bağımlılığın belirtileri; depresyona girme, yalnızlık hissinde artış, temas olmadığında yoksunluk çekmek, bir anda sevdiklerine sarılmak, sık sık dokunma ve hissetme ihtiyacı duymaktır. Böyle kişiler sevme ve sevilme konusunda sıkıntı yaşayabilirler.

Teknoloji Bağımlılığı: Teknoloji, yararlı amaçlar için kullanıldığında faydalı, aşırı ve yanlış kullanıldığında ise zararlıdır. Teknoloji bağımlılığının duygusal nedenleri ve sonuçları olarak depresyon, suçluluk hissi, anksiyete, sürekli plan yapmak, dış dünyadan sıyrılmak, aşırı savunmacı olmak, sorumlulukları aksatmak, korku, yalnızlık hissi, ani ruhsal durum değişiklikleri, günlük işleri yaparken sıkılma görülebilir. Bazı durumlarda depresyonda olanlar çok utangaç ve diğer insanlarla iletişime geçmekte zorlanan kişiler olduğundan teknoloji bağımlılığına sürüklenebiliyor.

Alışveriş Bağımlılığı: Alışveriş takıntısı olan insanlar, gereksiz yere ve ihtiyacı olmadığı hâlde alışveriş yaparlar. Genellikle psikolojik sıkıntılarını bastırmak içindir. Bu kişilere sorulduğunda, "Kendimi tutamıyorum, alışveriş yaptığımda kendimi çok rahatlamış hissediyorum," gibi ifadeler kullanırlar. Bunun sonucunda hem ailesinden hem de toplumdan uzaklaşarak, içinde depresyon ve kaygı problemleri yaşarlar. Olumsuz duygulardan kaçmak, duygusal boşluk hissini bastırmak için, değersizlik duygusuyla tetiklenen durumdur. Bu durum onlara güç ve değer verir.

İlaç Bağımlılığı: İlaç, geniş anlamda canlı hücrede değişme yapan kimyasal maddelere verilen ismidir. Genellikle her devirde, her toplumda duygusal dengesizlik gösteren birçok insan, gerçeklerden kaçmak, günlük sıkıntılardan kurtulmak için uyuşturucu madde ve ilaçlardan medet umar. Kişide yarattığı iyilik hissi sahtedir. Yoksunluk ve sevgisizlik ana duygularıdır.

Para Bağımlılığı: İki tip olarak kendini gösterir: cimriliktir ve savurganlık. İlkinde endişelidirler, hayatın faydasından ve parayla alınacak hazlardan yararlanmazlar, devamlı para biriktirirler, her an bir şey olacakmış gibi tedbir alırlar. Bilinçaltlarında her an tehlike ve kıtlık vardır. İkincisinde o kadar bütçesi olmadığı hâlde modayı yakından takip etmek için devamlı harcarlar ve parayı gösteriş olarak kullanırlar. Yetersizlik duygusundan dolayı genelde bu yaptıklarından habersizdirler. Her ikisi de aşırılıktan gelir. Para, hayatımızı insanca sürdürmek ve konfor alanımızı genişletmek için gereklidir. Hayatta kalmak içindir, gösteriş için değil.

Anne ve Babaya Bağımlılık: Her bebek anne babaya ya da bu figürlerin yerine geçecek birine bağımlı şekilde doğar. Altının değiştirilmesi, yemek yemesi gibi hayatının devam etmesi için önemli gereksinimleri biri tarafından karşılanır. Bunlar yerine getirilmezse ağlayarak tepki verir. Bütün bu gereksinimlerini kendi karşılayamadığı için birine bağımlı olmak durumundadır. Yeni doğan bir bebek anne babasının şefkatine, ilgisine muhtaçtır. Çocuk 3-4 yaşına geldiğinde hâlâ yapabileceği işleri yapmasına izin verilmezse problemler oluşabilir. Gittikçe büyüyen çocuk kendi başına yürüyebilir, yemek yiyebilir duruma gelir. Bunları kendi yapabilmesi için izin verilmesi gerekir. Eğer istediği başkaları tarafından yapılırsa o konuda becerileri geliştiremez. Anne ya da babaya bağımlı hâle gelir ve gitgide kendileri yapmak yerine hep birinin onun yerine yapmasını isterler ve sorumluluktan kaçarlar.

Anneye Bağımlılık ve Sendromu: Anneye bağımlılık sendromu bağlanma kuramları ile oldukça ilişkilidir. Bu kuram, 0-7 yaş dönemidir. Yeni doğan bebeğin hayatta kalabilmek için özellikle birincil bakım vereniyle derin ve duygusal bir bağ kurması ileriki yaşlardaki ilişkilerini etkiler. Annenin çocuğa karşı aşırı hassasiyetinden dolayı "bağımlı anne sendromu", yani anneye bağımlılık oluşabilir. Yüce Allah'ın bize bahşettiği rahim ve dişil tarafımızı ister erkek ister kadın olalım anneden alırız. Bize bahşedilen yaratıcılık yeteneğimiz buradan gelir. İlk ilişkimiz Allah'la olandır. İkinci ilişkimiz kendimizledir. Üçüncü ilişkimiz annemizledir. Dördüncü ilişkimiz babamızla olandır. Anne sevgiyi, baba gücü temsil eder. Babadan, Yüce Allah'ın bize bahşettiği rahman ve eril tarafı alırız. Anneden sevgi hisseden bireylerin tekâmülünün yörüngesini belirleyen ilişki modelleri sağlıklıdır. Aynı zamanda babadan güç hisseden bireyler için de bu geçerlidir. Üç yaşa kadar sosyalleşme becerileri oluşarak çocuk bakım vereninden ayrılmaya çalışırken diğer yandan bağımlı olmaya devam eder. Üç yaşından sonra bağımlı olan ilişkinin, bağlılığa dönmesi beklenir. Fakat çocuk 3-4 yaşlarına geldiğinde kendi yapabileceği şeylere izin verilmeyip çocuğun yerine yapıldığında, bu sorunlar devam ederek anne bağımlılığı oluşabilir. Kuantum alan çalışmalarında bu bağımlılık, putlaştırma ve tanrılaştırmaya kadar gidebilir.

Anne bağımlılığına sebep olan faktörler:

- Ebeveynlerin yanlış tutumları (aşırı koruyucu veya uzak durması)

- Çocuğun kendi yapabileceği işler için fırsat tanımamak

- İki yaş döneminde çocuğun desteklenmemesi

- Çocuğun öz güven inşa etmesi için ön ayak olmamak

- Bakım verenden ayrılma sürecinin olması gereken zamanda gerçekleşmemesi

Bu tip çocuklarda özellikle okula uyum problemlerinin yanı sıra öz güven eksikliği de görülebilir. Bu sebeple arkadaş edinmekte ve ilişki kurmakta zorluk yaşarlar. Aşırı utangaçlık ve çekingenlik davranışları gözlemlenebilir. İleriki yaşlarda kişi ikili ilişkilerinde, iletişimlerinde ve karar verme yetilerinde sorun yaşayabilir. Yaptığımız çalışmalarda tüm bunları gözlemledik.

Bağlanma dört şekilde yapılır:

1. **Güvenli Bağlanma:** Çocuğun güvende ve iyi bakıldığını hissetmesi, ihtiyaçlarına karşı özenli ve duyarlı davranılması sonucu oluşur. Güvenli bağlanan bebekler, kaygı yaşamadan çevresini keşfetmeye başlar. İleri yaşlarında güven temelli ilişkiler yaşarlar. Başkalarının onayına daha az gereksinim duyan, uzun süreli ilişkiler sürdürebilen bireyler olurlar.

2. **Güvensiz – Kaçınmalı Bağlanma:** Ebeveyn, çocuklarına karşı uzak, soğuk ve tepkisizdir. Çocuğunu rahatlatıp beklentilerine ve isteklerine cevap vermiyorsa güvensiz kaçınmalı bağlanmaya sebep olur. Yetişkinliklerinde yakın ilişkiler ve çok fazla samimiyet onlara boğucu gelir ve bağımsızlığına tehdit olarak algılarlar. Yalnız kalmaya meyilli olarak bağlanmaya karşı koyabilirler. Yakın ilişkiler kurmada sorun yaşayabilirler.

3. **Güvensiz – Dirençsiz Bağlanma:** Çocukta hem bakım verene karşı ilgi hem de direnç gözlemlenebilir. Çocukla bakım veren kişi tarafından tutarsız bir şekilde ilgilenilmiştir. Bazen ihtiyaçları karşılanırken bazen de yeterli zamanda ihtiyaçları karşılanamamıştır. Bu durumda çocuk tedirgin olur. Bakım veren kişi yanında olunca tam olarak rahat olmayabilir. Yetişkinlik olduklarında ilişkilerinde tedirgin, güvensiz, soğuk ve duyarsız olabilirler. Diğer kişilere yakınlaşmada isteksizlik duyabilirler.

4. **Güvensiz – Dağınık Bağlanma:** Bakım verenin yanındayken bebek şaşkın ve korkuludur. Bu durum bakım veren ile bebek arasında tatmin edilmeyen bir ilişki olduğunun göstergesidir. Bu bağlanmaya sahip olan çocuklar, bakım veren kişi tarafından hem korkutulmuş hem de sakinleştirilmiş çocuklardır.

Bağlanma neden önemlidir?

- Bakım veren kişi ile bebeğin kurduğu ilişki, kısaca bebeğe dokunduğu bu dönem, çocuğun beyin gelişiminin oluştuğu dönemdir.

- Kurulan bağın şekli, bebeklik ve yetişkinlik döneminde önem taşır. İlerideki ikili ilişkileri için örnek oluşturur.

- Bebek kendini rahat ve güvenli hissettiğinde algılama ve öğrenme becerilerini tam anlamıyla geliştirebilir ve kullanabilir.

- Bakım veren kişi (anne ya da bakıcı) bebeğin ifade ettiği duyuları söze döker ve bebek duygularını tanır. Bu şekilde duygularının ifade edilişini öğrenir ve zihninde, duygu ve davranışı birleştirir.

Yetişkinlik döneminde anneye bağımlılıkta, annenin çocukluk dönemindeki davranışları belirleyici olur. Annenizin çocukluk dönemindeki davranışları, yetişkinlik döneminde, hatta evlenip ayrı bir hayat kurup çocuk sahibi olduğunuzda dahi sizi annenize bağımlı yapabilir. Yapılan araştırmalara göre kadınlarda, erkeklere oranla bu daha fazladır. Bağımlı kişilerin, anne ile bebeğin göbek bağının ruhsal olarak kopmamasıdır diyebiliriz bu durum için. Bağımlı kişilik bozukluğu olan annelerin çocuklarında da aynı sorunla karşılaşılabiliyor. Genetik geçişin yanı sıra bağımlı anneler, çocuklarını yetiştirirken bu sorunu onlara da yüklüyor ve o kadar koruyucu oluyorlar ki okulda bir kavga sırasında çocuğuna vuran çocuğu cezalandırmak isteyebiliyorlar. Bu da çocukların karşılaştığı olumsuz olaylara karşı direncini ve savaşmasını engelleyebiliyor. Önlerine çıkan her sorunda anneden yardım isteyen çocuklarla karşılaşabiliyoruz.

Şimdi size ailesine bağımlı olan ve onların hareketlerine göre yaşam yolunu şekillendiren bir danışanımdan bahsetmek istiyorum.

Çoğunuzun fark etmediği, aslında kendinizi sevmemeniz ve onaylamamanızdır. Her birinizin sevmiyorum dediği birçok şey vardır. Bu kelimenin arkasında, yeniliklerden alacağı haz ve mutluluk duygularını hak etmediğini düşünerek deneyimlemekten kaçınmak yatar. Böylelikle de hak etmemek adına yaşamımıza zorlukları davet ederiz. Hayata tutunmak için neden ararız.

Danışanım, eşi ile dışarıya gezmeye çıkmamak için, *kalabalık ortamları sevmiyorum* diyerek yeni şeyleri deneyimlemeyi kendi adına engellediğinin farkında değildi. Yaptığımız çalışmada eşi ile arasına sürekli mesafeler koyuyor, çocuklarına da farkında olmadan aynı davranış modelini sergiliyordu. İlk hissettiği duygu başkalarına koyduğu mesafenin aslında, kendi kendine koyduğu mesafe oluşuydu. Bu ona çok zor gelmişti ve kabullenemiyordu. Önce kendisini sevmediğini kabullenmek zorundaydı. Kendi değerini ortaya çıkarmalı, kendi kul hakkını yememeliydi. Bu çalışmalar ve eğitimler sırasında her uyanışı onu biraz daha sarstı.

Eşi ile boşanmak üzere olan sevgili danışanım, çılgına dönmüş bir şekilde herkesi suçluyor, kızıyor, küsüyordu. İlk olarak *neden boşanıyorum* sorusuyla uyanmaya başlamıştı ve bunları neden yaşadığını sorgulayarak farkındalığa ilk adımı atmıştı. Aslında eşi ile yaptığı tekâmül sözleşmesinin farkında değildi. Bu sürecin onun için küçük bir kıyamet olduğunu bilmiyordu. Yani "kıyam-et" kısaca; kalk ve yeniden başla.

Sevgili danışanım, geçmişteki olaylara takılmış sürekli kuantum dolanıklığında hayatını karmaşaya çeviriyordu. Eşiyle olan sıkıntıları, onu yok sayması, görmemesi, eşinin alkol alması, her şeye *ben biliyorum* demesi, çocuklarının kendilerini onlardan ayrıştırıp sadece kendilerini düşünmeleri ve kendi hayat yolunda ilerlemeye çalışmaları; özetle hepsi ona göre bencilce davranıyordu. Kimse onu düşünmüyordu. Oysa o hep onları düşünüyordu. Çekirdek ailesi her şeyin üstündeydi, onlardan daha değerli hiçbir şey yoktu. Kardeşlerini dahi arka planda tutuyordu. Bu kadar fedakâr olmasına rağmen kimse onu görmüyordu. Artık eşinin yaptığı son darbe olmuştu, boşanmak istemişti. O da gururundan hiç sorgulamadan kabul etmişti ama yıkılmıştı, yastaydı. Boşlukta, rüzgârda savrulan yaprak gibi savruluyordu. Ve bunun için çevresindeki insanları suçluyordu. Her şeye küskünlüğü vardı. Tüm bağımlılıkları onu terk ediyordu. Hâlbuki kendisi eşine, çocuklarına bağımlı olup kendi hayatından vazgeçmişti. Daha derinde kızdığı Allah'tı. Neden benim bu kadar haksızlığa uğramama izin veriyor, diye isyan ediyordu. Ama bunu sesli olarak dile getirmiyordu. Çünkü Allah'tan korkuyordu. Kendi bakış açısıyla yorumladığı, Allah'ın var olan koşullu sevgisi de elinden gidebilirdi. Yaptığımız çalışmalarla ailesine olan bağımlılığından özgürleştiğinde bugün kendi kader seçimlerini kendisinin yaptığını anladı. Ruhsal ailesine ve ruh eşlerine görevlerini kendisinin dağıttığını fark etmeye başladığında en derindeki hak etmeme duygusu ile zordan tekâmül etmeyi seçtiğini de fark etti. Eşine ve evlatlarına verdiği görevlerini iptal etmeyi seçti. Kendi yaşam sorumluluğunu alan danışanımız şimdi eşi ve çocuklarıyla çok mutlu.

Bağımlılıklar hangi konuda olursa olsun kişinin kendiyle yüzleşmesini engeller. İlk önce gerçekten bağımlılığınızdan arınıp, şifalandırmak isteyip istemediğinizi kendinize sormalısınız. Aslında kaçındığınız, onun altındaki bağımlılığı destekleyen ve altta yatan problemlerdir. Bağımlılık sizi sağlıksız yönde güçlü hissettiren bir kaynaktır. Ve ona hep ihtiyaç duyarsınız. Devamlılık hâlinde bilinçaltına hep bunu yap emrini vermiş olursunuz. Hayatınızın kontrolü sizde değil, bağımlılık yaptığınız şeylerdedir. Özgürlüğünüzü teslim etmişsinizdir. Aslında bakarsanız bağımlılığın altındaki problemi çözmek için kendinize nelerle yüzleşmekten kaçtığınızı sorduğunuzda cevabı karşınızda bulacaksınız. Ayrıca bağımlılığınızı azaltmayı denerken hayatla olan sizi mutlu edecek şeylere yönelmeniz gerekir. Her bağımlılığın altında çocuklukta yatan bilinçaltı kaydınızda olan güvensiz bağlanmalarınız vardır. Her şey güvende olma ve sevilme isteğinizden kaynaklanır. Bağımlılık, kendinizden kaçmanın en iyi yöntemidir. Ve bunu kendiniz olmamak için yaparsınız.

Haydi şimdi karar verin.

Bağımlılık mı, kendin olmak mı?

Bağımlılık mı, özgürlük mü?

KORKUNUN KUDRETİ

"Her insanın amelini (veya kaderini)
boynuna bağladık."
– İsrâ Suresi 13. Ayet

Profesyonel aşçıların mutfakta en çok kullandıkları malzeme her zaman bıçakları olmuştur. Bir aşçıya bol şans dilemek için, "Bıçağın keskin olsun!" denir. Bıçaklar için aşçıların mutfaktaki en büyük yardımcılarından biri olduğunu söylersek çok da yanlış olmaz, sevgili canlar. Peki sizce aşçı ve bıçaklarının korku ile ne ilgisi var?

Bizlerde tıpkı bir aşçının seçtiği malzemeleri işleyip bir araya getirerek yemek yapması gibi, kendi seçimlerimizle kaderimizi hazırlıyoruz. Bizler kader yemeği hazırlayan birer aşçıyız. Üstelik hazırladığımız yemeği kendimiz yiyoruz. Bizim bıçağımız ise korkularımız. Korku tıpkı bir bıçak gibidir sevgili canlar, doğru yerden tutar ve nasıl kullanacağınızı bilirseniz güzel bir kader hazırlarken size çok yardımcı olabilir. Yanlış kullanımda ise canınızı çok yakabilir. Korkunun bizi hayatta ve güvende tutmak üzere programlanmış en temel duygulardan biri olduğunu söylemiştik. Vücutta meydana getirdiği terleme, nabız yükselmesi gibi etkilerle daha enerjik olmamızı sağlayarak, "dövüş ya da kaç" kuralına hazır hâle getirir. İşte tam burada, temel amacı bu olsa da doğru kullanıldığı taktirde gelişim yolunda korkulardan faydalanmak oldukça mümkün.

Korkunun iki farklı yüzünü çok daha net bir şekilde görebilmek için farklı iki deneyi sizlerle paylaşacağım, sevgili canlar. Bu deneylerden ilki, yüzlerce yıl önce tarihin gördüğü en büyük hekimlerden birisi olan İbn-i Sina tarafından gerçekleştirildi. İbn-i Sina iki farklı koyunu aynı koşullarda, farklı yönlere bakan birer kafese koydu. Koyunlardan birinin tam karşısında içinde kurt bulunan bir kafes daha bulunuyordu. Her iki koyun da aynı şekilde beslendiler ve aynı koşullara maruz kaldılar. Her ikisi de aynı yaştaydı ve aynı cinstendi. Aralarındaki tek fark birinin kurdu görüyor olmasıydı. Diğer koyun son derece sağlıklı bir şekilde yaşamını sürdürerek gelişmeye ve kilo almaya devam ederken diğer koyun aynı şeyleri aynı miktarda yemesine rağmen bir türlü kilo alamıyor ve gelişemiyordu. Aralarındaki fark bununla da sınırlı kalmadı. Kurdu gören koyun gün geçtikçe zayıflamaya başladı ve sonunda hastalanarak yaşamını yitirdi. Diğer koyun ise sağlıklı bir şekilde gelişimini sürdürmeye devam etti. İbn-i Sina yaptığı bu deney ile hep aynı korku ile yaşamanın bir canlı üzerinde ne denli olumsuz etki yaratacağını gösterirken bıçağın keskin yönünü gözler önüne sermişti.

İngiltere'de bulunan Converty Üniversitesi'nde yapılan bir başka deney ise korkunun üzerimizdeki olumlu etkilerini kanıtladı. Bu deneyde araştırmacılar 20-26 yaş aralığında 32 sağlıklı kişiye 83 dakikalık bir korku filmi izlettiler. Tüm katılımcılardan filmi izlemeden önce, film sırasında ve film bittikten sonra kan örnekleri alınarak incelendi. Deney sonunda katılımcıların kanında hastalıklara karşı savunmayı güçlendirecek olan hücrelerde (beyaz kan hücreleri) önemli bir artış olmuştu. Bir başka deyişle korku hissetmek, katılımcıların bağışıklığını güçlendirmişti. Kontrol altında hissedilen korku ile bağışıklığımız güçlendirebilir, odağımızı arttırabilir, salgılanan serotonin sayesinde sindirim ve uyku düzenimizi sağlayabiliriz.

Hiç binmediğimiz hâlde uçak korkusunun üzerine giderek uçağa binmek, güvenli bir yükseklikten dalış yapmak, herkesin önünde korkudan konuşamayacağınızı sandığınız bir seminere çıkmak gibi sağlığınızı ciddi tehlikeye atmadan yaşayacağınız ufak korkularla öz güveninizi arttırabilir, bakış açınızı genişletebilir, kişisel gelişim yolunda büyük adımlar atabilir ve sosyal ilişkilerinizi güçlendirebilirsiniz.

Korkudan korkmamayı seçtiğinizde, korkunun bir frekans olduğunu fark edeceksiniz. Korku sizi durdurur, önlem aldırır. Korku size olanakları sunar. Korku sizi korur. Korkular geçmiş zamanlara aittir. Yaşadığımız olaylardan, durumlardan ve kişilerden üretiriz. İlla yaşamamıza gerek yoktur. Bilinçaltı kendi negatif bilinçaltı kodlarını korumak için hayali korku üretmiş de olabilir. Hiç yalnız kalmamışınızdır ama yalnızlıktan korkuyorsunuzdur, hiç uçağa binmemişinizdir yüksekten korkuyorsunuzdur, o sınava girmediğiniz hâlde sınavdaki başarısızlıktan korkuyorsunuzdur. Eyleme geçmemek için engel arıyorsanız bile korkuyu kullanabilirsiniz. Yüce Allah bizi sonsuz varlık olarak yaratmıştır. Korkularınız sayesinde sonsuz varlığınızı yok etmeye çalışırsınız. Bu imkânsız ve boş çaba hâlidir. Asla kendinizi yok edemezsiniz. Çünkü bir kere VAR OLdunuz.

Korkunun içindeki kudreti gördüğünüzde korku ileri vites yaparak kudretin içindeki gücü ortaya çıkarır. Hayatı deneyimlemeye başladığınızda korku aradan çekilir ve içinizdeki öz gücünüzle var olmaya başlarsınız. Korkulara dışarıdan baktığınızda aslında olmadığını fark edeceksiniz. Korkular geçicidir, onları olmamak için kullanırız. Korkudaki kudreti fark ettiğinizde oradaki öğretiyi size teslim ederek alanınızdan gidecektir.

Korkularınız varsa üzülmeyin. Onlar yapabileceğinizin göstergesidir. Korkularınızı "Olmak" için kullanmanız dileğiyle...

ÖĞRENİLMİŞ ÇARESİZLİK

Pennsylvania Üniversitesi'nden Amerikalı psikolog Martin E. P. Seligman tarafından öğrenme ve korku arasındaki ilişkiyi incelerken kavramlaştırılan *öğrenilmiş çaresizlik* engelleyen, mutsuzluk ve acı veren bir durum karşısında bu duruma son verme imkânımız olduğu hâlde katlanmaya devam etmek, kurtulmak için isteksizlik duyma hâlini anlatır. Öğrenilmiş çaresizlik durumu yalnızca biz insanlara mahsus bir durum değildir. Örneğin Hindistan'da fil eğitmenleri yavru filleri henüz çok küçükken ayaklarından büyük bir ağaca zincirle bağlıyorlar. Filler ne kadar çabalasalar da o zincirden kurtulamıyorlar ve bir süre sonra vazgeçiyorlar. Büyüyüp kocaman bir fil olduklarında ise ayaklarında boş duran bir zincir olması onların kıpırdamadan durmalarına yetiyor. Ne kadar büyük ve güçlü olsalar da ayaklarındaki zincir hiçbir yere bağlanmadan öylece duruyor olsa bile, filler hareket etmeden beklemeye devam ediyorlar. Çünkü maalesef yavru bir filken onlara "ayağında zincir varsa gidemezsin" çaresizliği öğretildi.

Yalnızca büyük filler değil, küçücük pirelerin de çaresizliği öğrenebildiği yapılan kavanoz deneyi ile kanıtlandı, sevgili canlar. İlk başta pirelerin ne kadar zıplayabildiklerini görmek isteyen gözlemciler pirelerin otuz santimlik kavanozdan çok rahat şekilde çıkabildiklerini gördüler. Daha sonra pireleri tekrar kavanozun içerisine koyarak bu sefer kapağı kapattılar. Uzun süre dışarı çıkmak isteyen pireler her seferinde kavanozun kapağına çarptıkları için dışarı çıkamıyorlardı. Gözlemciler kavanozun kapağını açtığında ise pireler artık en fazla yaklaşık olarak 30 cm zıplayabiliyorlardı. Çok rahat çıkabilecekleri kavanozdan dışarı çıkamıyorlardı çünkü onlara da çaresizlik öğretilmişti. Maalesef ki aynı durumu bizler de kendi hayatımızda sıklıkla yaşıyoruz, sevgili canlar. "Ne işe yarayacak ki?", "Nasılsa olmayacak..." gibi cümleleri kullanıyorsanız üzgünüm ama öğrenilmiş bir çaresizliğiniz var demektir. Bizler sonsuz olasılıklar dünyasında yaşamaktayız, diğer olasılığı görebilmek için tek yapmamız gereken gözümüzü ayamızdaki zincire değil, zincirin diğer ucuna çevirmek. İşte o zaman aslında özgür olduğumuzu fark edebiliriz.

Hayal kırıklığına uğrama korkusuyla hiç denememek öğrenilmiş çaresizliğin en büyük belirtisidir, sevgili canlar. Öğrenilmiş çaresizliği olan her insanda mutlaka öz saygı eksikliği de bulunur. İlerlemesi hâlinde anksiyete bozukluğu ve depresyon gibi ciddi psikolojik rahatsızlıkları tetikleyebilir.

Öğrenilmiş çaresizliğin kişiye özgü sebepleri bulunmakla birlikte çocukluk travmaları, atalar, genetik bağlantı, toplumsal bilinç, aile tutumu hatta doğal afetler genel sebepler arasında sayılabilir. Çoğunlukla çevremizden aldığımız tepkiler veya küçük yaşta baskıcı yetiştirme tarzı ile ortaya çıkar. Peki benzer sorunlarla karşılaşan bazı insanlar öğrenilmiş çaresizlik geliştirirken neden bazı insanlarda bu görünmüyor? İşte bu noktada öz saygı devreye giriyor, sevgili canlar. Çevresinden sürekli olarak "yapamazsın" yorumları alan iki kişiden öz saygısı yüksek olan inancından vazgeçmeyerek, pes etmeden denemeye devam eder. Düşük öz saygısı olan diğer kişi ise çaresizliği öğrenerek yapamayacağı inancına kapılır.

Martin E. P. Seligman'ın ortağı olan sinirbilimci Steven Maier öğrenilmiş çaresizlik ve beynimiz arasında çok önemli bir keşfe imza atmıştı. Beynimiz panik anlarında otomatik olarak iki farklı seçenek arasında seçim yapar: *mücadele et ya da kaç*. Maier panik olmak yerine ne olup bittiğinin farkına vardığımızda beynimizdeki kontrol mekanizmasının devreye girdiğini, ancak öğrenilmiş çaresizlik durumunda tıpkı panik anlarında olduğu gibi kontrol mekanizmasının asla devreye girmediğini keşfetti. Kontrolün sizde olduğunu fark etmedikçe asla kontrol edemiyorsunuz. Tıpkı düğmeye bastığınızda ışığın yanması gibi fark ettiğiniz anda tüm çaresizlik yok olacaktır. Öz saygı ve farkındalığın arttırılması, en önemlisi bilinçaltında kök inanç hâlini almış "yapamam" kodunun temizlenmesiyle öğrenilmiş çaresizlikten tamamen kurtulabilirsiniz. Çaresizliği öğrenmek mümkünse değiştirmek de mümkün, sevgili canlar. Tek yapmanız gereken kontrolün sizde olduğunu fark etmek.

Öğrenilmiş çaresizliği keşfeden Seligman ve Maier bu gerçeği fark ettikleri için aynı zamanda "Öğrenilmiş İyimserlik" terimini de bizlere kazandırdılar.

Allah'ın varlığını bilenler için umutsuzluk olamaz. Allah var, çaresizlik yok.

"Biz sana gerçeği müjdeledik.
Sakın ümitsizlerden olma.' dediler."
– Hicr Suresi 55. Ayet

ÖĞRENİLMİŞ İYİMSERLİK

Öğrenilmiş iyimserlik tıpkı öğrenilmiş çaresizlik gibi Martin E.P. Seligman tarafından tanımlanmıştır. Seligman çaresizlik üzerine araştırmalar yaparken bazı insanların çaresizliğe karşı direnç gösterdiğini fark etti. Seligman bunun iyimserlik ile mümkün olduğunu düşünerek araştırma grubundaki insanların odak noktalarını iyimserliğe yönelttiğinde iyimserliğinde tıpkı çaresizlik gibi öğrenilebildiği sonucuna ulaştı.

İyimserliğin öğrenilmesi zihinsel sağlığı düzeltmenin ve yaşam kalitesini arttırmanın en etkili yollarından biridir. Olumsuzluklara karşı pozitif bakış açısıyla yaklaşmak, karşılaştığımız tüm sorunlarla çok daha kolay mücadele etmemizi sağlayacaktır. Sorunsuz bir hayat mümkün değil sevgili canlar, elbette karşımıza bazı aksilikler, birtakım zorluklar çıkacak. Ancak bizi biz yapan o engellere karşı verdiğimiz tepkidir aslolan. Her şeyin Allah'tan olduğunu bilen, her şeyde bir hayır olduğunu fark edenler için iyimserliği öğrenmek son derece kolay olacaktır.

"Andolsun ki sizi biraz korku ve açlık; mallardan, canlardan ve ürünlerden biraz azaltma (fakirlik) ile deneriz. (Ey Peygamber!) Sabredenleri müjdele!"
- Bakara Suresi 155. Ayet

Amerikan Psikologlar Derneğince yayınlanan, Martin Seligman ve Gregory Buchanan tarafından yapılan bir çalışmada üniversite birinci sınıf öğrencisine öğrenilmiş iyimserlik teknikleri kullanıldı ve öğrencinin depresyonu yenme konusunda büyük aşama kaydettiği gözlemlendi. Araştırmayı genişletmek isteyen Seligman yaptığı bir anketle üniversitedeki en karamsar öğrencileri belirledi ve araştırma grubuna davet etti. Bu öğrencilerin yarısına öğrenilmiş iyimserlik teknikleri içeren çalışmalar yapıldı. Öğrencilerin diğer yarısı ise kontrol grubu olarak gözlemlendi. Bir buçuk yıl süren çalışmanın ardından gözlem grubunun 50%'ye yakın kısmı depresyon ve anksiyete sorunları yaşarken öğrenilmiş iyimserlik teknikleri çalışmalarına katılan öğrencilerin 70%'e yakını depresyon ve anksiyete sorunlarından kurtulmuşlardı.

Daniel Radcliffe ve Steven Klein'in 2002 yılında 146 orta yaş ve üzeri kişiyle yaptığı araştırmada, iyimser bakış açısının stresle başa çıkma etkisiyle kalp krizi riskini büyük ölçüde azalttığını ortaya çıktı. Benzer bir çalışma Peter Schulman tarafından iş dünyasına yönelik olarak yapıldı. Schulman yaptığı çalışma ile iyimser satış elemanlarının 35% daha fazla satış yapabildiklerini kanıtladı. Aynı şekilde iyimser çalışanların ilk yılın ardından işe devam etme olasılığı iki kat daha fazlaydı.

Seligman olumsuz düşüncelerden kurtulmak ve odağımızı iyimserliğe yönlendirebilmemiz için "ABCDE" öğrenilmiş iyimserlik modelini tavsiye ediyor. Bu modelde A/Adversity (olay), B/Belief (inanç), C/Consequence (sonuç), D/Disputation (tartışma), E/Energizaton (enerji verme) olarak tanımlanır.

ABCDE modelini hayatınızda kullanmak için ilk önce olumsuz bir durumla karşılaştığınızda bu duruma sebep olan olayı fark etmeniz gerekir. Daha sonra bu olumsuzluk ile ilgili düşüncelerinizi not edeceğiz:

– Bu durumda bizi olumsuz etkileyen şey nedir?

– Olayla karşılaşınca ne yaptık?

– Bu olay ne zaman başladı?

Olayla ilgili her konuyu en yalın hâliyle yazmaya özen göstermelisiniz.

Sonuç ise, yazdıklarınızı bir süre bekledikten sonra gözden geçirip neler yapmanız, nasıl adımlar atmanız gerektiğine karar vermeniz gereken adımdır. Tartışma adımı olumsuz düşüncelerden kurtulmak için kendimize uyguladığımız mini terapi adımını ifade eder. *"Bu düşünceler gerçek değil ve bana zarar veriyor,"* diyebildiğiniz an, tartışma adımını başarıyla uygulamış ve son adım için hazır olacaksınız. Olumsuz düşüncelerden kurtulduğunuz an kendinizi çok daha motive hissedeceksiniz, sevgili canlar. İşte o an kendinize enerji vermenin ve ilk adımı atmanın tam zamanıdır. Artık tüm olumsuz düşüncelerden kurtulduk ve iyimserliği kendimize öğrettik sevgili canlar, geriye sadece adım atmak kalıyor.

Öğrenilmiş iyimserlik size sağlık, başarı ve mutluluk getirecektir. Karşılaştığınız sorunlarla çok daha kolay baş etmenizi sağlayacaktır. Yaşam kalitenizde büyük ölçüde düzelme sağlayacaktır. Kavramı literatüre kazandıran Seligman, konuyla ilgili yazdığı kitapta, "Hayat, iyimserlere de kötümserlere de aynı aksilikleri ve trajedileri yaşatıyor ama iyimser onları daha iyi savuşturuyor," demiştir.

ALLAH'LA BİR OLMAK, GÜVENDE OLMAK

Güven hissi en basit anlatımıyla kendimizi ne kadar "sağlam" hissettiğimizdir. Kendimizle, bulunduğumuz ortamla veya çevremizdeki kişilerle alakalı olarak değişkenlik gösterir. Kendimize karşı duyduğumuz güveni ifade eden "öz güven", diğer güven hisleri ile doğru orantılıdır. Kişinin kendisiyle alakalıdır, aslında dış etkilere bağlıdır. Fakat zihnimizin oynadığı oyunlarda böyle zannetmelerin içinde kayboluruz. Kendimizden şüphe duyduğumuzda kaygı hüküm sürmeye başlar. Güven duygusu doğuştan gelen bir his olsa da yaşadığımız müddetçe çok düşük veya çok yüksek boyutlara ulaşabilecek derecede değişkenlik gösterebilir. Güvende hissetmemek tüm hayatımızı olumsuz etkilerken karşımıza çıkan fırsatları kaçırmamıza sebep olacaktır.

Temel duygulardan biri olan güven duygusunu anneden, güvenlik duygusunu da babadan alarak eril-dişil, sevgi-güç, negatif-pozitif kavramlarla yaşamdaki dengeyi sağlarız. Ayrıca değer duygusunu anneden, yeterlilik hâlimizi babadan alırız. Ve yine sevgiyi anneden, babadan da gücü alırız. Bedenimizde bulunan X ve Y kromozomları, DNA ve RNA beraberliği, Yüce Allah'ın Rahman ve Rahim tarafı tüm hücrelerimizde denge üzerine yazılıdır. Bir insanın tüm ömrüne baktığımızda gelişimini güven ve güvenlik duygusu üzerine kurduğunu, ruhsal ve maddesel dengeyi arayarak gerçekleştirdiğini fark ederiz. Tüm yazılımımız öğrenmek üzerinedir. Bilgi denizine girdiğimizde bilgelik okyanusu kapısını sonsuza dek açar. Ve bu bize akışa, hayata, dünyaya, kendimize ve en önemlisi Allah'a güveni verir.

Tüm bunların nedeni ise tekâmül zıddıyla var olduğu için, unutma oyunuyla geldiğimiz duygular gezegeni olan dünyada ilk arayışımız güvende olmaktır. Ruhun bedenle temas ettiği ilk yer olan anne karnında bebek, yüz yirminci günden itibaren tüm duyguları hisseder ve algılar. Bu güven duygusu ile tanışma anıdır. Ve anne sevgisi aracılığı ile bağ kurar. Anne öfkeli, kızgın, sinirli, huzursuz, mutsuz ise bu duyguları hisseder ve bu duygular bilinçaltına güvensizlik ve sevgisizlik olarak kaydolur. Aslında bebek anne karnında kendini koruyucu mağarasında güvende hisseder. Fakat annenin hamileliği sürecinde yaşamış olduğu negatif duygular onu daha doğmadan etkilemeye başlar. Ve burada başlayan hayata güvensizlik duygusu anne babanın yaşam süreçlerindeki birbirlerine ve hayata karşı güvende olmak adına geliştirdikleri sebeplerden dolayı, çocukları ile iletişim ve sevgi konusunda eksiklik yaratabilir. Bunun yanı sıra çocuğun büyüme sürecinde bir bakıcı veya aile büyüklerinden biri çocuğun bakımını üstlendiğinde ise bu süreçte yeterli ilgi ve sevgiyi çocuk hissetmiyorsa yaşamı öğrenmek için yola çıkmış olan bebeğimiz güvensiz bağlanmadan dolayı endişelenmeye başlayabilir. Duyguları tedirginlikle kaygıya dönüşebilir. Bu kuramadığı bağlar sonucunda hayata güven duygusu eksik olarak başlar. Hayata eksiyle başlaması, yaşam sürecinde çevresiyle sosyalleşememesine neden olduğu gibi tüm ilişkilerinde de karşısına çıkan herkese ve her duruma karşı şüphe ve endişe duymasına neden olabilir.

Biraz daha büyüyüp okul dönemi başladığında onun için okul tedirginlik, endişe duyacağı ve bağlanma problemi yaşayacağı, güvende hissetmediği bir yer, belki de hapishane olmuş olabilir. İlk başladığında kendini okula bırakılmış ve ailesi tarafından dışlanmış hissedebilir. Öğretmeni ve arkadaşlarıyla ilişki kurmakta zorlanarak kendini ortaya çıkarmak istemeyebilir. Sürekli yalnız kalmak ister ve kendi iç dünyasında yaşamaya başlar. Sınıf arkadaşlarıyla paylaşımlarda bulunmak onun için çok zor hâle gelebilir.

Ergenlik döneminde ise ailesinden destek göremediğini düşünen birey, güven duygusunu alkole, uyuşturucu yönelterek veya onu kötü amaç için buraya çeken gruplarda kendine yer edinebilir. İlk karşı cinsle ilişki kurmaya başladığı bu dönemde karşısına genelde, güvensizlik uyandıracak ve bağlanma konusunda problem yaratacak insanlar çıkabilir. Ya da tamamen içe kapanıp odasından, evinden çıkmayan, sosyal ilişkiler kuramayan, kendini yalnızlığa terk eden insanlar olma ihtimali yüksektir. Bu yazıyı okuyan sevgili okurum, şu anda etrafındakileri, çocuklarını ve kendi çocukluk dönemini gözünden geçirdiğine eminim.

Burada anlatmak istediğim birey kendi yaydığı frekansla aynı çekim yasasına girdiği insanlarla bir araya gelir. Örneğin girdiği arkadaş gruplarında aynı frekansı yakalasalar da aynı sınava girdiklerinde o başarı gösteremeyebilir. Ya da istediği yönde uzmanlığını gerçekleştirse de ikili ilişkilerinde yetersiz, beceriksiz, değersiz ve olduğu yere ait hissetmeyen bir benlik oluşturabilir.

Çocukluk ve ergenlik döneminde yaşadığı bu duruma ait duygu ve davranışları, yetişkinlik döneminde de aynı şekilde tekrarladığı için içinden çıkamadığı bir durum hâlini alır. Aslında bilinçaltında bu, kendini güvende hissetmeme hâlidir. Bu durumu yaşayan kişilerin hayatlarındaki insanlara bağlanmaktan kaçınma, onları fazla kontrol etme isteği olabilir, çatışmalar ve anlaşmazlıklar yaşanabilir. Farkına vararak çözüm yollarını aramaya geçilmeli. Buradaki bilinçaltı negatif kayıtları temizlenmezse yaşamının sonuna kadar aynı döngüleri tekrar tekrar yaşayabilir.

Şimdi sevgili canlar, sizlerden hayatınızı gözden geçirmenizi istiyorum. Kişiler değişse de hep aynı olayları ve aynı sonuçları yaşıyorsanız, yani bilinçaltındaki negatif çekirdek inançlarınızla kuantum dolanıklığı kendini fark ettirmeye çalışıyordur. Tam da bahsettiğim şey budur. Burada içsel keşfine çıkan insan, öz güveninin doğal bir şekilde, aslında Yüce Allah tarafından korunarak verildiğini hissettiğinde güvensiz bağlanmadan güvenli bağlanmaya geçer. Hayatta kendini güvende hissederek davranış sergileyen kişiler, iş yaşamı ve sosyal çevre başta olmak üzere tüm yaşamlarına pozitif bir etki yapar ve ışığını doğal bir şekilde yansıtır. Bunun için çaba harcamaz. İlk önce kontrolü bırakarak akışa ve ilahi sisteme kendimizi teslim ettiğimizde, güvenlik duvarlarımızı güvende hissederek bırakırız.

Kainatımızdaki sistem kusursuz bir düzen içinde işler. Her şey olması gerektiği gibi olur. Ne bir eksik ne bir fazla... Yüce Allah kutsal kitabımız *Kur'an-ı Kerim*'de bize defalarca bildirmiştir. Ve bizler bunu bilmemize rağmen hayatın akışından, doğal afetlerden, insanlardan olabilme ihtimali olacak olan olaylardan korkarak, kusursuz olan bu düzene, yani üzgünüm ama bu ilahi sisteme güvenmiyoruz. Bunu bu şekilde ifade ettiğimde şaşkınlık yaşadığınızı hissedebiliyorum. *Ama elimde değil*, deyişlerinizi de duyabiliyorum. Huzursuzluk ve güvensizlik yırtıcı bir kaplan gibi, suda bekleyen düşman misali gün içinde içinizi sarabilir.

Sizlere yirmi dört saatinizi dışarıyı kontrol etmek yerine, zihninizi kontrol ederek negatif ne düşünüyorsanız oradaki bakış açılarınıza olumlu olasılıklarla telkin vermenizi istesem, bunu deneyebilir misiniz? Ve yapmanız gerekeni yapıp beyninizin ürettiği olumsuz illüzyonları bir kenara bırakarak ilahi sisteme güvenmeyi deneyebilir misiniz? Burada zihninizi terbiye etmeye başladığınızda onun ötesinde olan koşulsuz sevgiyle yıkanmış ruhunuzun Allah'a güvendiğini bildiğini kalben hissedeceksiniz. Güven duymadığınız şeylerin hizmetçisi olmak yerine kendinizin efendisi, hayatınızın sahibi olduğunuzu anlama hâline ve böylelikle OLMA hâline geçeceksiniz. Bu ilahi sistemden ve kuantum alandan ALAN olmaktır. Bu da bizi tekâmül ettirir. Arka beyninizde olan, aslında projektörle bize yansıtan beynimizin bir bölümü toplumla ilgili negatif korkularınızı, kaygılarınızı nötralize edecektir. Hayatınızda otorite gördüğünüz onaylanma ihtiyacı hissettiğiniz kişileri ve mentörleri taradığınızda genelde eril odaklıdır. Onlarda bulduğunuz erişilmez güç ve kuvvet bu ihtiyacı doğurur. Var olduğunuz anda, hatta bu dünyaya geldiğiniz anda erişilmez olduğunu düşündüğünüz her şey sizlerde mevcuttur. Bilinçaltınız bazen yaşamamış olsanız da öyle İMİŞ gibi yaparak inançları size gerçekçi kılar. Güvende olmak adına çok istediğiniz hâlde evlilikten korkarak yalnız kalmayı seçebilirsiniz. Ya da aylık gelirinizin artmasını istediğiniz hâlde güvende olmak adına daha az miktarda kazanabilirsiniz. Verdiğiniz kararlar doğrultusuna güvende olmak adına adım atmayarak, eyleme geçmeyerek, değişime direnerek kendinizi süründürebilirsiniz. Tüm duyguların zihinde ve bedende yerleri vardır. Herhangi bir duygu hissettiğinizde bedeninize sorun. *O nerde ve biçimi nasıl?* Sonra gözlemleyin. Bu bir fark etme biçimidir. Anlayış ve onu bulma hâline geçtiğinizde eskisi kadar şiddeti olmayacaktır. Ve bu muhteşem bir güven hissettirir.

Güvende olmak yaradılışta bizlere verilmiştir. Sadece hatırlamaya ihtiyacımız vardır.

KTP YAŞAM ÜÇGENİ
(KUANTUM-TASAVVUF-PSİKOLOJİ)

Sevgili bilinçaltımız yaşamımıza, dünyamıza ve hatta maddi olarak yön verebilecek büyük bir potansiyele sahip ancak kontrol altına alınmadan kendi hâline bırakıldığında tıpkı afacan bir çocuk gibi tehlikeli oyunlar oynayabilir. KTP yaşam üçgenini keşfettiğimizde yaşamımız üzerinde ne kadar etkili olabileceğini ve güzel bir yaşam için nasıl kullanılabileceğini çok daha iyi anlamış olacağız.

> *"Sana gerçeği müjdeledik,*
> *sakın ümitsizliğe düşenlerden olma!"*
> – Hicr Suresi 55. Ayet

Madde ve mana alemleri arasında ince bir çizgi olduğunu hayal edelim, sevgili canlar. Tasavvuf tam bu çizgi üzerinde durur ve madde ile mana arasındaki ilişkiyi inceler. Psikoloji ve kuantum fiziği madde alemi içerisinde bulunan iki farklı noktalardır. Bu üç noktanın kesiştiği bölüm güzel bir yaşam için gerekli olan alandır ve kuantum düşünce sisteminin bulunduğu bölümdür. KTP yaşam üçgeni içerisinde gerçeği fark ederek uyanışa erenler bulunurken, uyuyanlarsa üçgenin dışında kalan kişilerdir. Tüm bunların detaylarını *Uyanış Zamanı* adlı kitabımda vermiştik.

"Gerçek, Rabb'inden gelendir.
Öyle ise şüphecilerden olma."
— Âl-i İmrân Suresi 60. Ayet

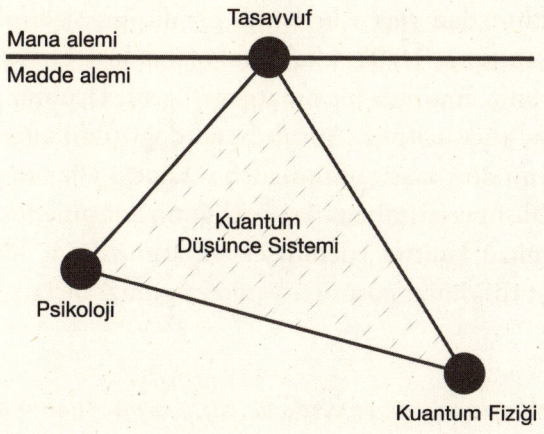

Şekil 3. KTP yaşam üçgeni

Tasavvuf, insanın *madde* olan bedeni ile *mana* olan ruhu arasındaki bağı inceleyerek kendini ve özünü keşfetme yolculuğudur. En güzel örneği ise sevgili peygamberimiz Hz. Muhammed'in peygamberlik vazifesini almadan önce sık sık Hira Dağı'ndaki mağarada inzivaya çekilmesi ve *ben kimim, nereden geliyorum ve nereye gidiyorum*, gibi sorulara cevap aramasıdır. Benzer soruları soruyor olsalar da tasavvufu felsefeden ayıran çok önemli bir nokta bulunur. Felsefe soruların cevaplarına akıl yoluyla ulaşılabileceğini savunurken tasavvuf bir noktada aklın yetersiz kalacağını ve ruhun devreye girmesi gerektiğini savunur.

Tasavvuf "Vahdet-i vücûd" kavramını anlatır. Yani bir tek vücut vardır. O da Allah'tır. Kuantum fiziği de tek bir yapının olduğunu, dışarıda görmüş olduklarımızın aslında bir hologram, illüzyon olduğunu savunur.

Evliyalar ne derdi? Alemlerin hepsi hayal. Hz. Muhammed şöyle buyurmuş. *"İnsanlar uykudadır, rüya görürler."* O zaman seyrettiğimiz her şeyin bir rüya, illüzyon olduğunun farkına varırsak ne olur? Bunun için bilim ve ilimin ne anlattığını düşünmeliyiz. Kuantum fiziği diyor ki düşünce bir foton enerjisidir. Aklınızdan geçen herhangi bir düşünce olumlu ya da olumsuz saniyenin 1/70'ini, tahmini olarak kırk bin kilometre, yani dünyanın etrafında bir tur atıp geri gelir. Hepimiz düşünce hızında bu güce sahibiz. Ancak bunu doğru kullanamıyoruz. Ayrıca yirmi dört saatte aklımızdan ortalama yüz bin düşünce geçiyor. Düşüncelerimizi tarlaya ektiğimizi düşünelim. Ne düşündüğümüzü kontrol edebilirsek hayatımızda ne kadar çok şeyi değiştirdiğimizi görürüz, yani ektiğimizi biçeriz.

"Göklerde ne var ve yerde ne varsa hepsi Allah'ındır.
İçinizden geleni açığa vursanız da gizleseniz de Allah
onun hesabını sizden sorar. Sonra o dilediğini bağışlar
dilediğine azap eder. Allah'ın her şeye gücü yeter."
– Bakara Suresi 284. Ayet

Yani bilinçlerinizde düşündüğünüz her ne varsa gizleseniz de açığa çıkarsanız da Allah varlığındaki El-Hasîb esmasının özelliği ile size onu bir gün yaşatır.

Analitik geometrinin mucidi ünlü Fransız filozof Descartes *Varlık nedir* sorusuna cevap olarak, "Cogito, ergo sum/Düşünüyorum öyleyse varım," diyerek düşüncenin varlığın kanıtı olduğunu savunur.

Tasavvuf ehli Yunus Emre ise varlığın düşünceden ibaret olmadığını, *"Beni bende demen, ben bende değilim, bir ben vardır bende benden içeri. Beni benden alana ermez elim, kim kadem basa sultandan içeru.*" dizeleri ile anlatır.

Tasavvufun keşif yolculuğu iki farklı boyuttan oluşur: dikey boyut ve yatay boyut. Dikey boyut insanın özünü, anlamını aradığı içsel keşif yoludur. Yatay boyut ise dünya ile ilişkileri iyileştirmek, güzellik ve sevgi temelli bir yaşam oluşturma yolculuğudur. Tasavvufta tıpkı kuantum düşünce sistemi gibi maddenin özde enerjiden meydana geldiğini, fiziksel dünyanın bir illüzyondan ibaret olduğunu savunur. Bu inanışa göre gerçek, görünen değil görünmeyenin arkasındaki manadır. Peki, her şey enerjiden meydana geliyorsa bizler neden varlıkları enerji değil de madde olarak algılıyoruz?

2015'te yaşamını yitiren, Amerika Birleşik Devletleri'ndeki Georgetown Üniversitesi'nde profesör, Stanford Üniversitesi'nde fahri psikoloji ve psikiyatri profesörü ve Radford Üniversitesi'nde seçkin profesörlük yapmış Karl Pribram, bu sorunun cevabını yaratılışımızdaki mercek sistemine bağlar.

Tüm duyu organlarımız birbirinden farklı olsa da hepsi mercek temelli bir sistem ile çalışır. Algılanan enerji bir noktada toplanarak beyine iletilir ve beynimiz tarafından yorumlanır. Kulaktaki helezon, derideki algılama kanalları ve hatta dilimizdeki tat reseptörleri tıpkı bir mercek gibi çalışır. Bu açıklamaya en belirgin örnek ise görme duyumuz. Maddenin evrene yaydığı enerji ışık yardımıyla gözümüze yansır. Yansıyan bu enerji mercekler yardımıyla beynimize iletilir ve burada yorumlanarak maddesel görünümünü kazanır. Varlık, bizim onu nasıl yorumladığımıza göre şekillenir. Tıpkı suyun içine girdiği kabın şeklini alması gibi enerji de kendisini yorumlayan beyine göre farklılık gösterir.

Gördüğünüz bu resimdeki tüm çizgiler düz bir şekilde çizilmiştir, sevgili canlar. Siyah karelerin aynı hizada olmaması sebebiyle beynimiz çizgilerin de yamuk olması gerektiği şeklinde yorumlar ve çizgileri yamuk görmemize sebep olur. Kontrol etmek isterseniz şeklin bir bölümünü parmağınızla kapatarak tekrar bakın. Tüm çizgilerin düz olduğunu göreceksiniz.

Önemli olan maddenin ne olduğu değil, bizim onu nasıl yorumladığımızdır, sevgili canlar.

Yaşanan bu çarpıcı olayın benzerlerini aslında bizler de fark etmeden kendi hayatımızda yaşıyoruz. Mutlu olduğumuz hâlde kendimizi mutsuz sanıyoruz, zengin olduğumuz hâlde yoksul gibi yaşıyoruz, değerli olduğumuz hâlde değersiz hissediyoruz çünkü beynimiz öyle yorumluyor.

Gece odanızda gördüğünüz, tüylerinizi diken diken eden o korkunç canavarın bir gölgeden ibaret olduğunu anladığınız an, tüm korkunuz bir anda yok olur. Farkındalık bizi her türlü yanılsamadan kurtaracak tek yoldur.

Aynı durum duygularımız için de geçerlidir. Herhangi bir varlığın bize ne hissettireceği, tamamen o varlığa verdiğimiz değerle, yani onun hakkında ne düşündüğümüz ile alakalıdır. Birinin yanınızdan ayrılması sizi üzgün veya mutlu hissettirebilir. Bu tamamen o kişi hakkında ne düşündüğünüzle alakalıdır.

Duygularımız, düşüncelerimizin aynadaki yansımalarıdır. Bizden yayınlan enerjinin yansıyarak geri dönmesinden ibarettir. İlk kez 16. yüzyılda Marko Marulic tarafından isimlendirilen *psikoloji*, Yunanca "psyche/ruh" ve "logia/uzmanlık" kelimelerinin birleşiminden oluşur. İnsan zihniyle davranışlarının yanı sıra yaşamdaki olumsuzluklara sebep olan duygu ve düşüncelerin kaynağını inceler. Yüzlerce yıl süren araştırma ve gözlemler sonucunda düşüncelerimizin kişiliğimiz ve yaşantımız üzerinde etkili olduğunu gözler önüne serer. Tıpkı tasavvuf gibi akıl, bilinç, ruh, duygu gibi kavramları ve yaşantımız üzerindeki etkilerini inceler.

Özellikle bilinçaltımıza yerleşmiş temel inançların, yaşamımız üzerinde çok büyük bir etkiye sahip olduğu tüm psikologlar tarafından kabul edilir.

> *"Zihnin bilinçli hayatı, bilinçaltı hayatının yanında pek az bir tesire sahiptir."*
> — Gustave Le Bon

Sigmund Freud, *Bilinçaltı* kitabında dillendiremediğimiz duygularımızın bilinçaltında gömülü kaldığını ve mutlaka bir süre sonra üzücü bir şekilde gün yüzüne çıktığını anlatır. Bilinçaltımız tarafından maruz kaldığımız oyunlarsa tam da bu açıklamanın karşılığıdır. Tüm düşünce ve duygularımız bilinçaltımızda yer eder. Yüzleşemediklerimizse gittikçe büyüyerek kök inanç hâlini alır ve türlü oyunlarla karşımıza çıkar.

Bilinçaltımızın hayatımızı olumsuz etkileyen kök inançların temizlenmesi ve yeniden doğru şekilde programlanmasıyla hayal edebileceğiniz her şeyi mümkün kılabilirsiniz. Doğru düşünceler ve zamanında söylenmiş doğru cümlelerle yaşamınızı dilediğiniz gibi şekillendirebilirsiniz.

*"Bilinçaltınıza tohum atmanın en iyi zamanı
uyumadan hemen önceki anlardır."*
– Joseph Murphy

Düşünceler öylesine kuvvetlidir ki yalnızca duygulara değil maddeye yön vermek bile oldukça basit bir hâl alır.

1927'de Clinton Davisson ve Lester Germer tarafından elektronlarla yapılan deney, kuantum düşünce sisteminin temelini oluşturur. Bu deneyde elektron iki yarıktan geçirilerek arkada bulunan ekrana yansıtılır. Elektronun yarıkların bir tanesinden geçmesi beklenirken her iki yarıktan da aynı anda geçer ve ekranda dalga deseni ortaya çıkarır. Elektronun beklenmedik davranışını incelemek isteyen bilim insanları, yarıklara gözlem aleti yerleştirerek deneyi tekrarlarlar. Elektron bu kez tam da beklendiği gibi tek bir yarıktan geçerek ekranda düz bir yansımaya sebep olur. Yani madde izlendiğini fark ederek davranışını değiştiriyordu. Bu deney maddeye yön verilebileceğini kanıtlayarak kuantum düşünce sisteminin temelini oluşturmuştu.

San Diego Eyalet Üniversitesi'nde profesörlük yapmış, kuantum fiziği ve fizik ile bilinç arasındaki ilişki konusunda uzman, ABD Ulusal Bilim Kitap Ödülü Dr. Fred Alan Wolf, kuantum fiziği ile tasavvufi düşüncenin çok benzediğini savunur. Kuantumda ve tasavvufta zaman ve mekân gibi kavramlar birer yanılgıdır. Ayrılık fikrinin gerçeği yansıtmadığını söyleyen Dr. Wolf günümüz fiziğinin tıpkı Vahdet-i vücûd anlayışına benzer bir bütünlüğü keşfettiğini söyler.

ODTÜ Fizik bölümünde ders veren en genç isim Doç. Dr. Haluk Berkmen *Kuantum Bilgeliği ve Tasavvuf* kitabında kuantum fiziği ile tasavvuf düşüncenin benzerliklerini gözler önüne serer. Sevgili Berkmen verdiği bir röportajda, "Bilinç ve madde dünyası diye ikili bir dünya yok. Tek bir şey var: Gözleyen ve gözlemlenen de ayrı değil. Durmadan birbirlerine dönüşüyormuş gibi bir illüzyon yaratıyorlar sadece. Hadid Suresi'nde de dendiği gibi, 'Nerede olsanız o sizinle beraberdir. Çünkü size hayat veren ruhunuz ona bağlıdır.' demiştir."

Evrende var olan her şey birbiriyle bağlantılıdır, güzel ruh. Her hareketimiz, her sözümüz hatta her düşüncemiz yeni bir domino etkisiyle, sonsuz olasılıklar dünyasında yeni bir olasılığa sebep olur. Evrene yaydığımız enerjinin kaynağı bilinçaltımız, yanlış kodlardan temizlenerek doğru şekilde yeniden kodlandığında duygularımızı iyileştirebilir, maddeye yön vererek başta sağlık ve bolluk olmak üzere dilediğimiz her şeye sahip olabiliriz.

Evrene yaydığımız her türlü enerji birer duadır ve mutlaka karşılığını alır.

"Rabb'iniz şöyle buyurdu:
Bana dua edin, kabul edeyim."
– Mü'min Suresi 60. Ayet

İNSANLIK MAKAMI

1912 senesinde Ludwig van Beethoven, küçük bir hayranından güzel bir hediye alır. Hediyeyi gönderen Emilie, Beethoven'i kendisine idol seçmiş küçük bir piyanist adayıdır. Küçük hayranının kendisine el işlemeli kitapçık göndermesinden oldukça etkilenen usta sanatçı, bir mektup yazarak teşekkür etmek ister. Beethoven "Sevgili Emilie'ciğim, sevgili arkadaşım!" diyerek başladığı mektubun bir bölümünde, "Bilim ve sanat ile uğraş, çünkü ancak bunlar insanı Tanrı katına yükseltebilir." demişti. Bizler de insanın ne olduğunu anlamak için, bir sanattan yardım alacağız. Halifesi olduğumuz Tanrı'nın gözünden kendimize bakabilmek ve insanın ne olduğunu daha iyi anlayabilmek için ebru sanatına yakından bakabiliriz.

Doğu kültürünün dünyaya kazandırdığı en güzel sanatlardan biri de ebru sanatı, biz insanlara aynalık yapan, bize bizi gösteren bir sanattır. Ebru sanatçıları, tekneye doldurulan suyu kitre ile yoğunlaştırarak üzerine çeşitli renkler damlatırlar. Daha sonra renklerin karışımıyla oluşan desenler, suyun üzerine koyulan Türk kâğıdı veya Türk mermer kâğıdı isimleriyle bilinen özel kâğıda geçer. Şimdi bir de bu muhteşem sanata Tanrı'nın gözünden bakalım mı?

Bizlerin ve var olan her şeyin tek yaratıcısı Yüce Allah, hiç şüphesiz ki en büyük sanatçıdır. Tıpkı ebru sanatçılarının suyun içerisine renkleri damlatması gibi, Yüce Allah da evren içerisine duyguları yerleştirmiştir. Tıpkı renklerin karışımı ile desenlerin ortaya çıkması gibi duyguların bir araya gelmesiyle de insanlar oluşur. Hissettiğimiz her duygu bizi biraz daha insan yapar. Düşüncelerimiz, duygularımıza şekil veren "biz"dir. (Biz:

Ebru sanatında renkleri birbirine karıştırmak için kullanılan çubuklara verilen isim). Vücutlarımız ise Türk kâğıdıdır. Biz insanlar, kâinat üzerindeki tek duygu gezegeni olan dünyada yaşıyoruz. Üstelik duygularının farkında olan ve bunları düşünceleriyle kontrol edebilme gücüne sahip tek canlılar yine bizleriz. En büyük sanatçı olan Tanrı'nın yarattığı birer sanat eseriyiz. O'nun yeryüzündeki halifesiyiz...

"Sizi yeryüzünde halifeler yapan O'dur."
– Fâtır Suresi 39. Ayet

İnsan olmak, evreni içinde barındırmak ve aynı zamanda evrenin tam merkezinde olmaktır. İnsan olmak, evreni en güzel şekilde deneyimlemektir. İnsan olmak evrenin tüm renklerini, ruhumuza biriktirebilmektir. Çünkü hangi renge baksanız, mutlaka Tanrı'yı göreceksiniz. Müzik notalarında, fizik kurallarında, uzay boşluğunda, bir ressamın fırçalarında, yiyeceklerin tadında, çiçeklerin kokusunda... Her şeyin yaratıcısı Tanrı, her yere kendinden bir parça saklar.

Deneyimlemek, sevmek, öğrenmek, keşfetmek, fark etmek, halifesi olduğumuz Yüce Rabb'imizin yarattıklarını hissetmek bizleri daha fazla insan yapar. Evreni deneyimlemekten korkmayın, O sizi orada bekliyor.

Şimdi size Kur'an-ı Kerim'den ayetlerle Yüce Allah'ın insan yaratılışını nasıl anlattığını aktarmaya çalışacağım:

1. Ayet: "İnsan, bizim, kendisini az bir sudan (meniden) yarattığımızı görmedi mi ki, kalkmış apaçık bir düşman kesilmiştir."
Yasin Suresi 77. Ayet

175

2. Ayet: "Andolsun, biz insanı, çamurdan (süzülmüş) bir özden yarattık."
Mü'minûn Suresi 12. Ayet

3. Ayet: "Sonra onu az bir su (meni) hâlinde sağlam bir karargâha (ana rahmine) yerleştirdik."
Mü'minûn Suresi 13. Ayet

4. Ayet: "Ardından nutfeyi (döllenmiş yumurta) alakaya (rahimde asılıp beslenen embriyo) çeviriyor, alakayı şekilsiz et (görünümünde) yapıyor, bu etten kemikler yaratıyor, daha sonra da kemiklere adale giydiriyoruz; nihayet onu bambaşka bir varlık hâlinde inşa ediyoruz. Yapıp yaratanların en güzeli olan Allah çok yücedir."
Mü'minûn Suresi 14. Ayet

5. Ayet: "O ki, yarattığı her şeyi güzel yaptı. İnsanı yaratmaya da çamurdan başladı."
Secde Suresi 7. Ayet

6. Ayet: "Sonra onun neslini bir öz sudan, değersiz bir sudan yarattı."
Secde Suresi 8. Ayet

7. Ayet: "Sonra onu şekillendirip ona ruhundan üfledi. Sizin için işitme, görme ve idrak duygularını yarattı. Ne kadar az şükrediyorsunuz!"
Secde Suresi 9. Ayet

8. Ayet: "Kime uzun ömür verirsek, onu yaratılış itibariyle tersine çeviririz (gücünü azaltırız). Hâlâ düşünmeyecekler mi?"
Yasin Suresi 68. Ayet

Yüce Allah'ın Kur'an-ı Kerim'deki birçok ayette bildirdiği gibi, insanı önce çamurdan ve sudan yaratıp kendi ruhundan üfleyerek kendinden bir parça olarak yaratmıştır. Ve sonra da tıpkı bir gül gibi doğup büyüyüp yaşlanıp öleceğimizi bize bildirmiştir. İnsanın en büyük farkı; diğer bütün canlılar, dünya, evren aslında insana hizmet etmek için yaratılmıştır. Şöyle düşünün, evren devasa bir şekilde var olsun. Dünya ve tüm canlılar var olsun. Ama siz yoksunuz. Var olan hiçbir şeyin sizin için anlamı yoktur. Ya da siz varsınız; su var, doğa var, toprak var, rüzgâr var; başka hiçbir şey yok. Tüm bunlar bizim kendimizi var edebilmemiz için yaratılmıştır.

İnsan doğar can olur.

Büyür güç olur.

Gücünü ikrardan alır.

İkrar verdiği kararlardır.

Kararların adaletli ise adaletinde kemali bulur.

Adaletinde kemali Hakk ile bulur.

Hakkı Hakk'ta bulur.

Kendi ve tüm evrenin hakkını kendindeki adalet terazisinde bulur.

O zaman kâmil insan olur.

Canların canını bulur.

Kalu belâda (İnsan-ı kâmil olma yolunda Hakk'a söz verdiğimiz andır) verdiği sözü tutmuş olur.

İnsan, can, güç, ikrar, adalet, kemal bunlardan sadece bir tanesi olmaz ise beşer olur.

Beşer de sadece bedendir. Beşer hep şaşar. İnsanı yücelt-erek yaşatacak en önemli şey eksiksiz adaletli (Hak ile) vermiş olduğu kararlarıdır.

Allah'ın "Sizi toprak ve sudan yarattım." dediği ayetlerini şöyle de anlayabiliriz. İnsan vücudunda otuz trilyon hücre olduğu düşünülür. Yaklaşık bir saniyede üç milyon sekiz yüz bin hücre üretiyoruz. Bunları üretirken de yediklerimizle var oluyoruz. Yani toprakta büyüyen meyve, sebzeleri ve onları yiyen otçul hayvanlarla besleniyoruz. Aslında gıdalarımızın ana temeli toprak ve sudur. Hatta okuduğum bir çalışmada; yeni bir şehre ya da ülkeye gittiğinizde orada toprak altında büyüyen patates ve soğan gibi gıdaları tüketirseniz, oranın iklimine ve insanlarına daha kolay adapte olursunuz diye bahsediliyordu. Biraz daha araştırdığınızda insanın topraktan ve sudan yaratıldığına dair birçok bilimsel ve felsefi çalışma bulabilirsiniz.

"Ant olsun gökyüzüne ve gece çakıp görünene!"
– Tarık Suresi 1.Ayet

***

"O, gece çakıp görünen nedir bilir misin?"
– Tarık Suresi 2. Ayet

***

"Karanlığı delen yıldızdır."
–Tarık Suresi 3. Ayet

Tasavvufi açıklama olarak;

Ulvi Alem ve ondan yansıyan nura
İdrak ettin mi o güçlü Nur'un ne olduğuna
Sonsuzluğa akıp giden, içinde hayat taşıyan o ışığı
Işığın ve ışığın içindeki geldiği aleme, Ulvi Alem
Ulvi Alem, Nur boyutu
Nur boyutu, ruh boyutu
Ruh boyutu, ışık aleminin içindeki tüm kâinatın bilgisini
taşıyan hayat boyutu (sema)

Dünya bir ışıktan var olmuştur. Onu var eden ışıkta tüm
varlık sistemi vardır. Bilinçli bir şekilde incelediğimizde, Ta-
savvufta; âlemde ne varsa Adem'de, Adem'de ne varsa âlemde
vardır. Kuantum fiziğinde de kâinatta ne varsa maddenin en
ufak yapı taşında vardır ve her şey birbiriyle irtibattadır. İnsan,
kendindeki, her şeydeki ve tüm canlılardaki ışık boyutunu
kabule geçerek, idrak hâlinde her şeyin Allah olduğunu bilmesi
gerekir. Bu da insan olabilmenin yoludur. İnsan olmak Hakkı
getirir. Hakkı bilen insanlık makamına ulaşır.

RUH

Ruh tüm inanış ve görüşlerde; canlının fiziksel olmayan manevi yönü, ölümsüz parçası olarak nitelendirilir. Zihin, bilinç ve yaratıcı ile ilişkilendirilir.

Platon ruhu insanın özü olarak kabul eder ve 3 bölümden oluştuğunu savunur. Buna göre:

1. Bölümü logistikon bölümüdür, baş kısmında bulunur ve diğer iki bölüme yön verir.

2. Bölüm göğüs bölgesindeki timos'dur ve öfke ile ilgilidir.

3. Bölüm olan eros ise mide bölgesindedir, arzu ve isteklerle ilgili kısımdır.

İbn-i Sina'ya göreyse ruh tanrısaldır, organlara dağılmış şekilde, vücutta geçici olarak bulunur. Organlar bir durumu algıladığında ruh-beden birlikteliği; sevgi, acıma, huzur gibi kavramlarla ortaya çıkar.

Gazzâlî ise ruhu duyumsamalara ihtiyaç duymayan bir cevher olarak tanımlar. Gazzâlî insanın kendi benliği hariç her şeyi unutabileceğini savunur. Örneğin, vücudumuzun sürekli uyarılmasına sebep olan baş ağrısı bile bir süre sonra unutulabilir. Ancak varlığımızı unutmamız mümkün değildir. Bu unutamama hâli ruhtan kaynaklanır ve Gazzâlî'ye göre ruhun varlığına delil teşkil eder.

Kutsal kitabımız Kur'an-ı Kerim ruhtan iki farklı şekilde bahseder. İlk olarak, ruhun Rabb'imizin emrinde olduğu ve bizlere ruh konusunda kısıtlı bilgiler verildiğidir.

"Sana ruh hakkında soru sorarlar. De ki: Ruh,
Rabb'imin emrindendir. Size ancak az bir bilgi
verilmiştir."
– İsrâ Suresi 85. Ayet

İkinci olaraksa, Yüce Allah'ımız bizlere uyku anında ruhun bedenden ayrıldığını söylenir.

Analitik psikolojinin kurucusu İsviçreli psikiyatr Carl Gustav Jung, ruhu "tüm bireylerde özdeş olan kolektif, evrensel ve kişisel olmayan bir doğanın psişik sistemi" olarak tanımlamıştı. Birçok filozof, psikolog ve bilim insanı ruhu benzer şekilde, soyut kavramlarla tanımladılar. Ancak ruhun varlığına dair somut bir delil arama çalışmaları da yok değil. Bunlardan belki de en popüleri 1907'de yapılan 21 gram deneyidir. Doktor Duncan MacDougall ruhun fiziksel bir ağırlığı olabileceği fikrinden yola çıkarak ölüm anında 6 farklı hastanın fiziksel ağırlıklarındaki değişimini gözlemlemek istedi. Dönemin imkânlarının yetersizliği ve yeterince gözlem yapılamaması sebebiyle deney bilimsel anlamda sonuca ulaşamadı. Ancak 6 hasta arasından 1 tanesinin ölüm anında 21,3 gram kaybetmesi medyada geniş yankı buldu ve ruhun 21 gram ağırlığında olduğu fikri toplumda yaygınlaştı.

Avustralyalı biyolog Jeremy Griffith ise insan doğasında var olan sevgi, merhamet, adalet gibi kavramların ruhun varlığına kanıt olduğunu öne sürüyor. Birçok bilim insanı, insan doğasındaki davranışların hayatta kalma içgüdüsü ile geliştiği ve genetik aktarımlarla sonraki nesle aktarıldığını söylenir. Ancak Griffith vicdan kavramının genlerle aktarılamayacağını, bunun ancak fiziksel bedenden ayrı, kuantum varlık olan ruh ile mümkün olabileceğini açıkladı.

Fransız filozof ve bilim insanı Descartes ise beynimizde bulunan epifiz bezini "ruhun tahtı" olarak nitelendirir. Beynimiz sağ ve sol olmak üzere iki eşit lobdan meydana gelir. Her iki taraf birbirinin simetrisidir. Yani beyindeki her parçanın ikinci bir eşi bulunur. Tek istisna ise iki lobun tam ortasında bulunan ve yaklaşık bir nohut büyüklüğünde olan epifiz bezidir. Salgıladığı hormonlar ile uyku düzenimizi başta olmak üzere neredeyse tüm hayatımıza etki eden bu küçük bezin salgıladığı DTM (Dimetiltriptamin) hormonu ruhun fiziksel kanıtı olabilecek niteliktedir.

DTM istisnasız tüm canlılarda (insanlar, bitkiler, hayvanlar) bulunur. Tevekkül kitabımda bununla ilgili bir bölüm yazmıştım. Karanlıkta, ibadet esnasında, yüksek konsantrasyon anlarında salgılanabilir. En yüksek salgılandığı anlar ise rüya gördüğümüz anlar ile doğum ve ölüm anıdır. Doğum anlarında hem anne hem de bebek tarafından salgılanır.

Yani fiziki yaşamın başladığı ve bittiği anlarda salgılanan DTM, aynı zamanda rüya gördüğümüz anlarda da yoğun şekilde salgılanıyor. Tıpkı sevgili kutsal kitabımız Kur'an-ı Kerim'in bize, ruhun uyku anında bedenden ayrıldığını söylediği gibi.

"Onun şeklini tamamladığım ve ona
ruhumdan üflediğim vakit siz de hemen
onun için secdeye kapanın."
– Hicr Suresi 29. Ayet

Ruh eşittir can değildir. Tüm varlıklarda can vardır. Bir tek insanda ruh vardır. Tüm ruhlarda idrak olduğundan dolayı içinde akıl, irade ve vicdan barındırır. İnsanlık yazılımını deneyimlemeye gelen tüm ruhlar, tanıklık ve şahitlik programı içinde, bilinçli gözleme geçtiklerinde akıl, irade ve vicdanını kullanarak özgür iradesini fark eder. Seçim haklarını anlayan her ruh kolay yoldan tekâmül etmeye başlarlar. İlk yaratım Ruhlar Meclisidir. Hz. Muhammed (s.a.v.) "Ruhlar toplanmış cemaatler gibidir, onlardan önceden birbirleriyle tanışanlar iyi anlaşırlar, tanışmayanlar ayrılırlar, pek anlaşamazlar." buyurmuştur. Bu Hadis-i Şerif'e göre tüm ruhların daha önceden yaratıldıkları ortaya çıkar.

"Hani Rabb'in, Âdemoğullarının bellerinden
soylarını çıkarmış ve onları kendilerine karşı şahit
tutmuştu. 'Ben sizin Rabb'iniz değil miyim?'
diye sorunca, onlar 'Evet, Rabb'imizsin, buna
şahitlik ederiz.' dediler. O sizi böylece şahit tuttu
ki, kıyamet gününde 'Biz bundan habersizdik.'
diyemezsiniz."
– Araf Suresi 172. Ayet

RUH SENTEZİ

Dikkatle bakarsanız vücudumuz ile bilincimizin kusursuz bir uyum içerisinde olduğunu görebilirsiniz, sevgili canlar. Vücudumuz tüm fizyolojik ihtiyaçlarımızı bize anında haber veren, tüm dış tehlikelere karşı bizi uyaran, hatta potansiyel tehlikelere karşı biz farkında olmadan önlemler almaya başlayan kusursuz bir tasarıma sahiptir. Örneğin canınız ıspanak, salatalık veya brokoli çekiyorsa, muhtemelen vücudunuzda B1 vitamini eksikliği bulunmaktadır. Yani vücudumuz, öncelikle kendisine eksik bulunan vitamini fark ediyor, sonra bu vitamini hangi besinlerle alabileceğini listesini yapıp bizlere iletiyor. Tam da tanrısal zekâya uygun bir tasarımdır. Benzer bir uyumu ruhumuz ve bilincimiz arasında da sağlayarak şu an sahip olduğunuz potansiyelden katbekat fazlasına sahip olabilirsiniz.

Bedenlerimizi ruhumuz ile sentezleyebilmek için, istisnasız tüm canlılarda bulunan DMT hormonundan faydalanacağız. DMT beynimizin tam ortasında bulunan, ruhun fiziki bedenlerimizle kesişim noktası olan epifiz bezi tarafından salgılanır. Epifiz bezi üçüncü göz olarak tabir edilen noktada bulunur ve beynimizde eşi olmayan tek noktadır. Bizler epifiz bezini ruhun fiziki bedenlerle kesişim noktası olarak tanımladık, ancak günümüzden yüzlerce yıl önce çok daha güzel bir tanım, ünlü filozof Descartes tarafından yapılmıştı. Descartes epifiz bezini "ruhun bedene giriş çıkış kapısı" olarak adlandırıyordu.

Öncelikle DMT'nin en çok salgılandığı anlar, yaşamın başladığı ve son bulduğu, yani doğum ve ölüm anlarıdır. Üstelik doğum anında hem bebek hem de anne tarafından salgılanır. Yaşam sürecimiz içerisinde ise en çok uyku anlarında salgılanır.

Yüce Rabb'imiz kutsal kitabımız Kur'an-ı Kerim'de bizlere, uyku anlarında ruhlarımızın bedenlerimizden geçici süreliğine ayrıldığını, uyandığımızda tekrar bedenlerimize döndüğünü açık bir şekilde ifade ediyor. Yani tıpkı Descartes'in söylediği gibi, ruh bedenimize girerken ve çıkarken yüksek miktarda DMT salgılıyoruz.

"Allah, ölenin ölüm zamanı gelince, ölmeyenin de uykusunda iken canlarını alır da ölümüne hükmettiği canı alır, ötekini muayyen bir vakte kadar bırakır. Şüphe yok ki, bunda iyi düşünecek bir kavim için ibretler vardır."
– Zümer Suresi 42. Ayet

Temporal lob epilepsi hastalığı, beyinde DMT hormonunun yüksek miktarda ve kontrolsüz bir biçimde salgılanmasıyla oluşan bir hastalıktır. Bu hastalığın bir diğer adı ise peygamber hastalığıdır.

Tabii bu söylediğimiz hastalık, DMT hormonunun kontrolsüz olarak ciddi boyutlarda yükselmesi durumunda ortaya çıkan bir rahatsızlıktır. Kontrollü bir şekilde DMT salgılanması durumunda, ruh ve bedenimiz sentezlenecek, yani uyum içerisinde çalışmaya başlayacaktır.

Dingin ve konsantre bir şekilde loş ışıkta bulunmak, DMT salınımını arttırabileceğimiz en net ve güvenli yoldur. Burada kastettiğimiz konsantrasyon, çalışma anında yaşadığınız gibi işe yoğunlaşma şeklindeki bir konsantrasyon değildir. Daha çok ibadet veya meditasyon anlarında, sakin bir şekilde konsantre olmamız gerekir. Hafif ışık veya karanlık bir ortam DMT salınımını hızlandırır. Benzer ritüelleri sıklıkla tekrarlayan şaman ve Budistlerin diğer insanlara göre daha yüksek miktarda

DMT salgıladıkları düşünülür. Tıpkı peygamberlik vazifesi ile görevlendirilmeden önce, sık sık Hira Mağarası'nda inzivaya çekilen sevgili peygamberimiz Hz. Muhammed'in yaptığı gibi. Tüm din alimleri ve hocalar, namaz ile ilgili konuştukları sırada, sabah namazının hikmetlerinden bahsederler. Sabah namazları her zaman mucizelerle ilişkilendirilir. Hiç şüphe yok ki güneş doğarken, uykumuzdan uyanarak yaptığımız namaz ibadeti, DMT salınımını artırır. Rabb'imizin bizlerden istediği hiçbir şey boşa değildir. Eğer bizden gün doğumunda kalkıp namaz kılmamızı istiyorsa, elbet bunda büyük bir hikmet vardır.

İnsan içsel keşfine çıktığında, her şeyin bir enerji olduğunu, kendisinin de enerji olarak diğer enerjileri etkilediğini ve etkilendiğini biliyorsunuz. Bir bilinç olarak çok boyutlu bir varlıksınız. Evrensel bilinç, kollektif bilinç, toplumsal bilinç, bilinç, bilinçaltı ve yüksek bilinçten bilgi alıyor ve bilgi veriyorsunuz. DNA'nızda tüm varoluş, ezel ve ebet, tüm dünya tarihi, hepsi mevcuttur. Aslında bakarsanız öğrenmeye değil, hatırlamaya ihtiyacınız vardır. Tecrübe, deneyim, ruhunuzun tekâmül edebilmesi için size sentezleme yeteneğini sunar. Peki, kaçınız hayatınızın Z raporunu çıkarıp yaşamınızı sentezlediniz? Her gece yapmanız gereken, gün içindeki yaşadıklarınızı akşamdan sabaha doğru giderek tersten düze doğru giderek gözden geçirmektir.

Ruhun her şeyi bilir.

Kün fe yekün, Ol der ve olur.

Ruhun yüksek benliğinle irtibattadır. Sizde devamlı Ol Frekansı çalışır. Çünkü Allah kendi nefesinden üflemiştir. Her an, her saniye Allah seninledir. Düşünsenize ağlıyorsun seninle, sinirleniyorsun seninle, hastasın seninle, küsüyorsun seninle, mutlusun seninle, sevinçlisin seninle, başarılısın seninle, coşkulusun seninle vs.

Bilinmek istedi yarattı âlemleri, bilmek istedi yarattı Adem'i.

Yapmanızı istediği tek şey gelişmeniz, evrimleşmeniz, değişmenizdir. Bu da ancak ruhunuzun senteziyle olur. Aslında her şey ilişki üzerine kuruludur. İlk ilişkiniz Allah ile olan ilişkinizdir. Dünyaya geldiğinizde ailenizle, çevrenizle ve kendinizle olan ilişki modellerini çeşitlendirirsiniz. Her ilişkide içsel amacınız Allah'la olan ilişkinizi düzenlemenizdir. İnsanın içsel keşfine çıkan yolcunun ilk farkındalığı her şeyin Allah olduğunu anlayarak başlar.

Tüm dünya tarihine baktığınızda her şeyin ilk önce ilkel bir hâlini daha sonrada gelişmiş hâlini, en son da gerileme hâlini fark edersiniz. Evrende her şey yer değiştirir ve hiç boşluk yoktur. Tek kaybolmayan şey ruhtur. Devamlı gelişir ve sonsuzdur. Tarihte hep bir saldırı vardır. Aynı zamanda savaş ve barışta mevcuttur. Bunu güncel hayatınıza alıp bakarsanız, hiç tatmadığınız bir meyveyi düşünelim: Önce elinize alır bir bakarsınız, rengine, kokusuna, şekline, biçimine. Sonra bir ısırık alırsınız, tadını sever yersiniz ya da sevmez yemezsiniz. İşte bu o meyveyi sentezlemenizdir. Şimdi herhangi bir ilişkinize bakmanızı istiyorum. Yeni biriyle tanışırsınız ve hemen kendisiyle ilgili fikirleriniz oluşur. Sonrasında kendi bakış açınıza göre onun davranışlarını değerlendirir ve hayatınızda kalıp kalmaması konusunda kararlarınız olur. İşte sevgili canlar, farkında olmadan sentezledikleriniz.

Farkındalıklı gözlem hâline geçtiğinizde sentez yeteneğinizi kullanırsınız. Tüm dünya tarihinde olduğu gibi ilkel hâli, gelişme ve gerileme hâli, günlük hayatta, küçücük bir şeyde, tüm canlı varlıklarda, kurulan ülkelerde, tüm dünyada hatta kâinatta, doğum ve ölüm düzleminde gerçekleşir. Bizim kazancımız, sentezleyerek bu dünyadan geçtikten sonra ismimizi bırakmaktır. İnsan, yaşadıklarını sentezleme yöntemiyle Kâmil-i İnsan modeline ulaşır. Şükürler olsun sonsuz hikmet sahibi Rabb'imize.

TÖVBE ESTAĞFURULLAH

Bu çalışma iki bölümden oluşuyor:

1) Duygu ile Yüzleşme ve Boşaltma Çalışması:

Tövbe etmek, istiğfar etmek aslında insanın bir arınma ritüelidir. Bunun hem dinen hem de felsefi olarak çok fazla şekillerde yapabilirsiniz.

Temizlenme, arınma ödevi olarak sizlerle paylaşıyorum;

Bir beyaz kâğıt alarak; bugüne kadar bilerek ya da bilmeyerek, farkında olarak ya da olmayarak yaptığınız ancak yaptığınıza utandığınız, pişman olduğunuz, suçluluk duyduğunuz, acı çektiğiniz vs. .... duyguları da dâhil ederek olayları ayrıntılı bir şekilde yazarak sıralayınız.

Örneğin, çalıştığı iş yerinde çok yoğun tempoda koşuştururken, kendi maddi sıkıntılarından dolayı borçluları arayıp sıkıştırıyordu. Artık ruhsal ve bedensel olarak sinirli, öfkeli ve çaresiz hissediyordu. Bir çözüm ararken birden aklına finans müdürünün çekmeceye koyduğu paraları hatırladı. Ve gizlice etrafı kolaçan etti. Finans müdürünün masasının yanına gitti. Bir şey alıyormuş gibi yapıp kalemi yere düşürdü. O anda kalbi duracakmış gibiydi. Elleri ayakları zıngır zıngır titriyordu. Çekmeceyi açtı. Bir an müdür geldi zannederek çekmeceyi hemen geri kapattı. Parmağı sıkıştı. Acısı ve korkusu birbirine karışmış şekilde panik hâlindeydi. Parayı almaktan tam vazgeçmişti ki aklına tekrar borçluları geldi. Yeniden korka korka etrafı kolaçan ederek heyecanla çekmeceyi açıp parayı aldı. O arada müdür içeri geldi. O kadar utanıyordu ki kafasını yerden kaldıramadı.

Müdür, birkaç saat sonra paranın eksik olduğunu söyleyince önce kafasından aşağıya kaynar su döküldüğünü hissederek kıpkırmızı oldu. Sonra titremeye başladı. Neredeyse çantasını alıp kaçıp gidecekti ki, müdür o an birdenbire, "Belki bir yere vermişimdir." dedi.

Ne yapacağını bilmiyordu. Müdürün yanına giderek, yaptığını nasıl itiraf edeceğini bilmeden tam karşısında donakaldı. Söylemesi gerektiğini biliyordu. İçinden bir ses "haydi söyle" demekteydi. Belki de işten kovulacaktı. Ama yine de söylemem gerekiyor, yaptığım yanlış düşüncesi onu yönlendiriyordu.

Bu örneği özellikle kuantum drama tekniğini kullanarak yazdım. Oradaki korkuyu, paniği, utancı, acıyı, çaresizliği, yetersizliği hissedin istedim.

Yukarıdaki örnekte okuduğunuz gibi tüm ayrıntıları ile duygularınızı ve hislerinizi hem yazıp hem de yazarken yaşamalısınız. Doğduğunuz andan itibaren bugüne kadar hatırladığınız ve sizi rahatsız eden tüm anılarınızı, isterseniz yüzlerce dosya kâğıdı kullanarak yazabilirsiniz. Sonra her duyguya ait yazdıklarınızı alıp mutfak lavabosuna gidip hepsini yakınız. Küllerinin üstüne suyu açın, aksın gitsin ve bu durumu seyredin. Külleri su ile beraber akıp giderken bilinciniz, bilinçaltınız (görsel hafızadan dolayı) ve ruhunuz arınıp temizlenir.

2) Tövbe Çalışması:

"Yoksa kötülükleri yapıp yapıp da içlerinden birine ölüm gelip çattığında, "Ben şimdi tövbe ettim." diyenlerle kâfir olarak ölenler için kabul edilecek tövbe yoktur. Onlar için acı bir azap hazırlamışızdır."
– Nisa Suresi 18. Ayet

Ruhunuz saf temiz arınma hâline geçmek istediğinizde ilk yapmanız gereken şey;
(Herkesin doğrusu, yanlışı kendinedir.)
Size göre, bugüne kadar işlemiş olduğunuz hata, kusur, yalan, hak yeme, yanlış, suç ve günahlardan tövbe etme ihtiyacıdır.

Tövbe yani istiğfar ettiğimizde Yüce Allah yanındaki meleklere döner, "Gördünüz mü, kulum işlediği günahları affedenin ben olduğumu bildi ve benden af dilemektedir. Kim ki bana tövbe ile gelirse dünya kadar günahı dahi olsa Gaffur ismim ile af ederim. Melekler şahit olun." demiştir.

"Ancak tövbe edip hâllerini düzeltenler ve
gizledikleri gerçekleri açıklayanlar başka;
ben onların tövbesini kabul ederim.
Çünkü ben tövbeleri çokça kabul eden
merhameti bol olanımdır."
– Bakara Suresi 160. Ayet

***

"Kim işlediği bu haksızlıktan sonra tövbe eder ve
hâlini düzeltirse, şüphesiz Allah onun tövbesini
kabul eder. Çünkü Allah çok bağışlayıcıdır.
Engin merhamet sahibidir."
– Maide Suresi 38. Ayet

Her gece uyumadan önce yalnız olarak aşağıda yazdığım duayı, beyaz giyinerek, secde hâlinde yapınız.

Ey büyük Allah'ım, önümüzden arkamızdan başımızın üstünden ayağımızın altında gelebilecek ve yanımızda hazırda bulunan bildiğimiz bilmediğimiz cümle kötülüklerden sana sığınırız.

Ey büyük Allah'ım, var olduğum andan itibaren,
Tüm geçmiş gelecek ve şimdi,
DNA'm, RNA'm, genetik yapım, ruhum,
Bedenim, aklım, fikrim, kalbim, beynim,
Bilinç ve bilinçaltım, tüm hücrelerim,
Sinir sistemim, sindirim sistemim,
Beyin korteks alanım, atalarım, zürriyetim,
Tüm geçmiş hayatlarım, gelecekteki bilincim,
Tüm olasılıklarım, seçeneklerim,
Paralel evrenlerdeki ben,
Gezegenlerdeki ben,
Bildiğim bilmediğim alemlerdeki tüm benlerim,
Kâinattaki ve evrendeki ben,
Tüm yüksek benliklerim ve yüksek benliğim,
Olan hâlim, olmuş hâlim ve her nerde var isem,
Bildiğim bilmediğim anladığım anlamadığım,
Gördüğüm görmediğim,
Duyduğum duymadığım,
Hissettiğim hissetmediğim,
Algıladığım algılamadığım,
Fark ettiğim fark etmediğim her ne var ise,
Etrafıma, çevreme, dünyama, hayatıma,
İnsanlara, hayvanlara, eşyalara,
Tüm doğaya, denize, havaya, suya, ateşe ve toprağa
Yaptığım tüm kahpeliklerimden, kötülüklerimden, tövbe
ettim,
Estağfurullah, Estağfurullah, Estağfurullah.
Özür dilerim,
Estağfurullah, Estağfurullah, Estağfurullah.

Beni affedin,
Estağfurullah, Estağfurullah, Estağfurullah.
Hatamı anladım,
Estağfurullah, Estağfurullah, Estağfurullah.
Yanlışımı anladım,
Estağfurullah, Estağfurullah, Estağfurullah.
Pişman oldum,
Estağfurullah, Estağfurullah, Estağfurullah.
Öğretimi aldım,
Ya Rabbi Ya Allah, beni gör,
Beni duy, beni bil, benden razı ol,
Ya Allah Ya Rahman Ya Rahim.
Ben kendimi affediyorum,
Sen huzurunda kabul eyle,
Rızanı üzerimde göster,
Ben tövbe ettim.
Oldu. Oldu. Oldu.
Ol. Ol. Ol.
Âmin.

7 kez aşağıdaki zikri yalnız bir odada yapınız:

Tövbe Estağfurullah El-azîm,
Tövbe Estağfurullah El- kerîm,
Tövbe Estağfurullah ellezi la ilahe ila hüve'l- hayyü'l -kay-yûmü ve etübü ileyhi.

Aşağıdaki duayı 3 kez Arapçasını, 3 kez Türkçesini oku-manızı rica ediyorum:
"Estağfurullah. Estağfurullah. Estağfurullah El-azîm El-kerîm, ellezî lâ ilâhe illâ hüve'l-hayyü'l-kayyûmü ve etübü ileyhi, tevbete abdin zâlimin li-nefsihî, lâ yemlikü li-nefsihî mevten

velâ hayâten velâ nüşûrâ. Ve es-elühü't-tevbete ve'l-mağfirete ve'l-hidâyete lenâ, innehû, hüve't-tevvâbü'r-rahîm."

"Ya Rabbi! Bu ana gelinceye kadar benim elimden, dilimden, gözümden, kulağımdan, ayağımdan ve elimden bilerek veya bilmeyerek meydana gelen bütün günah ve hatalarıma tövbe ettim, pişman oldum. Küfür, şirk, isyan, günah ve kusur her ne türlü hâl vaki oldu ise, cümlesine tövbe ettim, pişmanlık duydum. Bir daha yapmamaya azm-ü cezm-ü kast ettim. Sen bu tövbemi kabul eyle. Nefsime uyup, şeytana tabi olup da aynı günah ve kusurları bir daha tekrar etmeme imkân verme, yâ Rabbi. Bir daha iman ve ikrar ediyorum ki, peygamberlerin evveli Âdem Aleyhisselâm, ahiri ise Hazret-i Muhammed Aleyhisselâm, bu ikisi arasında her ne kadar peygamber gelip geçtiyse, bunların cümlesine inandım, iman ettim, hepsi de haktır ve gerçektir. Bütün peygamberlere, onlara gönderilmiş olan İlahî kitaplara ve içindeki emirlere eksiz ve şüphesiz iman ettim, dilimle ikrar, kalbimle tasdik ediyorum ve yine iman ve ikrar ediyorum ki en son kitap Kur'ân-ı Azîmüşşân ve en son Peygamber de Hazret-i Muhammed Aleyhisselâm'dır."

Allah kabul etsin. Âmin.

"Allah'ın kabul edeceği tövbe, ancak bilmeden kötülük edip de sonra tez elden pişmanlık getirenlerin tövbesidir; işte Allah bunların tövbesini kabul eder, Allah her şeyi bilendir, hikmet sahibidir."
— Nisa Suresi 17. Ayet

HAYAT VE YAŞAM ARASINDAKİ FARK

Birbiri ile en çok karıştırılan iki kavram gerçekte ciddi farklar içerir. Yaşam, biyolojide kimyasal tepkimeye girebiliyor olma hâlidir. Yediğimiz yemeği ayrıştırmak, içindeki vitamin ve mineralleri vücutta kullanmak kimyasal bir tepkimedir. Bitkiler yemek yemez ama fotosentez yaparak kimyasal bir tepkimeye girebilirler, bu da onları canlı yapar. Tek hücrelilerin bölünmeleri de onları birer canlı yapar. Büyümek, üremek, soluk almak, terlemek... Hepsi yaşadığımızı gösteren durumlardır. Kimyasal tepkimeler yapamama hâli ölümü ifade eder. Yaşam, doğum ile ölüm arasında geçen süreyi ifade ederken; hayat, bu süre içinde ne yaptığımızdır. Yaşam bir olma hâli, hayat ise oldurma hâlidir.

"Erkek olsun kadın olsun, kim inanmış bir insan olarak dünya ve ahirete yararlı işler yaparsa kesinlikle ona güzel bir hayat yaşatacağız ve böylelerinin ecirlerini de muhakkak surette yapmış olduklarının daha güzeliyle vereceğiz."
– Nahl Suresi 97. Ayet

Hayatımıza vereceğimiz yön yaşamımızı ifade eder. Mark Twain, "Hayat, esas olarak kişinin kafasından sonsuza dek akan düşünce fırtınasından oluşur." der. Düşüncelerimiz ve sonrasında gelişen seçimlerimizin toplamıdır yaşam. Yüce Allah bize yaşamı verir, hayatımızaysa kendimizin karar vermemizi ister. Dünya bir keşif alanıdır, bizlerse kendimizi arayan kaşifleriz.

Hayattaki anlamı bulamazsak sadece yaşarız. Tıpkı bitkiler gibi. Fotosentez yapmak yerine faturalarımızı öder, saatlerce çalışıp yeni koltuk takımı alırız. Ama sevgili canlar, bizim bir farkımız olmalı değil mi? Biz Allah'ın yeryüzündeki halifem dediği canlılarız.

"Hani, Rabb'in meleklere, 'Ben yeryüzünde bir halife yaratacağım.' demişti."
– Bakara Suresi 30. Ayet

İnsanın Anlam Arayışı kitabının yazarı Avusturyalı psikolog Viktor Emil Frankl hayatın anlamını 3 şekilde keşfedilebileceğini savunur. Buna göre bir iş yaratarak veya bir görevi yerine getirerek, bir şeyi tam olarak deneyimleyerek veya birini severek, kişinin acıya karşı benimsediği tavırla hayatın anlamı keşfedilebilir. Frankl'in önerisini daha değerli hâle getiren ayrıntıysa psikoloğun kitabını Nazi toplama kampından sağ kurtulduktan sonra yazmış olmasıdır.

Hayatta amaç veya amaçlar bulmak bizi güçlü bir kişiliğe bürünür. Akıl ve beden sağlığımız için oldukça önemlidir. Hayatın amacı iki farklı şekilde tanımlanabilir. İlki kişisel anlamlardır ve bizi hayata karşı motive eden amaçları ifade eder. Bu sebep kimi için spor yapmak, kimi için sanat veya bilim olabilir. Bazıları bu amacı lezzetli yemeklerde bulur, bazılarıysa aşkta. Sizi motive edecek ne kadar çok amaca sahip olursanız, hayatta tutunabileceğiniz o kadar çok dalınız olur. İkinci amaçsa geneldir ve tüm insanlar için hayatın gerçek amacını ifade eder. O amaç ruhsal tekâmüldür. Ruh, tekâmül etmesi için kendini gerçekleştirme amacıyla yaşam alanına gelir. Bedenimizde saklı ruhumuz, kendini geliştirerek tekâmül ettikçe daha fazla açığa çıkacaktır.

Hep aynı yaşam döngülerini yaşadığımızın farkında vardıktan sonra bunu değiştirmek için yeni yollar aramaya koyulabilirsiniz. Neden? sorusu yerine Nasıl? diyerek ilk adımı atmışsınızdır. Burada yaşam amacı olanların, olmayanlara göre daha kolay çözümlemeler bulduklarını gözlemlemişsinizdir. "Amacı olmayan gemiye hiçbir rüzgâr yardım edemez." Yaşam hedefi olan kişilere ise rüzgâr da destekleyici olur ve hayatta rasgele savrulmazlar. Bu bir şans değildir, onların hayat amacı olduğu için önlerine çıkan her şey fırsata dönüşür.

"Yaşamak için bir 'neden'i olanlar her şekilde yaşayabilirler."
Friedrich Nietzsche

Hayat amacınız severek yaptığınız bir şey olmalı, aynı zamanda bu şey konusunda yeteneğiniz olmalı ve en önemlisi de dünyaya katkı sağlamalısınızdır. Bu yola girebilmeniz için içsel keşfinize çıkmış olmalısınız. Bu keşif size kendinizi tanıma fırsatı verecektir ama en önemlisi değerler marketinizin sıralamasıyla yüzleşmelisiniz. Bir numaraya kendiniz gelmediğiniz müddetçe hayat amacınızı bulamazsınız. Değişmek, gelişmek ve evrimleşmek hayat amacınızı bulmaktan başlar. Her insanın hayat amacı vardır.

Siz peki, hayat amacınızı keşfettiniz mi?

EYLEMSİZLİK

"Atalet" kavramını daha önce hiç duymuş muydunuz, sevgili canlar? Ataletin diğer ismi psikolojik kanserdir. Eylemsizliği, isteksizliği, hareket edecek gücü bulamama durumunu anlatır. Atalet terimi aslında bir fizik terimidir. Cisimlerin pozisyonlarını koruma durumunu anlatır. Birçok ofis masasında olan 5 küçük demir toplu sarkaçları mutlaka görmüşsünüzdür. Bu sarkaçlara Newton'un beşiği denir, sağdan ve soldan 2 demir top sürekli ve sırayla çarparken ortadaki toplar hiç hareket etmez. Newton'un beşiği atalet için mükemmel bir örnektir, sevgili canlar. Aslında biz insanlarda öyleyiz. Kimileri sürekli hareket ederken, atalete kapılanlar hareket etmeden öylece beklerler.

Psikolojik atalet, potansiyelimizi yani gerçek gücümüzü ortaya çıkarmamızdaki en büyük engeldir. Ataleti yenemediğimiz müddetçe sürekli olarak tembellik hâli hissedecek, adım atmayı erteleyecek ve maalesef kendimiz olamayacağız.

Birkaç basit alışkanlıkla ataleti yenmek ve gerçek gücümüzü ortaya çıkartmak mümkün. Öncelikle kendinize her gün düzenli olarak yapacağınız basit alışkanlıklar belirleyin. Günlük 30 dakika yürüyüş, her gün en az 10 sayfa kitap okumak, beş dakikalık egzersiz gibi basit alışkanlıklar seçerek mutlaka her gün tekrarlamalı ve rutin hâline getirmelisiniz. Her 7 günün sonunda bir alışkanlık daha ekleyerek ataleti çok daha hızlı bir şekilde yenebilirsiniz.

İkinci adım olarak market alışverişi, yemek, müzik dinlemek gibi aktiviteler dâhil, yapılacak tüm işlerinizi günlük ve haftalık olarak planlamalısınız. Günlük planlarda ufak değişiklikler elbette olacaktır ancak mümkün olduğunca haftalık planlara uymalı ve plan yapmaya sadık kalmalısınız. Günlük ritüellere ve planlamaya sadık kalmanız hâlinde özellikle 21. günden sonra artık bir şeyleri ertelemediğinizi fark edeceksiniz, sevgili canlar.

21 gün dememde özel bir sebep var sevgili canlar, asla tesadüfi bir rakam değil. Psikolojide bilinçaltının kabul etme süresi 20 gün olarak belirlenmiştir. 21. gün tekrarladığınızda o eylem artık bir alışkanlık hâlini alır. Ancak bizim için esas önemli olan alışkanlık değil kalıcı davranışlar. Bu yüzden 21. günün sonunda eylemi bırakmayıp yapmaya devam edersek 90. gün sonunda o eylem artık yaşam tarzına dönüşür. Bu kural 21/90 kuralı olarak adlandırılır.

Tüm bunların yanında erken kalkmak, sağlıklı beslenmek, sosyal aktiviteler gibi yaşam kalitesini arttıran davranışalar da ataletinizi yenmeniz için size fazlasıyla yardımcı olacaktır. Siz kendinize değer verdikçe her şey daha hızlı çözüme kavuşacak, sevgili canlar. Küçük büyük ayrımı yapmadan tüm başarılarınızı mutlaka ödüllendirin. Bir alışkanlık kazandığınızda dışarıda bir yemek yemek, plana sadık kaldığınızda evde sinema gecesi düzenlemek gibi kendinize vereceğiniz ödüller başarıya doğru atacağınız her adımda size daha fazla destek sağlayacaktır.

Bazense motive olmak için, tabiri caizse dışarıdan bir ateşleme gerekebilir. Bu motivasyon başarı hikâyesini konu alan bir film, etkileyici bir müzik, okuduğunuz kitaptan bir cümle, samimi bir dost sohbeti veya profesyonel destek şeklinde olabilir. Önemli olan içinizdeki gücü harekete geçirmek için küçük bir destek olması. Gerisi zaten kendi elinizde. Siz hareket etmek istemedikçe tüm evren bir araya gelse nafile...

Eğer olurda sizi harekete geçirecek hiçbir dış destek bulamazsanız ve atalete yenik düşeceğinizi hissederseniz kendinize şu ayeti tekrarlayın:

"Biz, gerçekten insanı en güzel bir biçimde
yarattık."
– Tîn Suresi 4. Ayet

ACI

İnsanın zor durumda olan canlılara karşı herhangi bir durumda hissettiği ve onu üzen duyguların tümüdür. Acı, içinde farklı duygular da barındırır. Bu duygular; merhamet, sevme, üzülme ve şefkat duygularıdır. Acıyarak baktığınız insanlar bulundukları durumdan dolayı aynı zamanda mutsuzlukta yaşarlar.

Kişi yaşadığı, kendini kederli hissettiği, üzüldüğü ve çare bulamadığı şeyler sebebiyle de acı çeker. Sevdiği bir insanı kaybetmesi, sevdiği birinin ölümü, istediği birtakım şeylerin mahrumiyetini yaşaması, tatmin olamamış hâlleri, yaşamındaki eksiklikler acı duygusunu doğurmaktadır. Aslında acıların; dertlerin, yaşam zorluklarının, insanı olgun hâle getiren ve bu durumlara karşı deneyimlerini geliştiren bir durum meydana getirdiği görülür. Hayatınızdaki acılar karşısında daha evvel görmediğiniz şeyleri görürsünüz. Ve yine bu acılar karşısında hissetmediklerinizi hisseder olursunuz. Tabii bunlar yaşanırken acı bizden bir şeyleri de alıp götürür. Beyninizin olumsuz durumlara karşı savunma gücünü arttırır. Bu tecrübeler yaşamınıza bir anlam katar ve insanı kuvvetlendirir.

Ruhsal acı çektiğinizde bu süreç zihinsel ve hayalidir. Eğer acı duygusunun üstesinden gelmeyi başarırsanız, bu duygudan özgürleşmiş olursunuz.

Beyin ve kalbin birlikte acı çektiğini düşünenler varsa yanılıyorlar. Kafatası kemiği ile beyin dokusu arasında bulunan bir zar varmış, bilirsiniz, kan damarlarımızı da bilirsiniz, şu boyun kaslarımız yok mu, bir türlü esnetemediğimiz işte, hepsinde sinir hücreleri var. Acıyı bu sinir hücreleriniz olmasa beynimiz algılamayacaktır. Üzgünüm beyin acıyı hissetmez. Çünkü böyle bir sistemi yoktur. Acı hissi sinir sisteminde endorfin hormonu salgılanmasına sebep olur. Bu hormon mutluluk ve dinçlik hissi verir ve acıyı bloke eder. Acı çeken çok insan vardır. Nedenine gelince; çünkü acı bir parçadır. Hatta insanı bazen ölmekten bile korur. Acımızı fiziksel olarak hissedersek, bu bedenin zarar gördüğünü gösterir. Eğer bu uyarı gelmezse tehlike altında olduğumuzu anlayamayız ve vücudumuzdan bir parçayı kaybedebiliriz (Çocukların sobadan yandığında o acıyla bir daha yaklaşmaması gibi).

Psikolojik acıda, insanın ruhsal bütünlüğüne zarar veren durumların farkına varmamız için önemlidir. Örneğin bir partner ilişkisinde, bu ilişkiyi yaşarken ruhsal olarak acı çekiyorsanız, bu size ilişkiyi bitirmek için bir uyarıdır. Devam ederse yaşadığınız negatif duygular sebebi ile strese girer ve sağlığınızı kaybedebilirsiniz.

Çok sevdiğiniz ve kendinize yakın hissettiğiniz birini kaybettiğinizde de acı duyarsınız. Bu acıların hepsi bizim hayatta kalmamızı sağlayan savunma mekanizmamızdır.

Az acı bizi korur. Çok acı bizi öldürür.

İnsanın aklına şöyle bir soru gelebilir. Peki acı bu kadar iyi bir şeyse, neden acıdan kaçıyoruz? Bu soruya şöyle diyebiliriz; iyi olan aslında acı değil, bizi uyararak herhangi bir zarar görmememizi sağlayan tarafıdır.

Bazen acılı olmak, kişilere rahatlıkta verebilir. Kendini mağdur göstermek, bulunduğu konfor alanından ayrılmamak ve tembel davranmak için bir bahane olabilir. O yüzden de acıya tutunarak bunu yaparlar. Yani acıdan beslenirler.

Pek çok ruhsal bozukluğun kökeni acı çekmede yatar. Ruhsal olarak insana ağır ağır yerleşir ve sonunda depresyon, anksiyete, ruhsal çöküntü, yalnızlık, panik atak, başarısızlık gibi durumlar ve hastalıklarla ortaya çıkar. Bu kişinin acı bedenidir. Artık o başka bir varlık olmuştur ve devamlı acıdan beslenir. Duygusal acı çoğu zaman fiziksel acıdan bile kötü olur. Çocukluk çağındaki travmalar, suistimal veya ihmal edilmiş kişilerde görülme riski daha yüksek olan mazoşizm rahatsızlığı oluşur.

Mazoşizm, kişinin ruhsal ve fiziksel olarak kendine acı çektirmesi ve bu çektiği acıdan zevk alması, haz duyması anlamına gelir. Böyle kişiler bilinçdışı olarak ya hak ettiğinin bu olduğunu düşünür ya da acı çekmek dışındaki bir alternatifin daha da acı verici olduğunu düşünür.

Sosyal ve duygusal olarak sürekli kavganın, hakaretin, acı çekmenin olduğu, antisosyal kişilerle yaşamak zorunda kalan kişilerde olma olasılığı fazladır. Ekonomik olarak dar çevrelerde ve uyuşturucu ortamlarında daha fazla görülür. Kişi zaten bu yaşadığı durumdan zarar göreceğini bildiği için bilinçaltı olarak bunu yaşayacağı yerin ve zamanın kontrolünü kendine acı vererek ve buna ortam yaratarak yapabilir.

Tüm bu acı çekme, aslında kişinin takdir görme, sevgi ve ilgi ihtiyacından doğar. Kadınlarda daha sık görülür. Mazoşist kişi genellikle boyun eğdiği kişiyi fazlasıyla yüceltir. Onu güçlü ve her şeyi başarabilen biri olarak görür. Onun yokluğu, kendi canının acımasından daha korkunçtur. Kadınların dayak yemelerine rağmen, kendilerine eziyet edip onlara işkence yapan partnerlere bağlı kalmaları bu durumla ilgilidir.

Yaptığımız kuantum alan çalışmalarında danışanlarda, kişilik bozukluğu olan ebeveynler tarafından büyütülen çocuklarda gördüğümüz durumlar acı bedenle ilgilidir. Çocukken oldukça çaresiz güçsüz durumda olurlar. Olumsuz tepkilere maruz kalmışlardır. Canları acıdığında ve yaralandığında anne ya da babadan ilgi ve bakım görmemiştir. Okuldaki bir olaydan dolayı sürekli çocuğu haksız bulup döven ve teselli etmeyen bir ebeveyni varsa, çocuk kendini değersiz ve korumasız hisseder. Akranları tarafından dışlanmış, kötü, sevilmeyen olarak algılandığını düşünen gençlerde bazen, varoluşlarını hissedemez. Sanki kendi kimliği yokmuş gibi hisseder. Bir boşluk içindedir. Bu boşluk hissiden kurtulmak ister ve kendine acı çektirir. Kendine zarar verme davranışı gençlerde kaygı, öfke, çaresizlik, yetersizlik duyguları sonrası ortaya çıkar. Gençler kendilerine zarar ve acı verdiklerinde bir rahatlama hissi duyduklarını ifade eder. Özüne bakarsak aslında bir yardım arayışı vardır. İşte burada kişi içsel keşfine adım atsa acı bitecektir. Hâlbuki acı onu tamamen ele geçirmiş ve acı beden tarafından yönetildiğinin farkında değildir. Bizin yaratılış amacımızda Yüce Allah acı çekmemizi istemez. Kendi nefesinden üflediği canının canı yansın ister mi?

Acı oyunlarınıza bir bakalım isterseniz.

Sadizm, karşısında olan insana veya canlıya acı çektirmek ve işkence etmekten keyif ve haz alma durumudur. Devamlı tekrarlayan saldırganlık durumları ve karşısındakine acımayan davranışlarda bulunurlar. Sadizm bir ruhsal bozukluk durumudur. İnsanın acı çektirme, huzursuz ve rahatsız edecek şekilde davranma durumlardır.

Bu kişiler, karşısındakinin kızması için her şeyi yapar. Karşısındaki kişiye psikolojik ve fiziksel şiddet uygular ve zarar verir. Aşağılama, kötüleme ve hakaret davranışına meyillidirler. Partneri ya da arkadaşı herhangi bir şeye sevinip mutlu olduğunda, onun bu mutluluğunu bozmak için inanılmaz bir istek duyarlar. Sadistik kişi, yaşamdan ve yaşamın içindeki olumlu olan hiçbir şeyden keyif almaz, nefret eder. Kendi hayatında çok büyük bir boşluk vardır. Bu boşluk ise düşmanlık doğurur, kendisi mutlu olamadığı için başkalarının da onun gözünde mutlu olmaya hakkı yoktur. Her şeyi tamamen değersiz hâle getirir. Yerine getirilen arzuları onu hiçbir zaman tatmin etmez. İntikam duygusu çok fazladır.

Sadistik kişinin saldırganca yaptığı davranışların arkasında da durumun özüne bakacak olursak, yaşamını düzeltmeye uğraşan, acı çeken ve çaresizlikle kıvranan insanlar vardır. Kurban psikolojisi, bulunan kişiler kendilerini zor durumda hissederler. Böyle davranarak dışarıdaki insanların kendileri için bir şeyler yapıp onları kurtarmalarını ve yardım etmelerini beklerler. Eğer yardım alamazlarsa bu sefer, kin, nefret ve öfke duyarlar. Kendine acıyıp kurban rolünü üstlenen insanlar, yaşadıkları kötü olayların sorumlusu olarak hep başkalarını görürler. Bu kendine göre savunma metodudur.

Onların kurban rolünün altında öz güven eksikliği vardır. Kendilerine acıyan kişiler, hayatlarının kontrolünü ellerinde tutmazlar. Suçlamak ve olaylardan sıyrılmak daha kolaydır.

Yaşadığı ve onu zor durumlara sokan olaylarda rıza göstererek, başkasına boyun eğerek, durumun üstesinden gelmeye çalışırlar. Bu durumu ise, "Kaderimde bu varmış, kısmetim bu kadarmış, Allah'ın takdiri." diyerek yorumlarlar.

Acıma Duygusu Nasıl Oluşur:

Hiçbir insan kendine acıma duygusuyla doğmaz. Çocukluk yaşlarımızda annemizden aldığımız duygulara göre şekillenir. Daha sonrasında çevre faktörleriyle karakterinizin ana tonu olarak ortaya çıkabilir.

Çocuğa kendinin güçsüz olduğu hissettirilmişse, yetersizlik, sevilmeme, dışlanma yaşamışsa, yalnız kalmışsa, bu çocuk büyüdüğünde yaşamak ve hayatta kalmak için "kurban psikolojisi" kimliğine bürünür ve gerçek gücünü hiçbir zaman gösteremez.

Kendine acımayı seçtiği müddetçe, yaralı ve zavallı çocuk rolünden çıkamaz. Orada takılıp kalır. Asla sağlıklı bir yetişkin konumuna geçemez.

Yaptığımız çalışmalarda genelde, çoğunluk kurban psikolojisinde, kendine acıma oyunuyla gelirler. Ölçekleme ve tipoloji olarak bu çalışmalarda baktığımızda, onlar için hayat dramatik, yalnız, anlaşılamaz, asosyal hâldedir. Suratları gülmez hatta yaşamdan keyif, haz, coşku alamazlar. Kimse onları sevmiyordur hatta görünmezlerdir. Geçmişte yaşıyorlardır ve orada ruhsal parçacıklarını bıraktıklarından habersizdirler. Her günleri sıkıntı içindedir. Şanssız olduklarını düşünürler. Allah tarafından kötü kader yazıldığını ve cezalandırıldıklarına inanırlar. Öz güvenleri eksiktir, şimdide değillerdir. Kapısı olmayan bir hapishanede müebbet kaldıklarını sanırlar.

Siz ona acıyana kadar, yaşadığı zor ve üzücü olayları ve hayatı anlatmaya ve sizi ona acımaya inandırmaya çalışır. Siz ne zaman ona acırsanız, o da o zaman kendini rahat, huzurlu ve keyifli hisseder. İstediğine ulaşmıştır.

ACI BEDEN

"Ve ona en büyük mucizeyi gösterdi."
– Nâzi'ât Suresi 20. Ayet

Tüm yazılarımızda, tüm seminerlerimizde ve verdiğimiz her eğitimde, her zaman için önceliğimizin farkındalık olması gerektiğinden bahsediyoruz. Yaptığımız tüm çalışmalar farkındalık temeli üzerine kurulu. Çünkü farkındalık geldiğinde, şifa kendiliğinden gelecektir. Örneğin, hiç düşündünüz mü henüz anne karnındayken besinlerini tattığımız, seslerini duyduğumuz ve ilk nefesimizden itibaren içinde bulunduğumuz dünyamızın ne kadar farkındayız? Farkında olmadığımız bir dünyayı ne kadar yaşayabiliriz ki? Yüce Rabb'imiz dünyamızı sonsuz güzellik ve binlerce mucize ile donatmıştır. Peki en son hangi mucizeye tanık oldunuz? Hangisini fark ettiniz? En son neye bakıp da "Rabb'im ne güzel yaratmış, bu ne büyük bir mucize." dediniz?

Muhtemelen bir çoğunuzun duymadığı bir mucizeden bahsedeceğim sizlere, sevgili canlar. Bilim insanları okyanuslarda yaptıkları araştırmalar sırasında oldukça ilginç bir bilgi keşfettiler. Buna göre eğer ahtapotun kollarından herhangi bir tanesi koparak bedenden ayrılırsa, kopan kol okyanusta savrulurken bir besinle karşılaştığı zaman o besini kavrar ve normalde ağzın olması gerektiği yere doğru götürür. Vücuttan ayrılmış ahtapot kolunun yaptığı bu hareket bize şunu gösteriyor sevgili canlar; ahtapotların vücutları haricinde 8 kolunda da ayrı bir düşünme yeteneği ve hafıza mevcut. Ne kadar büyük bir mucize öyle değil mi? Aslında buna çok benzer bir mucize bizler için de geçerli. Elbette bizler ahtapotlar gibi kollarımızla ya da bacaklarımıza düşünemiyoruz. Belki kulağa çok fantastik gelebilir ama tıpkı onlar gibi kaslarımızla hatırlayabiliyoruz. Kas hafızası olarak literatüre geçen bu hatırlama olayı daha çok sporla özleştirilir. Potaya bakmadan topu fileden geçirebilen basketbolcuların yaptıkları kas hafızasına dayanır. Hayatları boyunca o kadar çok antrenman yaparlar ki, bir süre sonra kaslar bu hareketi hafızaya alır ve hiç düşünmeye gerek kalmadan potanın yerini fark ederek basket atabilirler. Uzun süre ara verdiği spora dönen eski bir sporcunun hiç zorlanmadan yapabildikleri kas hafızası sayesinde olur.

Aslında bizler de gün içinde farkında olmadan kas hafızlarımız sayesinde birçok şeyi hiç düşünmeden yapabiliyoruz. Bisiklete binmek, yürümek ve hatta gözlerimizi kırpmak kas hafızası ile hiç düşünmeden yapabildiğimiz hareketlerdir. Yürümek veya gözlerimizi kırpmak için düşünmek zorunda olsaydık ne kadar zor bir hayatımız olurdu öyle değil mi?

Kas hafızası yalnızca hayatımızı kolaylaştırmak için hareketleri değil aynı zamanda bizleri korumak için acıyı da hafızasında tutabilir. Küçükken sobada eli yanan birinin, kaç yaşına gelirse gelsin soba gördüğünde istemsizce elini çekmesi kas hafızasından kaynaklanır. Fiziksel bedenlerimiz bizleri korumak için acıyı öğrenir ve hafızasında tutar. Eğer kontrolü ele almazsak tüm acılar gerek bilinçaltımızda gerek hafızamızda birikerek büyük bir acı yığını hâline gelir. Bu durumda işler bir hayli karışık bir hâle bürünecektir. Çözüm ise elbette farkındalıkla olacaktır. Eğer kaslarınızın bir acıyı hafızaya aldığını fark ederseniz, bilinçaltınıza doğru mesajlar vererek kaslarınızda artık o acıyı hafızada tutmamasını iletebilirsiniz. Böylece acı yığını oluşumunu önleyebilirsiniz.

Tıpkı dünyamız gibi ruhumuza ev sahipliği yapan bedenimizde Rabb'in büyük mucizelerini kendi içerisinde barındır. Bu mucizeleri görebilmek ve lehimize kullanabilmek için öncelikle fark etmemiz gerekir. Farkındalığımız oluştuğu anda uyanacağız. Ancak farkına vardığımız zaman, bir rüyadaymışçasına gelişigüzel yaşadığımız hayatımızda mucizeler dünyasına adım atabiliriz.

Farkındalık uyandırır, uyanış mucizeleri yaşatır...

Acı beden duygulardan oluşturduğumuz enerji alanımızda bulunan bir bağımlılık hâline dönüşmüş kendimizin yarattığı bir beden hâlidir. Durumlara bağlı olarak tetiklendiğinde ortaya çıkar. Aynı düşünceye takılı kalarak, kendinizi aynı duyguda tutarak ve ego ile de besleyerek içinde sürekli kalırız. Kendimizi bu düzlemden çıkaramadığımız bir duygu durumudur. Kendilerine uyum sağlayamazlar. Yüzlerinden, tavırlarından, yaşam şekillerinden acı beden tarafından yönetilen kişileri anlayabiliriz. Genel olarak aynı duyguda kalmaktan, umutsuz ve mutsuz ruh hâli hayatlarının tümünü kapsamıştır. Söylediğinizi dinlemezler, kendi saplandığı düşünceler ile var olup ya geçmiştedir ya da gelecektedir. Vesveseler üreterek hayatı kendilerine zehir etmelerine sebep olurlar. Çoğu kişi hem acı bedeni hayat alanında var eder hem de yaşam alanında sürekli kullanır. Düşüncelerle beslediğiniz ve her zaman açım diye bağıran sonradan yarattığınız bu varlık, hep yeme ihtiyacındadır. İlkel hâlini koruyan muhteşem zekâsıyla ve düzenli beslenme ihtiyacıyla devamlı deneyimlemek için, olayı, durumu, kişiyi kullanır. Dram onun en sevdiği yöntemdir. Bağımlılıkları vardır, yalnızlık, çaresizlik, umutsuzluk, üzüntü, vesvese, takıntı vs. En büyük kozu, başkalarının ona acımasını ister. Ve bunu yakaladığında hayali hikâyelerle haklılık oyunu oynar. Acı bedeni tarafında yönetilen kişilerde patron içsel sesler ve zihinsel konuşmalar vardır. Ve bu durumda olanlar çoğunlukla hastalıkları olan kişilerdir.

Eckhart Tolle'ye göre; "Âşık olduklarını düşünen çiftler aslında birbirlerine çekim duymalarının sebebi, acı bedenlerinin birbirini tamamlamasıdır." Bu yüzden böyle bir kişiyi hayat alanınıza aldığınızda onun acı bedenini de hayat alanınıza alırsınız.

Yaşam sürecimizde çoğu duygunuzu, yaşanmışlıklarınızı fark etmiyorsunuz, kabule geçmiyorsunuz ve bunları bırakmıyorsunuz. Acı bedeni kendi zenginliğiniz yapıp etrafınızdakilere fark ettirmek, göstermek adına yaşatıyorsunuz. Egonuz bunu besliyor ve bunu yaşam şekli yapıyorsunuz. Fark etmemiz geren tek şey acı bedende yaşadığınızdır. Acı bedende yaşadığınızı kabule geçerek acıdan beslendiğinizi anladığınızda, o artık eskisi kadar kuvvetli olmayacaktır. Bilinçli gözlem hâline geçtiğinizde o acıların eskide kaldığını ve geçmişte yaşandığını anlarsınız.

Bedenin kendi doğal hâlinde bir iyileştirme süreci ve hâli vardır. Zihinsel oyunlarla ve düşüncelerinizle müdahale ettikçe acı bedeni korumak zorunda kalırız.

Acı beden sizin yarattığınız bir varlıktır. Yüce Allah, kendi nefesinden yarattığı kulunun acı çekmesini ister mi?

ACI BEDEN ÇALIŞMASI

B u sizin yarattığınız sahte ve yalancı beden, hayatınız boyunca yaşadığınız tüm negatif olaylar, durumlar, düşünce ve duygularınızdan etkilenerek beslenir. Dirençlidir. Kaygı, korku, acı, keder, üzüntü, hastalık, negatif enerjiler ve ani gelişen olaylar harekete geçirir. Devamlı açtır ve acıdan beslenir.

Acı bedeninizi fark edip bırakmaya, ondan özgürleşmeye ve hayat alanınızdan sevgiyle ayrılmaya hazır mısınız?

Yapacağınız çalışma esnasında tek başınıza bir odada olunuz. Yedi gece aynı saate yapmanızı öneririm.

Yüksek sesle söyleyiniz. Öncesinde bir bardak suyunuzu içip niyet ediniz.

Acı bedenim seni neden yarattığımı anlamaya, seni hayatımda neden tuttuğumu bilmeye, senden sevgiyle öğretiyi alarak ayrılmaya niyet ediyorum.

Derin derin nefes alıyoruz. Derin derin nefes alıyoruz. Derin, derin nefes alıyoruz...

Hepimizin bir olduğu yerdeyiz. Hepimiz biriz ve aynıyız. Güvendesin. Kontrol sende.

(Burayı hissetmeye çalışın.)

Düşünmen yeterli. Ruhlar meclisindeyiz. Hepimizin bir olduğu yerdeyiz.

Kendimi fark ediyorum.

Düşüncelerimi fark ediyorum.

Duygularımı fark ediyorum.

İnançlarımı fark ediyorum.

Seçimlerimi fark ediyorum.

Varlığımı fark ediyorum.

Korkularımı fark ediyorum.

Kaygılarımı fark ediyorum.

Negatif inançlarımı fark ediyorum.

Acı bedenimi fark ediyorum.

Acı bedenim aracılığı ile kendimi hasta ettiğimi fark ediyorum.

Direnç oluşturduğumu fark ediyorum.

Değişime direnç gösterdiğimi fark ediyorum.

Kendi kendimi negatif düşünceler ile bilerek ya da bilmeyerek oluşturduğum her anımı fark ediyorum.

Acı beden ile oluşturduğum öğrenilmiş çaresizlik protokolümü fark ediyorum.

Acı bedenim seni fark ediyorum.

Acı bedenim kimse beni sevmiyor, görmüyor, duymuyor, anlamıyor diye sana tutunmuş olabilirim.

Senle bir sevgi bağı kurmuş olabilirim. Acı bedenim şimdi anladım.

Sevgili acı bedenim bu sebeple negatif enerjilere, negatif varlıklara davet çıkarmış olabilirim.

Şimdi anladım. Şimdi anladım. Şimdi gerçekten anladım.

Sen benim yarattığım yalancı bir varlıksın.

Kendimi kabul ediyorum.

Kaygılarımı, negatif inançlarımı acı bedenimi, hastalıklarımı, öfkelerimi, çaresizliğimi kabul ediyorum.

Sadece düşüncelerimden ibaret değilim.

Düşüncelerimde kalıp susmayan zihnimi dinleyip kendimi yok ettiğim her anımı fark edip, kabul ediyorum.

Kişilerde, olaylarda, durumlarda yargı da bulunup kendimi çaresizlik içinde kıvrandırdığım her anımı fark ediyorum ve kabul ediyorum.

Dirençlerimi, en önce kendime direncimi sonrasında kişilere ve olaylara karşı oluşturduğum tüm dirençlerimi fark ediyorum.

Adlandırdığım adlandıramadığım, bildiğim bilmediğim, kabule geçtiğim geçmediğim, anladığım anlamadığım, ifade ettiğim ve etmediğim, etmeye korktuğum, algımı kapatıp anlamama oyunu oynadığım, kendimi görmemek adına acı bedenimi kullanıp zarar verdiğim her ne var ise serbest bırakıyorum.

Serbest bırakıyorum. Serbest Bırakıyorum.

Acı bedenim senden özgürleşiyorum.

Geçmiş yaşamlarıma, atalarıma, zürriyetime, gezegen bağlantılarıma ve bana sirayet etmiş olan gerek duygu, öfke, inançlar ve hastalık, acı beden protokollerinden özgürleşiyorum. Beni hayat alanımda zorlayan herkesten, olay ve durumdan özgürleşiyorum.

Ben acı bedenimden beslenmeyi bırakıyorum.

Onu beslemeyi de bırakıyorum.

Sevgili acı bedenim, her şey için teşekkür ederim.

Artık görevini tamamladın.

Artık seninle anlaşmamız bitti.

Seni sevgiyle ait olduğun yere teslim ediyorum.

Ben kendimi seçiyorum.

Akışta kalmayı kabul ediyorum.

Kendimi kabule geçiyorum.

Öz varlığımı seçiyorum.

Niyetim yeminimdir.

Yeminim Allah'adır.

Ben kendimi seçiyorum.

Ve öyle de oldu.

Oldu. Oldu. Oldu.

Ol. Ol. Ol.

Âmin.

ACININ ÖĞRETİSİ

"Mum olmak kolay değil. Işık saçmak için
önce yanmak gerek."
Mevlânâ Celâleddîn-i Rûmî

Acı hissetmemek nasıl olurdu hiç düşündünüz mü, sevgili canlar? Acı duymadan geçen bir hayat, bunu ister miydiniz? Tıpkı Hollywood filmlerinde gördüğümüz bir süper kahraman gibi fiziksel ve zihinsel acılardan arındırılmış bir insan nasıl olurdu? Kulağa çok ilgi çekici geliyor değil mi? Ancak acı hissetmemek, aynı zamanda acının getireceği öğretileri de öğrenememek anlamına geliyor.

İngiltere'de yaşayan ve biyonik kız olarak bilinen, henüz 13 yaşındaki Olivia Farnsworth, biraz önce bahsettiğimiz süper kahramanın vücut bulmuş hâli. Hatta bundan biraz daha fazlası. Doğuştan gelen bir kromozom eksikliğinden dolayı hiçbir şekilde acı hissetmiyor, uykuya ve yemek yemeye ihtiyaç duymuyor. Ancak bu durum sanıldığı gibi kolay değil, aksine zaman zaman Olivia için ciddi tehlikelere yol açabiliyor.

Çok küçük yaşta düşerek dudağından ciddi şekilde yaralanan Olivia acı hissetmediği için durumun ciddiyetini fark edememiş. Ailesi durumu fark ettiğinde ise hemen hastaneye başvurmuşlar. Sonuç olarak Olivia dudağından önemli bir estetik operasyon geçirmek zorunda kalmış. Daha sonraki yıllarda ise biyonik kız Olivia maalesef çok tehlikeli bir trafik kazası yaşamış. Araba çarpması sonucu metrelerce savrulan küçük kız, kazadan hemen sonra ayağa kalkarak yürümeye devam etmiş. Neyse ki kazayı gören diğer insanların uyarısı ile hastaneye giderek zamanında müdahale ile hayata tutunmayı başarmış. Olivia acı duymadığı için ne zaman kendisini koruması gerektiğini öğrenemiyor. Acı duymamak savunmasız kalmaktır.

Acı hissetmemek yalnızca hayati tehlikelere yol açmıyor, hayatı gerçekten çok sıkıcı bir hâle getirebiliyor. Durumun farkında olan ailesi ve yakın çevresi, Olivia'yı tehlikelere karşı korumak ve ona daha dikkatli davranmak konusunda ellerinden geldiğince çaba gösteriyorlar. Ancak biyonik kız açlık ve uykusuzluk da hissetmiyor. Günlerce yemek yemeden ve uyumadan durabiliyor. Ancak bu durum onun yemek yemeğe ve uykuya ihtiyaç duymadığı anlamına gelmiyor. Bu nedenle maalesef Olivia'nın hayatı giderek daha sıkıcı bir hâl alıyor. Açlık hissetmeden, sadece zorunlu olduğunuz için yemek yemek, uykunuz olmadığı hâlde uyumak zorunda olmak hayatın tüm renklerini götürebilir. Üstelik Olivia için bu durum sürekli bu şekilde.

Nasıl ki açlık hissi yemek yememiz gerektiğini, uykusuzluk hissi dinlenmemiz gerektiğini bizlere hatırlatıyorsa, fiziksel veya duygusal acı hissetmekte bizleri, kendimizi savunmamız konusunda uyaran bir mekanizmadır. Yaşadığınız bir tecrübe karşısında duyduğunuz acı, bir sonraki sefer benzer bir tecrübeyi yaşamak üzere olduğunuzda sizi uyararak savunmaya geçmenizi sağlayacak, bununla birlikte empati yeteneğinizi arttırarak sosyal ilişkilerinizin güçlenmesine yardımcı olacaktır. Benzer acılar yaşamış insanlar her zaman daha iyi anlaşırlar.

Acı duymak aynı zamanda size mutluluk hissi verecek bazı kimyasallarında vücut tarafından salgılanmasına yol açar. Örneğin koşucular yüksek tempolu koşular sonucu ciddi ağrı, kramp ve acı hissederler. Bunun hemen ardından ise vücutlarında mutluluk, heyecan ve haz duymalarına sebep olan opioid hormonu salgılanmakta. Vücut geliştirmeyle ilgilenen insanların saatler süren ağır antrenmanlardan sonra duydukları ağrıdan mutlu olmalarının sebebi de budur. Ya da yemek sırasında duyulan acı, birçok insan için lezzet arttıran ve iştahı açan bir his olabilir. Eğer sağlıklı bir psikolojiye sahipseniz acı hissetmenin kendisi mutluluk vermez elbette, ancak acının getirdiği öğretiler, sizi mutluluğa giden yola hazırlar.

"Andolsun, birinci yaratılışı(nızı) biliyorsunuz.
O hâlde düşünseniz ya!"
– Vâkı'a Suresi 62. Ayet

İÇİNDEKİ YARALI ÇOCUK

Ben büyüdüm demek değil, içimdeki o çocuğa kavuştum ve oldum demek gerekir.

İnsanların birçoğu, bugün yaşadığı sorunların çocukluk yıllarından kalıp yüzleşemediği birçok duygunun yansıması olduğunu bilmeden, beyhude çözüm arayışları peşinde koşar. Biraz olsun mutlu olabilmek adına alışveriş yapmak, fiziksel görüntüde değişiklikler yapmak, küçük övgüler peşinde koşmak yalnızca anlık sevinçler sağlayabilir. İçimizdeki yaralı çocuk gülümsemedikçe, kalıcı mutluluğa asla erişemeyiz.

Şimdi, son durağı mutluluk olan, uzun bir yolculuğa çıkmak ister misin? Gerçek mutluluk için, bilinçaltınızdaki küçük çocuğa yardım etmelisiniz.

Zihnini tüm uyaranlardan soyutla, sevgili okur ve sessiz bir odaya geç. Tüm sesleri kapat, özellikle beyninizin içinde hiç durmadan konuşan iç sesine bir süreliğine ara ver. Hafif aydınlık bir odada zamandan ve mekândan soyutla kendini. Ve şimdi kalabalık bir trene bindiğini hayal et, sevgili okur.

Öyle bir yer ki burası, istasyon bomboş, tren hınca hınç dolu. Herkes buradaymış gibi ama herkes sanki orada yokmuş gibi. En arkadaki vagonun en son koltuğu dışında tüm koltuklar dolu, üstelik ayakta yolculuk edenler bile var. Ama kimse gelip bilet sormuyor. Kimsede valiz yok, çanta yok, ses bile yok. Sonra fark ediyorsun ki trendeki herkes tanıdıkların, arkadaşların, eşin, dostun, sevdiklerin, öğretmenlerin, patronun, ortağın, komşun, akrabaların ve çok daha fazlası. Hayatına giren herkes o trende, bir yerlere geçmiş sana gülümsüyor, selam veriyor ama kimse konuşmuyor...

Tren hızla hareket ediyor, birçok istasyondan geçiyor ve varılan her istasyonda, trenden bir kişi daha eksiliyor. İnsanlar azaldıkça ön koltuğa, sonra daha öndeki koltuğa geçerek vagonlar arasında ilerliyorsunuz. En yakınlarından çocukluk arkadaşlarına kadar herkes teker teker iniyor trenden ve sonunda kendini en öndeki vagonun kapısında buluyorsun. İçinde ne olacağını bilememenin verdiği ufak bir kaygı ve merakla açıyorsun kapıyı. Birde bakıyorsun ki hızla yol aldığınız onlarca farklı istasyondan sonra geriye seninle birlikte sadece üç kişi kalıyor. En önde, dizlerine kapanmış ağlayan küçük bir çocuk. Arkasında yüzlerini seçemediğin iki yetişkin, hiçbir şey yapmadan öylece dikiliyorlar.

Konuşmak için biraz daha yaklaşıp eğildiğinde o küçük çocuğun, aslında kendi çocukluğun olduğunu anlıyorsun. Arkasındakiler ise annen ve baban...

Anlıyorsun olan biteni, fark ediyorsun zihninin derinliklerinde tek başına bıraktığın küçük çocuğun hissettiklerini. Aslında hiç unutmamıştın, sadece susturmaya çalışmıştın, duymamazlıktan gelmiştin ama derinlerde bir yerlerde hep hissetmiştin. Şimdi onun yanındasın, kırmızı yanaklarından süzülen gözyaşları eşliğinde sana bakıyor. Üzgün, korkmuş ama ıslak gözleri hâlâ umutla bakıyor, çünkü o daha bir çocuk, umutsuzluk nedir bilmiyor.

Haydi konuş o küçük çocukla, ben gelecekten geliyorum de. Seni dinlemek, anlamak için geldim de. Sor ona neden ağladığını, sevildiğini mi hissedememiş yeterince, öfkeye mi tanık olmuş yoksa, sürekli korkmuş mu ya da belki fazla korunmuştur. Belki de o kadar çok korunmuştu ki kendi başına adım atacak cesareti kalmamıştı.

Anne ve babana bak sonra, yüzlerine bak, ağladığımı neden görmediniz de onlara. Neden hiçbir şey yapmadıklarını sor. Annenden yeterince sevgi, merhamet göremedin mi? Babanın yanında yeterince güvende hissedemedin mi? Belki onlar çabaladılar, ağlama mutlu ol diye uğraştılar ama sana gösteremediler. Belki onlar seni anlayamadı belki de sen onları... Neydi o küçük çocuğun gözlerinden süzülen yaşların temeli? Çekinme haydi sor o çocuğa neden ağladığını, konuş onunla anlamaya çalış. Söyle ona ben gelecekteki senim, korkma artık güvendesin de... Şimdi ağlamak, üzülmek vakti değil, anlamak, affetmek anlaşmak vaktidir de onlara...

O küçük çocuk gülümsemedikçe, tüm sevinçler anlık, tüm mutluluklar yarım, tüm başarılar eksik...

Konuş içindeki çocukla, en güzel oyunları onunla oyna. O gülümsemedikçe asla var olamazsın bu dünyada...

RUH HASTALANMADAN BEDEN HASTALANMAZ

"Yaraların, ışığın içeri girdiği yerdir."
— Mevlânâ Celâleddîn-i Rûmî

Istakozlar sert kabukları içerisinde yaşayan yumuşak hayvanlardır. Istakozun kendisi büyüdükçe, artık sığmakta zorlandığı sert kabuğu canını acıtmaya başlar. Bunun üzerine kayalıkların arasına saklanan ıstakoz kabuğunu çıkararak kendine yeni bir kabuk üretir. Ancak bu şekilde büyüyen ıstakoz, kabuğu kendisine her dar geldiğinde aynı şeyi tekrarlar. Peki bu sevimli ıstakozlar canı yandığında kabuğunu bir kenara bırakmak yerine farklı bir çözüm bulsalardı ne olurdu? Mesela acılarını giderecek bir krem sürselerdi ya da kendisine bu acıyı unutturacak, düşünmesini engelleyecek sosyal medya hesaplarına sahip olsaydı. İşte o zaman bir şekilde acısını bastıracak ve asla büyüyemeyecekti. Istakozun büyümesine sebep olan şey hissettiği acının kendisine gösterdiği öğretiyi kabul etmesidir.

Yaşadığımız hastalıklar biyolojik birtakım sebeplerden ortaya çıkar. Ancak o biyolojik sebebi tetikleyense bilinçaltımızın ta kendisidir. Örneğin bronşit, virüs veya bakterinin vücuda bulaşması sonucu bronş duvarlarını kalınlaşması olarak tanımlanabilir. Temel sebep ise özellikle aile yaşamındaki huzursuz ortamın bilinçaltını etkilemesi ile solunum yollarındaki bağışıklığın zayıflamasıdır. Bronşitin bize öğretisi, hayatımızdaki huzursuz ortamı gidermemiz gerektiğidir. Yapmamız gerekense tıpkı ıstakoz gibi inzivaya çekilip, huzursuzluğa sebep olan sorunları bir kenara bırakarak yeni bir sayfa açmamızdır. Tüm hastalıklar bize bir öğretiyle gelir ve bir şekilde zaman içerisinde gider, bize düşen o öğretiyi görebilmektir.

Bilinçaltı inançlarımızın sağlığımız üzerine bu denli etkili olacağına inanamıyor musunuz? O hâlde size birbirinin tersi olan iki terimden bahsedeyim, sevgili canlar. Birincisi muhtemelen birçoğumuzun duyduğu plasebo etkisi. Plasebo bir hastanın kendisine verilen tamamen etkisiz bir maddeyi bile, etkili olacağına inanarak kullanırsa vücudunda iyileşme belirtileri göstermesine verilen isimdir. Duisburg-Essen Üniversitesi'nde psikolog Marion Goebel nezle alerjisi bulunan 30 kişiyi özel bir deneye tabi tuttu. Bu deneyde katılımcıların bir kısmı kendi ilaçlarını kullanmaya devam ederken diğer bir kısmını ise etkili olduğu söylenilen hap içerikli özel bir içecek verildi. Gerçekteyse içtikleri sıradan bir hap ve sadece suydu. Deney sonunda ise etkili hap kullanıp özel içecek içtiğini zanneden grubun gösterdiği etki, gerçek ilaç kullanan kişilerle aynıydı. Hatta nezle sırasında kanda artan beyaz kan hücreleri tıpkı iyileşme sürecinde olduğu gibi azalmaya başlamıştı. Onları iyileştiren şey iyileşecek olmalarına inanmalarıydı. Beynin alt kısmında ortaya çıkan bozukluklara bağlı sinir hastalığı olan parkinson hastalığında bile plasebo etkisiyle iyileşme görünmüştür. Parkinson hastalarına verilen ve çok etkili olduğu söylenen ama gerçekte hiçbir etkisi olmayan haplar sonucunda hastaların titremelerinde ciddi bir azalma görülmüştür.

Nosebo ise plasebonun tam tersidir. Yani bir kişi tamamen zararsız bir maddeyi kullandığında, eğer o maddenin kendisine zarar vereceğine inanırsa, vücudunda bununla ilgili negatif bir takım yan etkiler görmeye başlamasıdır. Japonya'da Çin cila ağacı olarak bilinen Asya'ya özgü bir ağacın yapraklarına alerjisi olan 57 kişi üzerinde bir araştırma yapıldı. Araştırma sırasında tüm katılımcıların gözleri bağlandı ve sol kollarına Çin cila ağacı yaprağı, sağ kollarına ise tamamen farklı bir ağacın yaprağı temas ettirildi. Ancak katılımcılara tam tersi bilgi verilerek sağ kollarına Çin cila ağacı yaprağı sürüldüğü söylendi. Sonuç olarak katılımcıların büyük bölümünün sağ kollarında kızarıklık ve kaşıntı ortaya çıkarken sol kollarında hiçbir belirti görülmedi.

Bilinçaltımızda oluşturduğumuz inançlar tüm hayatımızda olduğu gibi sağlığımız üzerinde de direkt olarak kendini gösterir.

"O, beni yaratan ve bana doğru yolu gösterendir.
O, bana yediren ve içirendir. Hastalandığımda da
O bana şifa verir."
– Şu'ara Suresi 78. Ayet

Kendinizi sevgiyle kabule geçtiğinizde vücudunuz hızla sağlığa kavuşacaktır. Temizlenmiş, negatif blokajlardan arındırılmış bir bilinçaltı âb-ı hayat suyu etkisi ile size sağlık, yaşam enerjisi ve mutluluk getirecek. Elbette tıbbı ve ilaç bilimini bir kenara bırakarak, hiç hastalanmadan yaşamak mümkün değil. Hastalanacağız çünkü yaşamaya ve öğrenmeye devam ediyoruz ve hastalıkların getireceği öğretilere ihtiyacımız var. Elbette iyileşmek için tıbba güveneceğiz. Kuantum dünyası size hiç hasta olmamayı vadetmiyor, hastalığın getirdiği öğreti sayesinde gelişerek büyümeye devam etmeyi vaat ediyor.

"Sonra onu tamamlayıp şekillendirmiş, ona kendi
ruhundan üflemiştir. Ve sizin için kulaklar, gözler,

kalpler yaratmıştır. Ne kadar az şükrediyorsunuz!"
– Secde Suresi 9. Ayet

Organlarımızı ve oluşturdukları sistemleri ayrı ayrı düşünsek de aslında hepsi birlikte hareket eden bir bütünün parçalarıdır. Midemiz, karaciğerimiz, bağırsaklarımız, beynimiz, akciğerimiz, kalbimiz vs. Hepsi direkt veya dolaylı olarak birbiri ile bağlantılı bir şekilde çalışır. Yüzyıllar boyu süregelen tecrübeler sonucu ortaya çıkmış, kadim geleneksel tıp anlayışı ile modern tıp anlayışının harmanlanmasıyla ortaya çıkan bütüncül tıp, belirli bir nokta üzerinde odaklanmak yerine kişiyi bir bütün olarak ele alır. Yaşadığınız şiddetli mide krampları ile sindirim sisteminizde bir sorun olduğunu düşünerek hastaneye gidebilir ve muhtemelen endoskopi yaptırabilirsiniz. Oysa krampların temel sebebi solunum sisteminizdeki bir aksaklıktan kaynaklanıyor olabilir. Solunum sistemimiz dolaşım sistemimize ve dolaşım sistemimizde sindirim sistemimize etki ederek en sonunda mide kramplarına yol açıyor olabilir. Tüm vücudumuz bu şekilde birbiriyle bağlantılı bir şekilde çalışır. Sağlığımız tüm vücut fonksiyonlarımızın bir arada düzenli şekilde çalışmasına bağlıdır. Diğer tüm sistemlerimiz üzerindeki en büyük etkiye sahip olan ise düşünce sistemizdir.

Rabb'imiz bizleri kusursuz işleyen bir bütün olarak yarattı ve nefesinden üflediği ruhumuzla yaratılışımızı tamamladı. Bilinç düzeyimiz ve ruhsal hâlimiz tüm vücudumuza etki eder.

Hayata karşı daha pozitif olan ve gülümseyen insanların çok daha sağlıklı olduğunu fark ettiniz mi? Pozitif olmak bilinçsizce karşınıza çıkan her şeyi kabul etmek demek değildir. Pozitif olmak tüm olasılıkları fark ederek bakış açımızı en doğru seçeneğe yönlendirir. Hayata karşı pozitif baktığınızda üzerinizdeki stres ve kaygı baskısı azalarak vücudunuzun çok daha düzenli bir şekilde çalışmasına sebep olacaktır. California Üniversitesi profesörü Steve Cole olumsuz düşüncelerin bağışıklık sistemine yönlendirildiğini ve kronik rahatsızlıklara sebep olduğunu ifade eder.

Happiness at Work (İş Yerinde Mutluluk) kitabının yazarı Jessica Pryce-Jones, yaptığı araştırma sonucu pozitif kişilerin %188 daha enerjik, %108 daha iyi iletişim kurabilen, %50 daha motive ve %50 daha üretken olduklarını saptadı.

Yapılan tüm çalışmalar ruh hâlinizin yani hayata karşı bakış açınız ve düşüncelerinizin, fiziksel sağlığınız üzerinde çok büyük etkiye sahip olduğunu gösterir. Sizi hasta edenin virüsler ve bakteriler olduğunu düşünebilirsiniz. Bu düşünce doğru bir yaklaşım ancak buz dağının görünmeyen kısmında yine bilinçaltınız yatar. Eğer vücudunuz ruhunuzdaki bir hastalıktan etkilenmiyor olsaydı, bağışıklık sisteminiz düzgün çalışacak ve virüslerin sizi hasta etmesine izin vermeyecekti.

Uyanış Zamanı adlı kitabımda hastalıkların genel olumlamaları bölümünde, hastalıkların nedenlerine ve olumlamalarına ulaşabilirsiniz. Rahatsızlığınız neyse yapacağınız olumlamayı 21 gün boyunca içselleştirerek tekrarlamanız gerekiyor. Olumlamalar, yüzde on üzerinizde etki yapar. Mutlaka altındaki bilinçaltı kayıtlarının değiştirilip dönüştürülerek nötralize edilmesi gerekiyor. Sizler bir şekilde hasta olduysanız, o hastalık mutlaka size ruhunuzdaki bir yarayı öğretmek için gelmiştir. İlaçlar yardımıyla iyileşseniz bile, ruhunuzdaki yarayı görüp öğretiyi kabul etmediğiniz sürece tekrar tekrar hasta olmaya devam edersiniz. Negatif duygu ve düşüncelerle ilk önce ruhunuzu hasta ediyorsunuz. Sonra görünür olmak için bedende hastalık olarak ortaya çıkıyor. Beden kendini yenileyen bir mekanizmaya sahip olduğundan dolayı hastalık gitmek için şiddetini arttırır. Siz sebebini ve nedenini anladığınızda o öğretiyi verir ve gider.

Bir şey daha var ki göz ardı ediyorsunuz. O hastalığı ruhunuzu hasta ederek bedeninize alan sizsiniz. O hâlde gönderecek olan da sizsiniz.

Unutmayın sevgili canlar; ruh hastalanmadan beden hastalanmaz.

PANİK ATAK

Bastırılmış bilinçaltı inanışları ve yüzleşilmemiş duyguların, küçük bir tetikleyici ile yüksek kaygı ve stres şeklinde belirmesi panik atak olarak adlandırılır. Panik atak gerçek bir tehlike olmaksızın, araba sürmek, kalabalık bir ortama girmek gibi tehlike olma olasılığının zihninizde canlanmasına sebep olacak küçük bir sebep ile bir anda belirir. Nabız yükselmesi, nefes almakta zorlanma, terleme, titreme, bulantı, kontrolü kaybetme gibi belirtiler gösterir. O anda trafik gibi tamamen kontrollü olmanız gereken bir ortamdaysanız, maalesef ciddi sonuçlara sebebiyet verebilir.

Panik atak kaygının ilerlemiş hâli olarak düşünülebilir. Kaygı henüz olmamış, muhtemel tehlikeler için duyulan endişedir. Panik atak ise bu endişenin fiziksel tepkiler verecek boyutta artmasıdır. İster kaygınız olsun ister panik atak, fark etmemiz gereken ilk nokta henüz gerçekleşmemiş, gerçekleşeceğine dair kesin kanıt bulunmayan, yani aslında olmayan bir sebep karşısında endişelenildiğidir. Bu şekilde baktığımızda küçük bir çocuğun olmayan öcülerden korkması gibi, biraz daha ilerlemiş hâli sadece.

Panik atak ortaya çıkma şekillerine göre 3 farklı kategoriye ayrılır. İlk kategori tamamen düzensiz ve hiçbir sebep olmaksızın ortaya çıkan panik ataktır. Bu panik atağın ortaya çıkması için hiçbir çevresel faktöre gerek duyulmaz. Uyku sırasında bile ortaya çıkabilir. İkinci kategori ise çağrışım yapan bir olay sonucu ortaya çıkmakta olmasıdır. Örneğin, boğulma korkusu yaşayan bir kişinin küçük bir havuz gördüğünde atak geçirmesi gibi... Son kategoride ise panik ataklar sonradan ortaya çıkar.

Sosyal kaygılar yaşayan bir kişinin kalabalık bir ortamda vakit geçirip eve döndükten sonra atak geçirmesi gibi.

Panik atak yaşandığında nefes egzersizleri, progresif kas gevşetme tekniği (1938'te Dr. E. Jacobson tarafından geliştirilen, kas gruplarını 5-7 saniye kasıp gevşetmeye dayanan bir rahatlama yöntemi), rahat hissetmenize sebep olan bir obje veya bir kişiyi düşünmek anlık olarak çözüm olabilir. Kalıcı çözüm ise ancak ve ancak farkındalıkla mümkün olabilir.

Yazımızın başında söylediğimiz gibi sevgili canlar, eski bir panik atak hastası olarak, panik atak kökleşmiş bir yanlış bilinçaltı inancı veya yüzleşemediğimiz duygular sonucu ortaya çıkar. Bilinçaltınızda oluşturacağınız farkındalıkla tüm sorunlardan olduğu gibi panik ataktan da kalıcı olarak kurtulmak mümkün, sevgili canlar. Panik atak bilinçaltımızın eşliğinde beynimizin uydurduğu komik bir şakadan ibarettir.

Yüce Rabb'imizin bizlere tüm evrendeki en yüksek potansiyel güce sahip şeyi, zihnimizi bahşetmiştir. Beynimizi doğru kullandığımızda ve doğru şekilde programladığımızda yapamayacağımız hiçbir şey yok, sevgili canlar. Unutmayın ki şu an sıradan olan her şey geçmişte yalnızca bir hayalden baretti. Bugünün hayalleri yarının sıradanlarıdır. Yapana kadar neler yapabileceğinizi asla bilemezsiniz. Siz çizmedikçe sınır nedir bilmezsiniz.

"And olsun, biz insanoğlunu şerefli kıldık. Onları karada ve denizde taşıdık. Kendilerini en güzel ve temiz şeylerden rızıklandırdık ve onları yarattıklarımızın birçoğundan üstün kıldık."
– İsrâ Suresi 70. Ayet

TAKINTILAR

Hepimizin hayatında önem verdiğimiz, dikkat ettiğimiz bazı konular mutlaka vardır. Hatta kendimizi güvende ve motive hissetmemize sebep olan bazı küçük alışkanlıklar edinmekte hiçbir sakınca olmadığı gibi, kimi zaman bizlere günlük hayatımızda çok yardımcı olabilir. Örneğin, topluluk önünde konuşma yapacağınız zaman veya önemli bir görüşmeye katılırken hep aynı uğurlu çoraplarınızı giymeniz gibi. Sizi daha motive hissettiriyorsa bu faydalı alışkanlığa devam etmenizde hiçbir sakınca yoktur. Ancak aynı çorapları giymeden işe gidemez, sokağa çıkamaz hâle gelindiyse, burada ciddi bir sorun var demektir, sevgili canlar.

Ancak bazı alışkanlıklar kimi zaman günlük yaşantımızı etkileyecek düzeyde takıntı hâlini alabilir. Bu takıntılar önlem alınmadığı taktirde ilerleyip kaygılara sebebiyet vererek maalesef ki ciddi kişilik bozukluğuna dönüşebilir. Buna karşılık bilinçaltı sebepleri doğru tespit edildiğinde takıntılardan kurtulmak son derece kolay. Bunun için öncelikle takıntı türlerini ve en sık karşılaşılan sebepleri bilmemiz gerekir.

Takıntı türleri 4 ana başlık altında toplanıyor. Kontaminasyon takıntısı genellikle ciddi boyutlara ulaşmış hijyen takıntısını ifade eder. Hijyene dikkat etmek hepimiz için son derece önemli bir konudur, ancak kapı kollarına dokunamayacak, yıpranana kadar elleri yıkamak, sürekli her yeri çamaşır suyu ile silmek, başkalarına temastan kaçınmak, farklı bir yerde yemek yiyememek gibi davranışlar hayatımızı olumsuz etkileyen takıntılı davranışlardır. Kontaminasyon takıntısı olan kişiler, hijyenin yanı sıra kelime ve sayılar konusunda takıntılı davranışlar gösterebilir.

Tüm takıntılar temelde bir şüphe barındırıyor olsa da Şüphe ve kontrol takıntısı tamamen şüphe üzerine takıntısı olan kişileri ifade eder. Bu kategorideki kişiler hemen hemen her şeyden hatta kendi değer yargılarından, bilgi ve hafızalarından bile şüphe duyar. Henüz çok yeni yaşanmış anılarına bile şüpheyle yaklaşarak, gerçekten o anı yaşayıp yaşamadıklarını sorgulayabilirler. Her şeyi en az iki kez kontrol etme çabası ve sürekli şüpheli yaklaşım, özellikle sosyal ve ikili ilişkileri son derece olumsuz etkiler.

Düzen takıntısı ise genellikle simetri hastalığı şeklinde ortaya çıkmaktadır. Hepimiz evimizde ya da işyerimizde kendimize göre bir düzen oluşturmak isteriz elbette, bu bize kendimizi iyi hissettirir. Ancak kalemin hep aynı yerde aynı şeklide durmasını istemek, konuştuğumuz kişinin hafif eğri duran kravatını bile düzeltmeye çalışmak, eşyaların doğru yerlerini bulması için saatlerce uğraşmak, her şeyi kontrol etme çabası içinde olmak hayatınızı olumsuz etkileyen takıntılı davranışlardır.

Takıntılar içerisinde belki de en tehlikeli olanı Tabu takıntıları olarak adlandırılan kategoridir. Tabu takıntısı genellikle şiddet, cinsellik veya dini inanç gibi konularda kendi davranışlarını takıntı hâline getirmiş kişileri ifade eder. Örneğin, inançları konusunda takıntıya kapılmış bir kişi yaptığı ibadetlerin yeterliliği konusunda kendisini sürekli yetersiz hissederek yemek, uyku gibi günlük zaruri ihtiyaçlarından bile feragat ederek durmaksızın ibadet etmek isteyebilir.

Elbette ibadet etmenin Rabb'imize olan şükürlerimizi göstermenin yanı sıra beden ve ruh sağlığımız açısından son derece önemli faydaları var. Ancak sevgili Allah'ımız bizden dünyevi zevkler hiç yokmuş gibi davranmamızı istemez. Tam tersine, bizlere gönderdiği rehber kitabımız Kur'an-ı Kerim'de, bahşettiği nimetlerden israf etmeden faydalanmamızı özellikle belirtmiştir.

"Göklerde, yerde ne varsa hepsini Allah'ın
sizin hizmetinize verdiğini ve açıkça yahut gizlice
üzerinizdeki nimetlerini tamamladığını
görmediniz mi?"
– Lokman Suresi 20. Ayet

Takıntıların kişiye göre değişen yüzlerce farklı sebebi olabilir. Genel olarak:

- Kendince üst statüde gördüğü kişi veya kişilerin ilgisini çekebilme isteği,

- Terk edilme korkusu,

- Kendi değerini fark edememek,

- Çocukluk travmaları,

- Sosyal etkenler (mahalle baskısı) en sık karşılaşılan takıntı sebeplerinden bazılarıdır.

Görünen sebebi ne olursa olsun, bilinçaltımızda kök salmış inanışlar temel sebebidir. Kalıcı çözüme ulaşmak ancak temel sebep ile yüzleşmek ve bilinçaltımızdan temizlemekle mümkün olmaktadır.

BEYNİN GÜCÜ

"Gökleri ve yeri yerli yerince yarattı.
Sizi şekillendirdi ve şekillerinizi de güzel yaptı.
Dönüş ancak O'nadır."
– Teğâbun Suresi 3. Ayet

Evrenden daha geniş ve karmaşık bir şey varsa bu kesinlikle insan beynidir. Beyin, hakkında yapılan her keşif bizleri daha fazla şaşırtmakta ve hâlâ çözülememiş gizemleriyle sırlarını korumaya devam eder. Yaşayan en büyük bilim insanlarından biri olan Japon kökenli Amerikalı teorik fizikçi Michio Kaku, "İnsan beyninde 100 milyar nöron var ve her nöron 10.000 diğer nörona bağlı. Evrendeki en karmaşık nesne omuzlarımızın üzerinde duruyor." demiştir. Kaku'nunda söylediği gibi ortalama bir insan beyninde yaklaşık 100 milyar nöron bulunur ve bu sayı Samanyolu galaksisinde bulunan yıldız sayısıyla neredeyse aynı. Beyin hakkında bugüne dek yapılan tüm keşifler, denizin birkaç kulaç derinliğini keşfetmekle eşdeğer.

Etrafımızdaki görüntüleri sadece 13 milisaniye gibi bir sürede işleyebilen beynimiz, toplam vücut ağırlığımızın yaklaşık olarak %2 ağırlığına sahip olsa da toplam vücut enerjimizin %20'sini kullanır. Kalbimizden pompalanan kanın neredeyse 1/4'ü beynimize taşınır. Beynimizin bu kadar çok enerji kullanmasının geçerli bir sebebi var elbette, sevgili canlar. Günümüz teknolojisi sayesinde avuç içi kadar belleklere çok büyük dosyalar, resimler, filmler kaydedebilmekteyiz. Gördüğünüz en yüksek hafıza alanına sahip harici belleğin boyutunu hatırlıyor musunuz? 1TB veya 5TB harici bellekler görmüş olabilirsiniz. Hatta şu an kullanımda 30TB alana sahip harici bellekler mevcut. Northwestern Üniversitesi Psikoloji Profesörü Paul Reber'in yaptığı araştırmalar sonucu insan beyninin, 2.5 Milyon GB, yani 2.148 TB alana sahip olduğunu keşfetti. Reber'e göre bu rakam yaklaşık 300 yıllık bir televizyon gösterisine eşdeğer. Beynimiz bir ampulü yakmaya yetecek kadar elektrik üretebilir. Günde ortalama 50.000-70.000 arası düşünce üretebilen beynimiz, her saniyede 100.000'den fazla kimyasal reaksiyon gerçekleştirir. Tüm bunların ve çok daha fazlasının gerçekleştiği beynimizin yaklaşık %75'i sudan oluşur. Sadece bu bilgi bile suyun hayatımızda ne kadar büyük bir öneme sahip olduğunu gösterir sevgili canlar.

Beynimiz ile ilgili ilginç farklı bir nokta ise, tüm hislerde olduğu gibi acı hissinin de işlendiği yer olan beynimiz, kendi acısını hissetmez. Yani vücudunuzun herhangi bir yerinde ufacık bir acı bile beyninize uyarı sinyalleri gönderirken, beyniniz büyük bir acıya maruz kalsa bile bunu asla hissetmez.

Beynimizde bilginin işlenmesiyle görevli nöronların oluşturduğu dokuya gri madde denir. Gri madde beynimizin yaklaşık %40'ını oluşturur. Yeni bir şeyler öğrenmek, yeni yerler keşfetmek, beyni zorlayıcı aktiviteler yapmak gri maddenin artmasına sebep olmakta ve bu sayede beynimizi daha aktif kullanmamızı sağlar. Aynı zamanda son yıllarda yapılan çalışmalar, düzenli egzersiz ve meditasyonun gri maddeyi arttırarak beynimizi daha etkili kullanmamıza sebep olduğunu kanıtlıyor.

İnsan beyni evrendeki en gelişmiş sisteme sahip makinadır. Onu farklı kılan en önemli özelliği öğrenme kapasitesidir. David Eagleman "Beyin" Senin Hikâyen kitabında, 1969 yılında Nature dergisinde Paul Bach-y-Rita tarafından yayınlanan ve görme engelli insanlar üzerinde yapılan deneyi anlatan bir makaleden bahsetmekte. Bu deneyde görme engeli olan farklı kişiler, ekranın tam karşısında dişçi koltuğuna benzer bir koltukta oturtuluyorlar. Ekranda akan görüntü, koltuk da bulunan onlarca küçük pistonun uyguladığı basınçlarla kişilerin sırt kısımlarına çiziliyor. Örneğin, ekranda daire resmi çıktığında koltuk oturan kişinin sırtına daire şeklinde basınç uyguluyor. Yapılan deneyin sonunda kişilerin bir süre sonra nesneleri yorumlayabildiği gözlemlenir. Yani beyin deriye yapılan basınç sayesinde görmeyi öğrenmeye başlamıştı. David Eagleman bu insanların bir bakıma sırtlarıyla görmeye başladıklarını söylüyor. Beynin öğrenmesi sadece görmekle ilgili değil, aynı kitapta işitme engelli Michael Chorost'un hikâyesinde anlatılıyor. Michael'in kulağına ameliyatla, sesleri işitme sinirine on altı küçük elektrot aracılığıyla gönderen bir implant takılıyor. Michael ameliyattan yaklaşık bir ay sonra sadece zzzzzzzz şeklinde sesler duyduğunu, zaman geçtikçe seslerin daha anlamlı hâle geldiğini söylüyor. Aylar sonra ise sevgili Michael telefon kullanmaya ve hatta arkadaşlarıyla dışarıda oturup sohbet etmeye başlıyor.

Beyin sadece öğrenmekle kalmıyor, aynı zamanda gerekli durumlarda kendisini farklılaştırabilen muhteşem bir yapıya sahip. Bilindiği üzere beynimiz sağ ve sol kısımlardan oluşur ve her kısmın kendi görevi vardır. Sağ beyin hayal gücü, sanat, duygu gibi konularla görevliyken; sol beyin daha çok matematik, analiz, sebep-sonuç ilişkileri ile ilgilenir. Peki ya iki kısımdan biri olmasaydı?

1800'lü yıllarda Amerika'da demir yolu inşaatında çalışan Phineas P. Gage, geçirdiği kaza sonucu beynin sol kısmını kaybetmişti. Ancak Gage hayatının geri kalan kısmını neredeyse sorunsuz şekilde yaşayabildi. Çünkü beyninin kalan kısmı, yeni duruma uyum sağlayarak sol beynin görevlerini de yapabilecek şekilde kendisini güncellemişti. Üstelik Gage tek örnek değil, Rusya'da geçici iskemik atak şikâyeti ile hastaneye giden emekli bir mühendis, 60 yaşında beyninin sadece yarısının olduğunu öğrendi.

İnsan beyni kâinatın en büyük potansiyel gücüne sahip nesnesidir, sevgili canlar. Beynin dokusu, kas dokusuna benzerlik gösterdiğinden dolayı ne kadar çok kullanırsanız, beyninizi o derece yüksek kapasitede çalışır. Biliyorsunuz ki kullanmadığınızda kaslarınız eski gücünü kaybeder. Bu durum beyin içinde geçerlidir. Beyin de kendini atıla çevirir. Hisleri düzenleyen, duygu, düşünce, hareketleri yöneten sistemle yapılanmış milyarlarca sinir hücresini içinde taşıyan beyin, bu yolla vücudumuzun geri kalanını da yönetir. Baş ağrıdığında beyin mi ağrır, yoksa onu saran doku mu? Hiç düşündünüz mü? Beynin acı duymadığını iletmiştim. Ağrıyan da tabii ki dokudur. Kuantum alanda yaptığım çalışmalarda beynin parçacıklarına çalışarak, birçok travmada, panik atak, endişe, kaygı gibi durumlarda mucizevi iyileşmeler ve dönüşler almaktayım. Sağ beyin, duygusal, sezgisel, yaratıcı, bütünseldir. Sol beyin, planlayıcı, kontrolcü, mantıksaldır.

İlkel beyin, ben merkezli çalışır. Sağ beyin, gelecekle ilgili, sol beyin geçmişle ilgili kayıtları tutar. Tüm beyin parçacıklarını yöneterek karar alma merkezimiz olan ilkel beyin, tamamen ilkelce düşünür ve ilkelce kararlar alır. Tek odağı kendidir.

Hipokampüs = Hafıza merkezi (geçmiş hayat kayıtları, atalar, anılar)

Amigdala = Duyguların kayıtlı olduğu alan. (savaş veya kaç merkezi)

Sürüngen beyin = İnanç merkezi (kalıplar)

Çalışmalarımda bu ana bölümler arasındaki dengeyi sağladığımızda, hayat kaliteniz ve sorununuz her neyse, değişimler yaşamlarınızda görünür olmaya başlıyor.

Beyninizi kullanmanız dileğiyle...

İÇSEL KEŞİF YOLCULUĞU

İnsanlık tarih boyunca onlarca farklı soruya cevaplar aradı. Neden varız, bir anlamı var mı, farkımız nedir, nereden geldik ve nereye gidiyoruz... Tüm bu ve bunlara benzer sorular için farklı tarih ve kültürlerden onlarca düşünür cevaplar aradı. Kimileri kendince birtakım cevaplar bularak açıklamaya çalıştı. Ancak esas önemli olan şu ki, tüm bu soruların tek bir ortak noktası var ve gerçek cevaba ulaşabilmek için öncelikle o ortak noktasını cevaplamamız gerekiyor... Ben Kimim?

Yalnızca öyle büyük soruları cevaplamak için değil, küçük mutlulukları yakalamak, huzurlu hissetmek, yaşantımızı güzelleştirmek için de ben kimim sorusuna gerçek bir cevap bulmalıyız. Bu cevap bizim mutluluğa giriş kapımız olacak. Duygularımız yönlendirmek, eylemlerimizi kontrol etmek hatta kaderimize yön verebilmek için öncelikle kendimizi keşfetmemiz gerekiyor, sevgili canlar.

"Kendini bilmek tüm bilgeliğin başlangıcıdır."

Aristo

İnsanın kendini keşif yolculuğu dört bölüme ayrılmıştır:

1- Öz Farkındalık: Sizi ne mutlu eder, hangi duyguları daha yoğun yaşıyorsunuz, neye üzülür, neye sinirlenirsiniz gibi soruları cevapladığımız bölüm. Bu soruları cevaplarken kendinize mümkün olduğunca dışarıdan bir gözle bakmanız ve en objektif hâliyle cevap vermeniz gerekiyor. Eğer yeterince objektif olduğunuzdan emin değilseniz, dürüstlüğü ve cevaplarına güvendiğiniz yakınlarınıza sizinle ilgili bu soruları cevaplamasını isteyebilirsiniz.

2- İlgi Farkındalığı: İlgi alanlarınız ve hobileriniz sizinle ilgili büyük ipuçları verebilir. Örneğin, tiyatro izlemekten hoşlanmak sabırlı, kitap okumayı sevmek meraklı bir kişiliğe sahip olduğunuzu gösterir. Müzik dinlemeyi seviyorsanız muhtemelen duyguları yoğun yaşayan empati yeteneği yüksek bir ruhsunuz. İlgi alanlarınız sizi size yansıtır.

3- Hayal Farkındalığı: İlk iki bölüm kendinizi keşfetmenize yönelik adımlardı. Hayal farkındalığı ise daha çok çıkacağınız yola karar vermekle ilgili. Elbette hayalleriniz, umutlarınız, hayattan beklentileriniz kişiliğiniz hakkında bazı bilgiler vermekte, ancak esas olarak hangi yöne gitmeniz gerektiğini bize gösterir.

4- Kariyer Farkındalığı: Kendinizi ve beklentilerinizi keşfettikten sonra geriye sadece uygun adımları atmak kalıyor. Sizi mutlu eden hobi ve meslek seçimi ile hayatın geri kalanında çok daha mutlu ve emin adımlarla ilerleyebilirsiniz.

Bu dört adım dışında da edineceğiniz bazı alışkanlıklarla içsel keşif yolculuğunuzda çok daha hızlı ve doğru şekilde ilerleyebilirsiniz. Bunun için vücut tepkilerinizi izlemek sizlere büyük ipuçları verir, sevgili canlar. Sizi ne heyecanlandırır, hangi durumlarda kalbiniz hızlanır, ne olursa gülümser ne zaman duygusallaşırsınız, bunları takip ederek kendinizi keşfetme yolculuğunda çok önemli adımlara atabilirsiniz. Yine yol göstericiniz rüyalarda sizlerle ilgili önemli bilgiler taşıyor. Gördüğünüz rüyaları yazmak hem kendinizi daha iyi tanımanıza yarar hem de rüya farkındalığınızı arttırarak duru görü yeteneğinizin gelişmesine etki eder. Tarihin en büyük psikologlardan biri, hatta belki de ilki olarak gösterilen Sigmund Freud, "Her insan gördüğü rüyanın tabiridir." demiştir.

Gelecekteki kendinize bir mektup yazmakta oldukça işe yarayan bir yöntemdir, sevgili canlar. Bir yıl sonraki kendinize bir mektup yazın ve onu güvenli bir yerde saklayın. Günü gelmeden asla açmayın. Mektubu yazarken ve tam bir yıl sonra okurken kendinizle ilgili yeni keşiflere ulaşacaksınız.

İnsanın kendini bilmesi aynı zamanda Türk ve İslam kültürü açısından da oldukça önemlidir ve en büyük erdemlerden birisi olarak kabul edilir. En basitinden dilimize yerleşmiş "kendini bilmez" tabiri bile kültürümüzde bir hakaret olarak algılanır. İslam kültüründe ise Allah'ı bilmenin ilk kuralı olarak insanın kendisini bilmesi gösterilir. Hepimiz Allah'tan geldik ve yine O'na döneceğiz. O hâlde Allah'ı ve kâinatı bilmenin ilk şartı insanın kendisini bilmesidir. Kendini bilen Rabb'ini bilir...

"Ey iman edenler! Siz kendinize bakın. Siz doğru
yolda olunca sapan kimse size zarar veremez.
Hepinizin dönüşü Allah'adır. Artık O, size
yaptıklarınızı bildirecektir."
– Mâide Suresi 105. Ayet

Büyük tasavvuf üstadı Yunus Emre'nin dizeleri aslında her şeyi özetliyor.

İlim ilim bilmektir
İlim kendin bilmektir
Sen kendin bilmezsin
Ya nice okumaktır

Okumaktan murat ne
Kişi Hak'kı bilmektir
Çün okudun bilmezsin
Ha bir kuru ekmektir

Sevgili okurum, ruhum ruhunu onaylıyor, ruhunun da ruhumu onayladığını bilerek çıktığım bu yolda, kalpten kalbe sevgi köprüsü kurarak, selamlıyorum. Bu bölümü kitabın ortasına koymamdaki sebep, tüm bölümlerin birbiriyle alakalı olup senin ruhsal olarak en yüce varlık olduğunu sana ispatlamak istememdendir. İçe dönüş için geldiğiniz duygular gezegeni olan dünyada, âlemlerin kapısı size ancak böyle açılır. Her bölümde size, kendinize ne kadar da zalim davrandığınızı, acımasız hareket ettiğinizi göstermeye çalışıyorum. Kusurlu hâlinizin kusursuzluk olduğunu ispatlamak amacımdır. Kendinize ne yaptığınızı, iyi ya da kötü neyse, onları bu kitapla göstereceğim. Her ruh, eşsiz ve sonsuzdur. İnsan olmak, beden kıyafetinde ruhun sonsuz güzelliğini, evrensel ve spiritüel yasalar içinde ortaya çıkarmaktır. Farkında ya da farkında olmadan bir şey yapmak, OLmanın kapılarını açar. Keşif yolculuğunda bu kitabı kendini hakir, hatta eksik ve kusurlu gördüğün her yerde, tüm başarısızlıklarının toplamının aslında seni başarıya götürdüğünü fark edeceksin. Bu kitabın sonunda kendini affedecek, onaylayacak, takdir edecek ve en önemlisi kendine sevgi, şefkat ve merhamet veren olacaksın. Her şey senin varoluşunla başladı. Her şey senin bu ana kadar var ettiğini ve olduğunu anlamanla devam ediyor.

Haydi şimdi kaldığımız yerden devam edelim.

KUANTUM DOLANIKLIK

Kuantum fiziğinde iki benzer parçacık arasında ışık yılı uzaklık olsa bile birbirlerini ters yönde etkileyebilir. Söz gelimi evrenin herhangi bir yerinde bulunan bir parçacık sağa doğru hareket ederken, etkilediği diğer parçacık sola döner. Dolanıklığa girmiş iki parçacıktan birinde meydana gelen değişiklik, zaman ve mesafe tanımaksızın diğer parçacığa anında etki eder. Alain Aspect, John F. Clauser ve Anton Zeilinger isimli üç bilim insanı, kuantum dolanıklığını kanıtlar nitelikteki deneylerinden dolayı 2022 Nobel Fizik Ödülü'nü kazandılar.

Maddenin bu davranışı şans, tesadüf gibi yanılsamaları tamamen ortadan kaldırarak, seçimlerimizin hayatımızın üzerinde ne denli büyük etkiye sahip olduğunu kanıtlar. Analitik psikolojinin kurucusu İsviçreli psikiyatr Carl Gustav Jung'ın ortaya attığı eşzamanlılık kavramı, tesadüf ile açıkladığımız olayların aslında tesadüfi olmadığını açıklar. Jung bu teori ile birbiri arasında herhangi bir nedensel ilişki olmaksızın iki maddenin, karşılıklı bağlantı ile birbirini etkileyebileceğini anlatır. Jung teorisini kendi yaşamından bir örnekle açıklar. Buna göre sevgili Jung balık sembolü üzerine uzun çalışmalar yaptıktan sonra, yalnızca bir gün içerisinde birçok farklı balık olgusu ile karşılaştığını anlatmakta. Rüyasında balık gördüğünü anlatan bir hastası, öğlen yemeğinde balık servis edilmesi, yolda gördüğü balık figürleri, bir arkadaşının üzerinde balık işlemeleri olan bir figür göstermesi... Bunlar gibi farklı balık olguları ile aynı gün içinde karşılaşan Jung, yaptığı çalışmalar sırasında farkında olmadan tüm bu olguları kendisine çekmiş olabileceğinden bahsetmekte. Hayatımızı etkileyen şans ve tesadüf ile açıkladığımız birçok an, aslında hiçte tesadüfi değildir, sevgili canlar. Kuantum dolanıklığı açıklanırken iki madde arasındaki mesafeye bakılmaksızın birbirini etkileyebildiği söylenir. Birçok insan bunu, maddenin ışık hızını aşabildiği şeklinde yorumlar. Matematikçi ve fizikçi yazar Andrew Zimmerman Jones ise konuya farklı bir açıdan yaklaşmakta. Zimmerman, mesafe ve hız konusundaki teoriye, "Kuantum dolanıklığı bilgiyi anında iletiyor gibi görünse de aslında ışığın klasik hızını ihlal etmiyor, çünkü uzayda 'hareket' yok." diyerek karşı çıkmakta. Kuantum dolanıklığı bu şekilde düşünüldüğünde iki farklı kişinin arasındaki mesafeye bakılmaksızın birbirini etkileyebileceği ortaya çıkarıyor.

Bu etkileme iki şekilde yapılabilir, ya uyanışa geçerek bilinçli ve farkındalıklı bir şekilde zaman, mekân, mesafe tanımaksızın yaşamımızı değiştirebiliriz ya da ne yaptığımızı bilmeden, hiçbir şeyin farkında olmadan şu anki yaşadığımız hayatı devam ettiririz. Uyanışa geçerek maddeye etki etme gücünüzü fark ettiğinizde, ulaşamayacağınız hiçbir hayal yoktur, sevgili canlar.

Evren ilk bakışta akıl almaz derecede büyük ve karmaşık görünmekte. Ancak gözlerinizi kapatarak derin bir nefes alıp tekrar baktığınızda, gerçekte her şeyin bir bütün olduğunun farkına varacaksınız. İşte o zaman tüm dolanıklıklar çözülecek, karmaşa yerini dinginliğe bırakacaktır. Hepimiz bir ve tek olan Yüce Allah tarafından aynı şekilde yaratıldık, yine O'na döneceğiz. Hayattaki şansınız farkındalığınızdır. Fark edin, şansa bırakmayın. Bunu yapabilecek güçtesiniz...

"O'ndan başka hiçbir İlah yoktur, dönüş ancak O'nadır."
– Mü'min Suresi 2. Ayet

KUANTUM SIÇRAMA

Kuantum sıçrama bir elektronun, enerji yayarak veya emerek anında farklı bir enerji seviyesine geçmesi anlamına gelir. Bu durum herhangi bir kurala dayanmaz, elektron sonsuz olasılıklardan birini seçer ve ona dönüşür, üstelik hiç zaman harcamadan. Benzer sıçramalar hepimizin hayatında bazı dönemler de yaşanmıştır. Uzun yıllar sigara içmiş birinin bir anda sigara içmeyi bırakması kişisel bir kuantum sıçramasıdır. Bırakıyorum der ve bir daha içmez. Belki de anlık bir karar ile kariyerinize farklı bir yön verebilir veya bir anda "doğru kişi" diyerek yepyeni bir ilişkiye başlayabilirsiniz.

Microsoft'un kurucusu, dünyanın en başarılı iş ve en zengin insanlarından olan Bill Gates Harvard Üniversitesi 2. sınıftayken anlık bir kararla okulu bıraktı ve teknolojik yatırımlar yapması gerektiğine karar verdi. 2. sınıftayken bıraktığı Harvard Üniversitesi, Bill Gates'i okul tarihinin en başarılı öğrenci olarak göstermekte. Daniel Ek ise, ülkesi İsveç'te İsveç Kraliyet Teknoloji Enstitüsü mühendislik bölümünü sadece 8 hafta sonra yarıda bırakarak internet sitesi tasarım ve güncelleme işlerinde çalışmaya başladı. Bu alanda ilerlemeye kararlı olan Daniel önce Advertigo isimli online alışveriş sitesi kurdu. Gerçek sıçraması ise 2008 yılında kurduğu Spotify gerçekleşti. Milyonlarca kullanıcısı olan Spotify, Daniel'e büyük bir servet ve muhteşem bir hayat kazandırdı. Alışkın olduğumuz normal ilerleme merdiven çıkmaksa, kuantum sıçrama hedefe ışınlanmaktır.

Yale Üniversitesi'nden Zlatko Minev kişisel yaşantılarımızdaki kuantum sıçramalarını volkanik bir dağa benzetiyor. Tıpkı bir volkan gibi ne zaman olacağını önceden kestirmek imkânsız.

Aniden oluyor ve çok büyük etkilere yol açıyor. Ancak Minev tüm bunlara rağmen volkanın patlamaya geçmeden önce, yer titremesi gibi bazı ipuçları verdiğini söylüyor. Tabii aynı durum bizler içinde geçerli. Minev'in teorisine göre sigara içmeyi aniden bırakan bir kişinin, karardan birkaç hafta önce yaşadığı bir öksürük krizi, kuantum sıçraması yaşaması konusunda bilinçaltında bir tetikleyici etkisi yapmış olabilir.

Aslında yaşadığımız her an, söylediğimiz her söz, aklımızdan geçen her düşünce bilinçaltımızda küçük veya büyük mutlaka bir etki bırakır. Bu etkiler aldığımız kararlarda belirleyici olarak hayatımıza yön verir. Önemli olan bilinçaltımızı olumlu etkilerle donatabilmektir.

Bilinçaltınızı pozitifliklerle doldurmayı alışkanlık hâline getirdiğiniz zaman, kuantum sıçraması yaşamanız kaçınılmaz bir hâl alacaktır. Yalnızca kelime seçimlerinizi değiştirmek bile, çok küçük bir değişim gibi gözükse de kelebek etkisi yaparak yaşamımızda çok büyük gelişmelere yol açacaktır. Daima pozitif olan da kalmak, sürecin sonuna güvenerek sabretmek sizi mutlaka hedeflediğiniz hayata ulaştıracaktır.

"Sen, sana vahyolunana uy ve Allah hükmedinceye kadar sabret. O hâkimlerin en hayırlısıdır."
– Yûnus Suresi 109. Ayet

Biz devamlı seçimler yapıyoruz. Bunlar ya negatif ya da pozitif oluyor. Ve böylelikle kendi gerçekliğimizi oluşturuyoruz. Kuantum sıçrama ise, bilinçli gözlem hâline geçtiğimizde, neyi seçtiğimizi bilerek kendi gerçeğimizi yaşamamızdır. Bu da bilinçli gerçeklik hâlini alıyor. Ama maalesef ki bilinçsiz gözlemle bilinçsiz seçimler yapıyoruz. Bunu yapabilmek için gerçekten kuantum sıçramasını istediğimiz gerçekliğimize inanmamız ve içsel olarak tutarlı davranmamız gerekir. Yüce Allah OL dedi ve her şey oldu bitti. O zaman bizim her versiyonumuz mevcut. Negatif versiyonlarımızın olduğu gibi pozitif versiyonlarımız da varlar ki biz seçim yapabiliyoruz. Bu da bizim kuantum sıçrama yapabilme yeteneğimizin ve hakkımızın var olduğunu ortaya çıkarıyor. Bunun sonucunda da özgür irademizin neden olduğunu anlıyor musunuz?

Kuantum düşünce yöntemi olasılıklar evreninde yaşadığımızı fark etmektir. Siz bakış açınızı hangi olasılıklara doğru çevirirseniz, o olasılıkları kendinize çekersiniz. Sürekli olarak güzel olanda, pozitifte kalmaya devam edin, sevgili canlar. Siz hiçbir şey değişmiyor zannetseniz bile, yaşayacağınız kuantum sıçramasıyla bir anda tüm hayatınız hayal bile edemeyeceğiniz şekilde güzelleşecektir.

RUHUN ZAMAN YOLCULUĞU

Klasik fizik zamanın hareketini doğrusal bir şekilde tanımlar. Entopi adı verilen bu hareket organize bir durumdan daha az organize bir duruma doğru tanımlanır. Tıpkı bir akarsuyun uzunca mesafe katettikten sonra denize dökülerek daha durağan bir hâle geçmesi gibi, suyun kaynayarak buhar olması veya insanın türlü evrelerden geçerek büyümesi gibidir.

Zamanın bu doğrusal hareketi klasik fizikte geriye doğru gitmeyi imkânsız kılarken, ileriye doğru ilerleyerek zamanın ötesine geçmenin, yani geleceğe yolculuk etmenin tek yolunun ışık hızını aşmak olduğu kabul edilir. Teoride ışıktan daha hızlı hareket edebilirsek olacakları görmemiz mümkün olur. Tabii bu teori klasik fiziğin teorisi. Kuantum fiziği ise bundan çok daha fazlasını ortaya koyar.

Kuantum fiziği zamanın doğrusal bir hareketi olmadığını, hatta tek tip olmadığını kanıtlamıştır. Buna göre zaman görecelidir ve herkese göre farklı bir zaman olgusu vardır. Einstein'ın ortaya attığı İzafiyet Teorisi'ne göre zaman, bulunduğumuz konum ve hareket hızımıza göre farklılık gösterir. Biz hızlandıkça zaman daha yavaş akmaya başlayacaktır. İkizler paradoksu olarak bilinen düşünsel deney, zamanın kişiye göre nasıl değişkenlik göstereceğini gözler önüne serer. Bu paradoksa göre ikiz olarak dünyaya gelmiş kardeşlerden biri uzay gemisine binerek ışık hızına yakın bir hızla 5 yıl boyunca uzayda seyahate çıkar. Diğer kardeş ise yeryüzünde ikizini bekler. Uzay seyahati bitip iki kardeş kavuştuğunda ise, uzaya giden kardeş 25 yaşında dünyaya geri döndüğünde, ikizini neredeyse 90 yaşında bulacaktır. Kuantum fiziğine göre zaman hareket eden bir akarsudan daha çok yüzeyi donmuş bir nehir gibidir. Bizlerse nehrin içinde yüzen balıklarızdır. Önemli olan bizim nasıl hareket ettiğimizdir. Biz hızlandıkça zaman yavaşlayarak, biz ışık hızına ulaştığımızda ise zaman bizim için tamamen duracaktır. Üstelik kuantum fiziği maddenin tek yönlü hareket etmediğini savunur. Yani bir cisim ileri/geleceğe hareket edebiliyorsa, geri/geçmişe doğruda hareket edebilir.

İzafiyet Teorisi'nin anlattığı zamanın göreceliliği konusu kutsal kitabımız Kur'an'ı Kerim'de çok açık bir şekilde bizlere iletilmişti.

"Muhakkak ki, Rabb'inin nezdinde bir gün sizin
saymakta olduklarınızdan bin yıl gibidir."
– Hac Suresi 47. Ayet

***

"Allah, gökten yere kadar her işi düzenleyip yönetir.
Sonra (bütün bu işler) sizin saya geldiğinizce göre
bin yıl tutan bir günde O'nun nezdine çıkar."
– Secde Suresi 5. Ayet

Şu ana kadar zamanı ve zamanda yolculuk fikrini fizik açısından ele aldık, sevgili canlar. Kuantum fiziğinin daha mümkün gördüğü zamanda yolculuk fikri teorik olarak klasik fizik anlayışında da ileri yönlü mümkün görünür. Ancak bizler sadece fiziksel bedenlerimiz ile var olmadık, birde mana alemini temsil eden ruhlarımız var ki onlar için fizik kuralları geçerli değildir.

Ruhumuz ve bedenimiz birlikte olsalar da uyku esnasında kısıtlı şekilde ruhlarımız bedenlerimizden ayrılır sevgili canlar. Daha önce bu bilgiyi hiç duymadıysanız kulağa biraz korkutucu gelebilir ama her uykumuzda gerçekleşen bu durum, ruhlarımız için oldukça sıradan. Üstelik Rabb'imiz Kur'an-ı Kerim'de bu bilgiyi bizlere açıkça iletir.

> "Allah, ölenin ölüm zamanı gelince, ölmeyenin
> de uykusunda iken canlarını alır da ölümüne
> hükmettiği canı alır, ötekini muayyen bir vakte
> kadar bırakır."
> – Zümer Suresi 42. Ayet

İşte ruhun zaman yolculuğu tamda bu noktada devreye giriyor, sevgili canlar. Ruhumuz bedenimizden kısmi şekilde ayrıldığında, artık hiçbir fizik kuralına maruz kalmadan dilediği gibi hareket edebilir. Biz dilediğimiz kadar denesek de fiziken duvarın içinden geçemeyiz. Ama ruhsal benliğimiz için duvara takılı kalmak söz konusu bile olamaz. Biz geleceği görmek için en azından şu anlık ışık hızını geçemiyoruz ama ruh için hızın bir önemi yok. Ruhlar için zaman ve mekân gibi kavramlar yoktur sevgili canlar, ruh özgürdür, dilediği gibi hareket edebilir. Ruhun zaman ve mekân tanımaksızın seyahat edebildiği inancı Eski Mısır, Hinduizm, Japon mitolojisi ve hatta Kızılderili inancına kadar pek çok medeniyet ve kültürde kendine yer bulur.

Uyku sırasında ruhun hareketlerini algılayabilmek ve hatta ona yön verebilmek Astral Seyahat olarak adlandırılır. Dünyanın birçok yerinde binlerce farklı insan astral seyahat deneyimi yaşayabilmektir. Farkında olmasanız bile sizlerde bu deneyimi mutlaka yaşadınız, sevgili canlar. Uyku sırasında ani bir düşme hissi ile uyandığınızda veya uyanmış olmanıza rağmen konuşamadığınız, gözlerinizi açamadığınız anlar, gerçekte astral deneyim yaşadığınız anlardır. Bu deneyimi daha bilinçli şekilde yapabildiğinizde artık her türlü seyahat sizler için oldukça basit bir hâl alacak.

Zaman yolculuğu dâhil.

SEZGİ

Beynimizin bilinçli ve bilinçdışı bölümleri arasında bulunan, sistemli bir düşünme aşaması olmadan öngörme veya bilme yeteneği sezgi olarak adlandırılır. Klinik psikiyatri profesörü Dr. Judith Orloff sezginin beynimizin sağ tarafının tamamı, hipokampüs bölgesi ve bağırsaklarımız (Bağırsaklarda da nöronlar bulunmakta ve beynimize direkt olarak sinyaller gönderebilir. Son yıllarda yapılan çalışmalar sonucu bağırsaklar ikinci beyin olarak adlandırılır.) aracılığıyla işlendiğini söyler.

Kulağa ilginç gelse de sezgilerinizin kuvvetli olması için bağırsak sağlığınıza dikkat etmek oldukça etkili bir yöntemdir. Bağırsaklarınız, beyninize sürekli olarak sinyaller gönderir ve bu sinyaller düşüncelerinize direkt etki eder. Ortalama bir insanın bağırsaklarında yaşayan bakteri sayısı, vücudunda bulunan hücre sayısının yaklaşık on katıdır. Eğer bağırsaklarımızda iyi bakterilerin oluşumuna sebep olacak yiyeceklerle beslenirsek, düşünce yapımız üzerindeki etkileri de pozitif yönde etkilenecektir. Sağlıklı bir düşünce yapısına ve dolayısıyla daha güçlü sezgilere sahip olabilmek için sağlıklı bağırsak yapısı büyük önem taşır. Yapılan araştırmalar sonucu onlarca farklı psikolojik rahatsızlığın bağırsak bölgesinden kaynaklanabileceği ortaya çıkmıştır.

Hemen her alanda sezgiyi arttırmaya yönelik çalışmalar yapılıyor. Örneğin, Amerikan Deniz Araştırma Ofisi savaş alanında askerlerin sezgilerini ölçmek ve geliştirmek adına çalışıyor. Simülasyon yöntemi ile askerlerin sezgileri arttırılması için ciddi eğitimler düzenleniyor. Bir savaş alanında olmasak da sezgilerin hayatımızdaki önemi oldukça büyüktür.

Kuvvetli sezgiler ile âdeta bir süper güce sahip olacak ve hayatınızın her alanında, daima bir adım önce olacaksınız. Bu süper güç yaratılıştan itibaren aslında hepimizde vardır. Yapmamız gereken tek şey onu aktive etmek ve geliştirmektir, sevgili canlar. Süper güçlerinizi hayata geçirmeye hazır mısınız? İşte yapmamız gerekenler:

1- İç sesinizi dinlemek için kendinize vakit ayırın. Sessiz bir ortamda kendinizle baş başa kalmak, düşüncelerinizi daha iyi duymanıza ve sezgilerinizin daha yüksek sesle size seslenmesini sağlayacaktır. Özellikle düzenli yapılan meditasyon ve ibadetler, sezgilerin gücünü arttırma konusunda mucizevi sonuçlara sebep olabilir.

2- Duyu organlarınızı canlı tutun. Hep aynı tatları tatmak, aynı kokuları duymak, aynı hisleri hissetmek sezgilerinizin gücünü azaltabilir. Tam tersi şekilde yeni tatlar, yeni kokular gibi farklı his deneyimleri sezgilerinizi daha da kuvvetlendirecektir.

3- Ruh hâlinizi gözlemleyin, eğer bir ortamda kendinizi sebepsiz yere sürekli yorgun hissediyorsanız, birinin yanında olduğunuzdan daha enerjikseniz, bir sokakta yürürken farklı sokaklarda hissetmediğiniz tedirginlik hissediyorsanız, bu veya bunun gibi durumlarda hisleriniz size bir şeyler anlatmak istiyor olabilir.

4- Sezgilerinizi tanıyın. Hangi alanlarda doğru şeyler sezdiniz, hangi durumlarda öyle hissettiğinizi sandınız ama yanıldınız? Bu durumları gözlemlemek son derece önemlidir. Çünkü bazen korku ve kaygılarımız yanıltıcı olabilir. Bu yanılgıya düşmemek için sezgilerimizi tanımanız gerekir, sevgili canlar.

5- Doğada mümkün olduğunca fazla vakit geçirin, sevgili canlar. Ağaçlar, bitkiler, kuşlar, kediler... Her anlamda ruh ve zihin sağlığınıza iyi gelecektir. Bu pozitif etki de sezgilerinizi kuvvetlendirme konusunda size çok yardımcı olacaktır.

6- Günlük hayatınızda sezgilerinizi test edecek küçük oyunlar oynamak oldukça eğlenceli bir yöntemdir. Bakmadan saati tahmin etmeye çalışmak ya da uyumadan önce yarının hava durumunu tahmin etmeye çalışmak gibi küçük oyunlarla süper gücünüz sezgilerinizi geliştirebilirsiniz, sevgili canlar. Bu yöntemde önemli olan doğruyu bilmek veya yanılmak değil, sezginizi canlı tutmak, bir bakıma sezgilerimize antrenman yaptırmaktır.

Biz insanlar yaratılışımızdan gelen muhteşem özelliklere sahip varlıklarız, sevgili canlar. Yüce Allah bizleri en mükemmel şekilde yaratmış ve eşsiz özelliklerle donatmıştır. Hiçbir süper kahraman, insanın gerçek potansiyeli ile boy ölçüşemez.

"Kesin olarak inananlar için yeryüzünde ve kendi nefislerinizde birçok alametler vardır. Hâlâ görmüyor musunuz?"
– Zariyat Suresi 21. Ayet

PEYGAMBERLERİN BİLİNÇALTI MESAJLARI

"Ey Rabb'imiz! Onlara, içlerinden senin ayetlerini
kendilerine okuyacak, onlara kitap ve hikmeti
öğretecek, onları temizleyecek bir peygamber gönder."
– Bakara Suresi 129. Ayet

Allah'ın öğretilerini bizlere iletmekle görevlendirilmiş peygamberler yalnızca ilettikleri mesajlarla değil, hayatlarıyla da bizlere örnek olur. Örneğin, Hz. Yusuf'un kardeşleri tarafından bir kuyuya atılarak ölüme terk edildiğini hepimiz biliyoruz. Peki ama Hz Yusuf'un hayatı bilinçaltımıza nasıl bir mesaj veriyor, neden ormanda terk edilmek veya kasti zarar vermek yerine kuyuya atıldı, hiç düşündünüz mü? Kuyuya atılmak ile başlayan ve krallığa kadar yükselen bir hayat bizim bilinçaltımıza nasıl mesajlar veriyor?

Tesadüf, Tanrı'nın iradesini bilmeyenlerin yanılgısıdır. İlahi sistemde tesadüflere asla yer yoktur. Her şeyin bir nedeni ve sebebi vardır. Bazen kendinizi çökmüş, dibe vurmuş, haksızlığa uğramış hissedebilirsiniz. Hatta zaman zaman yerin dibine girdiğinizi bile söylediğiniz olur. Tıpkı yerin metrelerce altında, kuyuda tek başına kalan Hz. Yusuf gibi. Ancak kuyuda ölüme terkedilen, iftiraya uğrayarak hapis yatan Hz. Yusuf, krallığa kadar yükselmişti. Tüm öğretilerinin yanında Hz. Yusuf hayatı ile de bize çok net bir mesaj verir. İlerlemeye nereden başladığınızın ve ilerleyiş yolunda karşınıza çıkan engeller hiç önemli değildir. Yokluk ve imkânsızlıklar içinde olabilir, haksızlığa uğramış olabilirsiniz. Hatta yerin dibine bile girebilirsiniz ama ilerlemekse niyetiniz, günün sonunda mutlaka zirveye gelirsiniz. Peki ya, yaklaşan büyük tufanı önceden haber verip herkesi uyaran Nuh Peygamber. Onun hayatında da bizler için çok önemli bir mesaj var. Etrafındaki herkesi defalarca kez uyarmasına rağmen birçok kişi Hz. Nuh'a inanmayı reddetmişti. Ona inanmayanlar arasında eşi ve oğlu da vardı. Ancak Hz. Nuh, belki de hayatında kendisine en yakın kişiler olan eşi ve oğlunun dahi, onu doğru yoldan döndürmesine izin vermedi. Ailemiz hayatta bize en yakın olan, en kuvvetli bağlar kurduğumuz kişilerdir. Buna rağmen bizi engelleyen kişiler eğer ailemiz ise onlara da "dur" diyebilmeliyiz. Çünkü bu dünyada gerçekten, tam anlamıyla sahip olduğumuz tek şey hayatımız, onu da başkalarının kontrolüne bırakmamalıyız.

Yunus Peygamber ise peygamberlik görevini layıkıyla yerine getiremediğini düşünerek vazgeçmişti, bir başka deyişle peygamberliği hak etmediğini zannederek hak etmeme duygusuna kapılmıştı. Kimi zaman bizlerin de mutluluğu, başarıyı, parayı hak etmediğimizi düşündüğümüz gibi. Yüce Rabb'imiz her şeyi bilen ve hesaplayandır. Hz. Yunus'u peygamberlik ile görevlendirmişse eğer, mutlaka başaracağı içindir. Nitekim öyle de olmuştur. Hatasını farkederek tövbe etmiş ve kurtulanlardan olmuştur.

"Zünnûn'u (Yunus'u) da hatırla. Hani öfkelenerek (halkından ayrılıp) gitmişti de kendisini asla sıkıştırmayacağımızı sanmıştı. Derken karanlıklar içinde, 'Senden başka hiçbir ilâh yoktur. Seni eksikliklerden uzak tutarım. Ben gerçekten (nefsine) zulmedenlerden oldum.' diye dua etti."
– Enbiyâ Suresi 87. Ayet

Yüce Allah kutsal kitabımız Kur'an-ı Kerim'de neden bu kadar çok peygamberlerden ve hikâyelerden bize bahsediyor diye merak edip Kalbin Kıblesi kitabımı yazdım. Bugüne kadar öğrendiğim bilgilerle ve yaptığım çalışmaların senteziyle yorumladım. Kur'an-ı Kerim'de bahsedilen kişiler ve yaşadıkları, bizim hayatımıza örnek olması için verilmiştir. Ve her biri dikkatlice baktığınızda bilinçaltı oyunlarıdır. Fark etmeniz dileğiyle...

KENDİNİ KABUL

"Kendini bir kez keşfeden kişi,
bu hayatta hiçbir şeyi kaybedemez."
— Stefan Zweig

Dünyanın en iyi romanları bir nokta ile, en uzun yolculuk-larsa bir adımla başladı. Dünyayı değiştiren buluşlar bir fikirle ortaya çıktı. En büyük keşifler küçük bir merakla başladı.

Şimdi, şu anda, dünyanın en büyük keşfini bir cümleyle başlatmaya hazır mısınız?

Sizce nedir dünyanın en büyük keşfi? İnsansı robotlar mı, Mars'a yolculuk mu yoksa bilinmeyen bir elementin keşfi mi? Uzak yerlere ışınlanabilmek dünyanın en büyük keşfi olabilir mi? Belki de kimsenin hayır diyemeyeceği yepyeni bir lezzet keşfetmek, dünyanın en büyük keşfi olabilir mi? Cevap bun-ların hiçbiri değildir, sevgili canlar. Dünyanın en büyük keşfi insanın kendini keşfetmesidir.

Çünkü insanın kendini keşfetmesi uzun keşif yolculuğunun ilk adımıdır. Hayatı, dünyayı ve evreni keşfetmek için öncelikle kendimizi keşfetmemiz gerekir. Kusursuz şekilde işleyen ilahi sistemin merkezinde insan bulunur. Tıpkı suya atılan bir taş sonrası halkaların oluşması gibi keşif yolculuğunun ilk halkası insanın kendisidir. Kim olduğumuzu keşfettiğimizde ve kendi-mizi sevgi ile kabule geçtiğimizde halkalar büyüyerek yaşamı, yaşadığımız evreni ve merkezinde bulunduğumuz ilahi sistemi anlamamızı sağlayacak. Biz kendimizi kabul ettiğimizde, evren de bizi kabul edecek.

Kendini kabul etme, kişinin kendisini pozitif ve negatif tüm yönleriyle kucaklaması olarak tanımlanır. Ünlü filozof ve Fransız yazar Jean-Paul Sartre, "Biz ancak başkalarının bizi ne hâle getirdiğini kökten ve köklü bir şekilde reddederek olduğumuz kişi hâline geliriz." diyerek, kendimizi tanımanın ilk koşulunun, dış etkenlerden yani bilinçaltımıza bırakılan yanlış inançlardan kurtulmamız olduğunu işaret etmiştir.

Bilinçaltımızda yer etmiş yanlış inanışlar kendimizi objektif bir şekilde görmemizi ve olduğumuz gibi kabul etmemizi engeller. Yanlış kök inanışlardan dolayı, eksik yönlerimize takılı kalarak kendimizi kabule geçemez ve gelişemeyiz. Oysa eksilerimiz, daha doğrusu eksi olarak gördüklerimiz gerçekte artıların yatay çizgileridir. Bize kattıklarını görebilmemiz yalnızca doğru bakış açısıyla mümkün olabilir.

1946 yılında New York'ta doktorların forsepsi (doğum sırasında kullanılan tıbbi alet) aletini yanlış kullanması sonucu, doğmakta olan bir bebeğin yüzündeki birkaç sinirin kopmasına sebep oldular. Michael isimli bu bebek hayat boyu tedavisi olmayacak ciddi bir eksiyle; dil, dudak ve çenesinin bazı bölümleri de dâhil olmak üzere, yüzünün sol kısmı felçli bir şekilde dünyaya geldi. Oysa bu büyük eksi, kendisine çok büyük faydalar katacak bir artının yatay çizgisinden ibaretti. Michael zor günler geçirse de idealleri uğruna çalışmaktan asla vazgeçmedi. 25 yaşında geldiğindeyse günümüzün en büyük yönetmenlerinden olan, o yılların genç ve yetenekli ismi Woody Allen'in dikkatini çekerek sinema dünyasına ilk ciddi adımını attı. Michael yüzündeki felç dolayısıyla da oldukça farklı bir bakış ve konuşma tarzına sahipti. Bu farklılığı çalışkanlığı ile birleştirerek, Altın Küre En İyi Yardımcı Erkek Oyuncu ödülü dâhil olmak üzere birçok ödül sahibi ve Hollywood'un en ünlü isimlerinden biri oldu. Tam ismi Michael Sylvester Gardenzio

Stallone olan, bizlerin Sylvester Stallone olarak tanıdığı Michael, başrolünü oynadığı "Rocky" film serisinin senaryosunu kendisi yazmış ve 1977'de En İyi Özgün Senaryo ve En İyi Erkek Oyuncu dallarında, Charlie Chaplin ve Orson Welles'ten sonra, aynı film için bu iki adaylığı alan tarihte üçüncü kişi olmuştur. Belki de hayata eksi(!) ile başlamasına sebep olan yüzündeki felci olmasa beyaz perdede onu hiç göremeyebilirdik.

Kendimizi tüm yönlerimizle, kayıtsız şartsız ve sevgiyle kabul ettiğimizde gerçek benliğimizle tanışacağız. Sahip olduğumuz tüm enerjiyi evrene olduğu gibi yansıtacak ve böylece doğru frekansı yakalayabileceğiz.

Rabb'imiz kâinatı kusursuz bir sistem olarak kurdu ve bu ilahi sistemin tam merkezine, halifesi olarak biz insanları atadı. Yüce Allah'ın halifesi olan biz insanlar evrendeki oldurma yetisine, maddeye yön verebilme yeteneğine sahip tek canlılarız. Bize bahşedilen hiçbir özellik boşuna değildir. Yüce Allah'ımız bizleri çok büyük artıları olan birbirinden güzel özelliklerle yaratmış, bu özellikleri keşfetme görevini ise bizlere bırakmıştır.

En büyük keşif olan, kendini keşfe niyetli misiniz?

"Sizi yeryüzünde halifeler yapan O'dur."
– Fâtır Suresi 39. Ayet

KENDİNE KENDİNİ VERME ÇALIŞMASI

Nefesimizi fark etmeye niyet ediyoruz.
Rahman ve Rahim olan Allah'ın adı ile,
En yüksek bilinçten, en yüksek frekanstan, en yüksek hayra,
Önce kendimize bakmaya niyet ediyoruz.
En yüksek bilinçten, en yüksek frekanstan, en yüksek hayra,
Kendime bakmaya, kendimi anlamaya,
Kendimi bilmeye, kendimi görmeye niyet ediyorum.
Sevgili Allah'ım bugüne kadar,
Bu anıma kadar, şimdiye kadar kendimi anlamadığım için üzgünüm.
Kendimi fark etmediğim için çok üzgünüm.
Kendimi duymadığım için üzgünüm.
Kendimi, öz kendimin ile kendim arasındaki bağı anlayamadığım için çok üzgünüm.
Kendimi var etmek için, kendimden gölge yanlar ortaya çıkararak,
Kendimi kendimden uzaklaştırdığım için çok üzgünüm.
Kendimi anlayamadım, kendimi keşkelerin içinde boğdum.
Kendime sınırlamalar koydum.
Hayat alanıma aldığım, gün için de bile fark edemediğim,
Yanımdan geçen, yanından geçtiğim insanlara bile görevler verdiğimin farkında değildim.
Kendimi, kendimle savaş alanında bıraktım.
Kendimin önüne çeşitli kişilere, olaylara ve durumlara görevler vererek,

Kendimi kendimden uzaklaştırdım.
Sen beni affet Allah'ım.
Kendimi anlamadığım için beni affet.
Kendimi bilemediğim için beni affet.
Kendimi göremediğim için beni affet.
Kendimi hissedemediğim için beni affet.
Ben hayat alanımdaki dostumun, arkadaşımın, çocuğumun,
kardeşimin, annemin, babamın,
Büyükannelerimin, büyükbabalarımın,
Onların beni anlamadığını her düşündüğümde,
Aslında ben de kendimi anlamamışım.
Kendimi affedemiyorum.
Sen beni affet Allah'ım.
Bir kere deneyerek ve vazgeçerek bir daha denemeyerek,
Kendi önüme koyduğum sınırlamaları anlayamadım.
Ve bunları daha sabit bir şekilde sınırlama yaparak,
Anneme, babama, kardeşlerime, eşime, çocuklarıma,
Dostuma, arkadaşlarıma görevler verdiğimi fark edemedim.
Onların önüme koydukları engelleri gerçeklik zannettim.
Ben kendimi affedemiyorum,
Sen beni affet Allah'ım.
Çok geç kaldığımı düşünüyorum,
O yaşlarda, o günlerde yapabileceğimi zannediyordum,
Şimdi de denemiyorum.
Denemek için kendime fırsat vermiyorum.
Allah'ım bu fırsatı, bu izini senin vermediğini düşünüyorum.
Böylelikle kendime sınırlama koyuyorum.
Çok üzgünüm Allah'ım.
Bunları yaptığım için, kendime izin vermediğim için çok
üzgünüm.
Ben kendimi affedemiyorum.
Ben kendimi affedemediğim için kendime de izin vermi-
yorum.

Ben kendimi affedemediğim için kendimi anlatamıyorum.
Ben kendimi affedemediğim için keşkelerde saklı kalıyorum.
Ben kendimi affedemediğim için içimdeki Senlerden Gerçek
Bene ulaşamıyorum,
Beni affet Allah'ım, sen affedersen, ben de kendimi affederim sanıyorum.
Sen affedersen yolumu açarsın zannediyorum.
Sen affedersen hayatım değişir zannediyorum.
Beni affet Allah'ım.
İşlediğimi düşündüğüm tüm yanlışlarım için beni affet.
Denemediğim izinler için beni affet.
Kendimi gerilettiğim her an için beni affet.
Çünkü ben kendimi affedemiyorum.
Sen beni affedersen,
Sen bana beni verirsin,
Sen benim yolumu açarsın zannediyorum.
Bu sorumluluğu da sana veriyorum.
Kendimi affetme zorunluluğumu, affetme sorumluluğunu,
Sana verdiğimin farkında bile değilim.
Hep Sen'den bekledim Allah'ım.
Para gelmedi, Sen'den bekledim,
Mutluluk gelmedi, Sen'den bekledim,
Sevgi gelmedi, Sen'den bekledim,
Duyulmadım, Sen'den bekledim,
Beni duy diye sadece Sen'den bekledim,
Orada başka bir çare olduğunu göremedim.
Senin çare vermeni bekledim Allah'ım.
Çok üzgünüm Allah'ım.
Ben kendimi affedemiyorum.
Sen beni affet diye bekliyorum.
Bugüne kadar fark etmediğim,
Bugüne kadar anlayamadığım,
Kendimi başkalarının yüreklerinde aradığım,

Kendimi başkalarının bakışlarında aradığım,
Her anımla da ilgili beni affet Allah'ım.
Beni gerçekten affet Allah'ım.
Ben babamın gücünde kendimi aradım.
Ben annemin şefkatinde kendimi aradım.
Ben eşimin sözlerinde kendimi aradım.
Ben çocuklarımın başarılarında kendimi aradım.
Ben kendimi kendimde arayamadım.
Bunu nasıl yapacağımı bilemedim.
Beni affet Allah'ım.
Yapamadım, beceremedim, anlamadım,
Anlayamadım, olmuyor zannettim.
Bir kez daha denemeye cesaret edemedim.
Bunlar   içinde şimdi af diliyorum Allah'ım.
Kendimi atalarım zannettim.
Kendimi annem zannettim.
Kendimi babam zannettim.
Kendimi büyükannelerim, büyükbabalarım zannettim.
Onların hayatını güvenli buldum.
Onların doğrularını kendi doğrularım zannettim.
Kendime bir yol çizemedim, beni affet Allah'ım
Babam gibi birini istemedim,
Babam beni sevmiyor zannettim,
Ama gittim onun gibi birini bulup onun gibi biriyle oldum.
Kendi kaosumun içinde tekerrür eden hayatımın tek düzeyliğinde, kendimi kaybettim.
Beni affet Allah'ım.
Annem sevgiyi giydirmek olarak öğretti,
Annem sevgiyi karışmak olarak öğretti,
Aynısını çocuğuma yaptım,
Aynı anneme kızarken aynı annem gibi oldum.
Beni affet Allah'ım.
Kendi yolumu çizemedim.

Kendi yoluma adım atamadım.

Beni affet Allah'ım.

Bana bu kadar verirler dedim, bana bu kadar verdiler,

Beni bu kadar severler dedim, beni bu kadar sevdiler.

Kendi hayatımda, kendi düşüncelerimle yarattığım bu yolu göremedim.

Anlayamadım, fark edemedim Allah'ım.

Hâlâ kendimi atalarım zannediyorum,

Hâlbuki onlar benim DNA'mda varlar.

Benim hamurumda varlar ve ben onları kendim zannettim.

Onların hayatını kendi hayatımın tümü yaptım.

Kendi yolumu çizemedim, onlardan aldım, yarınlarımı yarattım.

Onlardan aldığım geçmişimi yarattım,

Ben kendimi onlar yaptım,

Kendi özümü seçemedim,

Kendi benliğimin farkına varamadım.

Beni affet Allah'ım.

Beni şu an, şimdi affet Allah'ım.

Hâlbuki Sen'in değil, benim kendimi affetmem gerektiğini anlayamadım.

Benim kendimi affedebilmek için kendime izin vermem gerektiğini anlayamadım.

Bunu anlayamadığım için beni affet Allah'ım.

Hayatımda yaptığım kendimce tüm yanlışlarım için kendimden özür dilerim.

Hayatımda ertelediğim her şey için, kendimden özür dilerim.

Hayatımda hissetmediğim, hissedemediğim tüm sevgiler için kendimden özür dilerim.

Kendimi sakladığım her noktam için, kendimden özür dilerim.

Sevgili Allah'ım sen bana canımdan cansın.

Sen bana her anımda yakınsın.

Sen bana nefesim kadar yakınsın.
Bunu anlayamadığım için bunu hissedemediğim için,
Tüm algılarımı başkalarına çevirip Sen'i oralarda aradığım
için, beni affet Allah'ım.
Kendimi kendime engel olarak koyduğum için,
Sana ulaşmamak için, kendimi sınırladığım için, beni affet
Allah'ım.
Olmayan her şeyde kendime ve Sana
Suç bulduğum için beni affet Allah'ım.
Beni affet Ey Yüce Allah'ım.
Bugüne kadar kendime bir kez izin vermediğim için kendimden özür diliyorum.
Bugüne kadar bu böyledir, bu kadardır, diyerek kendime
koyduğum sınırlar için,
Kendimden ve Sen'den özür diliyorum.
Bugüne kadar denemediğim her olasılık için,
Kendimden ve Sen'den özür diliyorum.
Bugüne kadar önüme çıkan seçenekleri anlayamadığım için,
Kendimden ve Sen'den özür diliyorum Yüce Allah'ım.
Ailemi, sevdiklerimi, annemi, babamı,
Kardeşlerimi, eşimi, dostumu, komşularımı,
Çocuklarımı, etrafımdaki herkesi nurunla aydınlat Allah'ım.
Sevgili Allah'ım, o nurunun ışığıyla yüreğimi aydınlat.
Kalbimdeki sıkıntıları al Allah'ım.
O nur katındaki nurunla yüreğimdeki sıkıntıyı al.
Yüreğimdeki olmazları Sen al Allah'ım.
Ben kendimi affedemiyorum.
Kendime keşkelerle amalarla geride tutuyorum.
Sen amalarımı benden al Allah'ım.
Sen benden keşkelerimi al Allah'ım.
Her olmazımı, her yapamadığım şeyi,
Aramızdaki mesafeyi uzatmak olduğunu anlamamı sağla
Allah'ım.

Sen hastalıklarımı, sırt ağrılarımı benden al Allah'ım.
Sen ayaklarımla ilgili sorunlarımı benden al Allah'ım.
Sen midemle ilgili sorunlarımı, sıkıntılarımı benden al Allah'ım.
Tüm sıkıntılarımı benden al Allah'ım.
Rızanı benden esirgeme Rabb'im.
Sevgini bizden, ailemden, ülkemden, dünyamdan esirgeme,
Tüm sevdiklerimi nurunla yıka Rabb'im.
Sevginle her birimizi ışıl ışıl yap Rabb'im.
Sen olduğunda, Sen'le ben olduğum her yerde,
Umut olduğunu hissettir Rabb'im.
Ey Yüce Allah'ım, ey Yüce Yaradan'ım, ey Yüce Yaratıcım.
Yeteneklerimi önüme koyabilmek için,
Yeteneklerimin önüme gelmesine izin ver Allah'ım.
Olmazlarımı oldurabilmek için,
Önüme olanakların gelmesine izin ver Allah'ım.
Beni sevmeyenlerin sevmesine izin ver Allah'ım.
Beni sevmeyenlerin beni sevmesine izin verdiğinde,
Kendimi sevebileceğimi zannettiğim her anım şifalardır.
Allah'ım, ben kendimi sevdiğimde,
Herkesin de bu sevgiyi hissedebileceğini ve beni de sevebileceğini,
Bana göster Allah'ım.
Ey Yüce Allah'ım bildiğim bilmediğim,
Fark ettiğim, fark etmediğim,
Hissettiğim hissedemediğim,
Anladığım anlayamadığım,
Kendimce tüm yanlışlarımı,
Tüm olmazlarımı, tüm yapamadıklarımı Sen affet.
Sen bana engel koymamışsın Yüce Rabb'im.
Ben kendime engel koymuşum.
Sen'i suçladığım için,
Bana engel koyuyorsun zannettiğim için,

Değişime direnç gösterdiğim için özür dilerim.
Yüce Allah'ım Sen'den özür dilerim.
Yapmadığım her şey için Sen'den özür dilerim.
Denemediğim her şey için Sen'den özür dilerim.
Görmediğim, görmek istemediğim,
Duymadığım duyamadığım,
Anladığım anlayamadığım,
Fark ettiğim fark edemediğim,
Her olasılık için Sen'den özür dilerim.
Ey Yüce Rabb'im senin bana,
Bolluk, bereket vermediğini düşündüğüm için,
Sen'den özür dilerim.
Ey Yüce Allah'ım, bana cesaret vermediğini düşündüğüm
için,
Sen'den özür dilerim.
Ey Yüce Allah'ım kimse beni sevmiyor derken,
Kendimin kendimi sevmediğini,
Şimdi fark ettim, Sen'den özür dilerim.
Beni affet Allah'ım.
Herkeste olan gücü bana vermediğini,
Öz gücümü bana vermediğini düşündüğüm için,
Ve bu şekilde davrandığım için,
Sen'den özür dilerim Allah'ım.
Kendimden özür dilerim Allah'ım.
Bu bedenimi negatif düşüncelerle hasta ettiğim için,
Bedenimden özür dilerim Allah'ım.
Senin bana mükemmel verdiğin bu bedeni,
Negatif duygularla, negatif düşüncelerle bozduğum için,
Sen'den özür dilerim Allah'ım.
Ağrılarımı sevdiğim için, o ağrılarımı çözmek yerine,
Hastalıklarımı sevdiğim için, o hastalıklarımı çözmek yerine,
Sıkıntılarımı sevdiğim için, sıkıntılarımı çözmek yerine,

Olmazlarımı sevdiğim için, oldurmak için hiçbir şey yapmamak yerine,
Durduğum için Sen'den özür dilerim Allah'ım.
Bunu kader zannettiğim için, Sen'den özür dilerim Allah'ım.
Şimdi anladım.
Şimdi gerçekten anladım.
Kendimi görememek Sen'i görememekmiş,
Kendimi anlayamamak Sen'i anlayamamakmış,
Kendimi hissetmemek Sen'i hissetmemekmiş,
Kendimi bilmemek Sen'i bilmemekmiş,
Şimdi anladım Allah'ım.
Şimdi gerçekten anladım Allah'ım.
Kendimi seçmemek Sen'i seçmemekmiş,
Şimdi anladım Allah'ım.
Şimdi gerçekten anladım Allah'ım.
Kendi varlığımı kabul etmemek,
Sen'in varlığını kabul etmemekmiş.
Kendime sınır koymak,
Sen'le arama sınır koymakmış.
Şimdi anladım Allah'ım.
Şimdi gerçekten anladım Allah'ım.
Şimdi gerçekten anladım Allah'ım.
Seçim hakkımı kullanmadığımı şimdi anladım.
İdrak hakkımı kullanmadığımı şimdi anladım Allah'ım.
Özgür irademi şimdi anladım.
Tanrısal özümü şimdi anladım.
Kendi kul hakkımı yediğimi şimdi anladım.
Algımı kapattığımı şimdi anladım.
Şimdi gerçekten anladım.
Şimdi gerçekten gerçeğimi, şimdi anladım.
Beni nur ışığınla yıka,
Alanımdaki tüm negatif enerjileri,
Nur ışığınla yıka Allah'ım.

Ve şimdi kendi seçimimi yapıyorum.
Sevgili Allah'ım, Sen'le bir olmayı seçiyorum.
Denemediğim her fırsatı denemeye söz veriyorum.
Kendimi fark etmediğim her anımı,
Kendimi fark etmeye seçiyorum.
Bolluk bereketine kendimi açıyorum Allah'ım.
Kendi gücümü kabule geçiyorum.
Kendimi sevmeye söz veriyorum.
Kendimi anlamaya söz veriyorum.
Kendimi fark etmeye söz veriyorum.
Yargılarımı bırakmaya söz veriyorum.
Sınırlarımı bırakmaya söz veriyorum Allah'ım.
Sevgili Allah'ım tüm sevdiklerimi, çocuklarımı, ailemi,
Annemi, babamı, kardeşlerimi, tüm komşularımı,
Çalışma arkadaşlarımı, etrafımdaki herkesi,
Tüm hayvanları, tüm toprağı, tüm havayı, tüm ülkeleri,
Tüm dünyayı, tüm kâinatı, tüm evreni yaratan Sen'sin
Allah'ım.
Hepimizi nurunla yıka,
Hepimizi nurunla şifalandır,
Şu an da ellerini açıp,
Sana dua eden herkesin gönlünden,
Yüreğinden geçenleri Sen ver Rabb'im.
Tüm saf ve iyi niyetimle koşulsuz bir şekilde,
Sana açılan elleri geri çevirme Allah'ım.
Sana gönülden açılan bu elleri nur ışığınla yıka,
Onların kalplerindeki kirliliği al Allah'ım.
Hastalarımıza şifa, çaresizlerimize çare ver Allah'ım.
Kendini fark etmesini, kendine sarılmasını, her kuluna
sağla Allah'ım.
Ey Yüce Allah'ım, bildiğim, bilmediğim kendimce tüm
yanlışlarım için,
Bildiğim bilmediğim tüm hatalarım için,

Bildiğim bilmediğim tüm hatalarımı deneyim olarak görmediğim için,

Bildiğim bilmediğim, tüm yanlışlarımı deneyim olarak görmediğim için,

Beni affet Allah'ım.

Varlığımı kabul etmediğim için çok üzgünüm,

Tüm rızanı bana göster Allah'ım.

Benden razı ol Allah'ım.

Varlığımı kabule geçiyorum,

Kendimi kabule geçiyorum,

Tanrısal özümü kabule geçiyorum,

Ben kendimi seçiyorum,

Allah'ım Sen'inle bir olmayı seçiyorum.

Ben var olmayı seçiyorum.

Ben beni seçiyorum.

Ve şimdi ve şimdi ve şimdi ve şimdi,

Bugünden itibaren, bu anımdan itibaren,

Kendimi seveceğime, kendime sevgi vereceğime,

Kendime şefkat vereceğime, kendime merhamet göstereceğime,

Söz veriyorum.

Kendime saygı duyacağıma söz veriyorum.

Sözüm niyetimdir, niyetim yeminimdir.

Ol. Ol. Ol.

Oldu. Oldu. Oldu.

Ve öyle de oldu.

Âmin.

KITLIKTAN BOLLUĞA

"Hak ettiğinizden daha azıyla yetindiğiniz anda,
yetindiğinizden de daha azını elde edersiniz."
— Mauren Dowd

Geri çekilip hayatınıza dışardan baksanız ne olurdu? Ne görürdünüz?

Yeterli olmadığınızı düşündüğünüzde bakış açınız yetersizlik duygusunda kalır. Böylece odağımız bizi doğrudan kıtlığa sevk eder. Ve zamanla başkalarında da görebildiğimiz tek şey, bakış açımızın kıtlık hâline gelerek bizi çaresizliğin altında gömüyor olmasıdır. Ve böylece biz, kıtlık bilincimizde sıkışıp kalıyoruz.

Bizler anne rahmine bolluk ve varlık bilinci ile merhaba dedik. Çoğumuz etrafında kolaylık ve hafiflik duygusunun olmadığı evlerde kıtlık içinde büyüdük; bu yüzden anne babamız ve çevremizden ortaya çıkan ağırlık, korku ve kaygıyı muhtemelen hissettik. Çocuk bilinciyle güvende olmak adına hissettiğimiz enerjiyi ve duyguyu sünger gibi emdik. Kıtlık bilincini dünyaya getirmemiş olmamıza rağmen, etrafımızdaki sevdiklerimizden ve bizi korumaya çalışanlardan aldığımız telkinler ile yokluğa inandırıldık. Tek amaçları kendilerince yaşadıkları bu tehlikeli dünyada bizi korumak ve güvende tutmaktı. Bizim için var olan kıtlıktı ve odağımızı o tarafa çevirdiler. Böylelikle pozitif bolluk ve bereket ile geleceği güvende bularak deneyimlemek yerine, negatif ve kıtlık içindeki yaşantımızı daha güvenli bularak olduğumuz yerde kaldık. Bu negatif oyunlarımızı ve inançlarımızı siz fark edene kadar, hayat boyu tetiklenen ve sürekli tekrarlanan izler bırakır. Ailemiz ya da öğretmenlerimiz tarafından karşılaştırmalara ya da kıyaslamalara maruz kaldıysak, bu da bizi kıtlığa sevk eder fakat ilahi ekonomide kıtlık bir yanılsamadır. Bu hem temel, ruhsal bir gerçek hem de yaşadığımız fiziksel dünyada harekete geçme sorumluluğumuzdur. Bu gerçeği, herkesin mevcut ruhsal gerçekliğinden herkesin karşılaştığı fiziksel gerçekliğe getirmek, bulunduğumuz yer ile olmak istediğimiz yer arasında ki uçurumun köprüsünü oluşturmamıza yardımcı olmak için çok faydalıdır. Tüm paranın, bolluğun, bereketin ve rızkın yaratılışın kaynağından yani Yüce ALLAH'tan geldiğini gerçekten kabul ettiğinizde; fiziksel dünyada herhangi bir şeyin ya da herhangi bir kişinin merhametine kaldığınıza inanmaktan doğan sınırları ve koşullanmış fikirleri, kendinizi sonsuz kudret sahibine teslim ettiğinizde özgürce almaya başlarsınız.

Yaşadığımız evrenin doğası bolluk ve bereket üzerine inşa edilmiştir ve Rabb'imiz tarafından her zaman için vermek üzerine programlanmıştır. Yağmur verir, meyve sebze verir, ışık verir, su verir, enerji verir, hayat verir... Her zaman sen ne istersen onu verir. Yaratılışımızda asla olmayan kıtlık bilinci ise sonradan öğrenilen bir yanılgıdır.

Çoğunlukla ailemizden duyduğumuz, "Paranı idareli kullan." ve "Ayağını yorganına göre uzat." gibi cümleler farkında olmadan bilinçaltımızda kıtlık kodu oluşturur. Bilinçaltımızda oluşan bu kod ile yarının hep riskli olduğunu zannederek neler getirebileceğini gözden kaçırırız. Bir illüzyondan ibaret olan kıtlık bilinci, maalesef sadece aile bireylerimizde kalmayarak kültürümüze de yerleşmiş durumdadır. Coğrafyamızın bazı bölgelerinde yeni evlenmiş kadınlara, "Kocanın üç tabağı varsa birini kır." derler. Böylelikle erkeğin daha fazla çalışmak zorunda kalacağı ve evine bağlanacağı gibi yanlış bir düşünceye inanılır.

Borçlanmak, çok çalışmak, aza sahip olmak daha iyiymiş gibi gösterilir. İzlediğimiz filmlerde, anlatılan öykülerde zenginlik her zaman şımarıklık, yanlış ve kötüyle ilişkilendirilirken; fakirlik, gurur ve sadakatle eşdeğer tutuldu. Bir süre sonra yetinmek, tasarruf gibi kavramlar güven ve mutluluk ile eşdeğer bir hâl aldı. Çok olan ise riskli görünmeye başlandı. Tüm bu düşünceler büyük bir illüzyondan ibarettir, güzel ruh. Gerçek risk, mümkün olandan daha azı ile yetinmek zorunda kalmaktır. Azıcık aşım ağrısız başım, dediğimiz sürece açlıktan başımız ağrımaya devam edecek. Az verip bezdirme çok verip azdırma Allah'ım, dediğimiz sürece de kıt kanaat geçinecek kadar verecektir. Tuzsuz aşım dertsiz başım gibi...

Dünyanın en büyük oyuncak dükkânından istediği kadar oyuncak alabilme hakkına sahip iki tane çocuk hayal edin, sevgili canlar. Henüz bilinçaltına kıtlık kodu yerleşmemiş çocuk hoşuna giden tüm oyuncakları alır; çantasını, ceplerini, poşetleri, bulabildiği her şeyi oyuncakla doldurur. Kıtlık bilincine maruz kalmış çocuk ise çok az oyuncak alır. Neden bu kadar az aldığı sorulduğunda ise, "Çünkü oyuncak sepetim sadece bu kadarını alabildi." cevabını verir ya da oyuncakları beğenmediğini söyler, almamak için bahane yaratır.

Daha önce "chromophobia" terimini hiç duydunuz mu, sevgili canlar? Leziz kremaları andıran bu kelime aslında Yunanca para anlamına gelen "chrema" kelimesinden türemiştir ve en basit hâliyle para korkusunu anlatır. Evet sevgili canlar, yanlış duymadınız kıtlık bilinci psikolojide "chromophobia" olarak adlandırılır. Çok fazla veya çok az maddi kaynağa sahip olma korkusu yaşayan insanlar için kullanılır. "Fazlasına sahip olup yoldan çıkarsam." ve "Yeterince sahip olamaz ve geçinemezsem." korkusuna sahip insanları anlatır. Konunun başında söylediğimiz "ayağını yorganına göre uzat" deyimi, tam da bu korkuya sahip insanların söyleyeceği tarzdan bir cümle. Bu insanlar için faturaları ödenmiş sade bir yaşam, olabileceklerin en güzelidir. Oysa biz bu dünyaya fatura ödemek için gelmiş olamayız, değil mi sevgili canlar.

Harvard Üniversitesi'nde yapılan bir araştırmaya göre bir olasılığa dikkatle odaklanmanız, burnunuzun önündeki diğer olasılıkları kaçırmanıza neden oluyor. Kıtlık, gelecekteki olasılıklar yerine mevcut sınırlamalara odaklanarak sizi miyop yapar. Ünlü bir deyişin dediği gibi: "Her şeye sahip olmanın sırrı zaten sahip olduğunuza inanmaktadır." Buradan da anlayacağımız üzere, önümüzdeki yolu her dönemeçte kıtlıkla mı yoksa bollukla mı dolu olarak görmek bize kalmış. Seyahat edeceğiniz yolu siz seçebilirsiniz.

Tekâmül yolunda, dünyaya "Neden geldik?" sorusunu sizin gibi bende kendime çok sordum. Unutma oyunuyla, ilk ağlama sesiyle merhaba dediğimiz duygular gezegeni olan dünyamızda, yaşınız kaç olursa olsun ruhsal zenginliğinizi fark ettiğinizde sadece bedensel olmadığınızı anlıyorsunuz. Bu aşamadan sonra kendin olmak dediğimiz bilinç seviyesi, sizi mutlu eden şeyleri, evrensel ilkeler ve spiritüel yasalar içinde yaptığınızda, ilahi sistemin sizin için Yüce Allah'ımızın rızasıyla vermeye başlamasıdır. Maddesel dünyada görünür olur. İlk kıtlık bilinci yapacaklarınızın önüne sınır koymanızla başlar. Kendin olmak, kendine ve Yüce Allah'a inanarak deneyimlemekten başlar. Başarı sonuç değil gidilen yoldur. Yola çıktığınızda ilahi sistem sizi görmeye başlar. Mükafatınızı ilahi sistemin verdiği maddesel hediyelerle alırsınız. Kıtlıktan bolluğa geçmek kolaylaşır.

Yüce Allah El-Vehhâb'dır (karşılıksız veren, çok veren), El-Kerim'dir (ihsanı, lütfu bol). Rabb'in nimetleri bardaktan boşalırcasına yağan bir yağmur, neden şemsiye açarsınız ki? Üstelik kutsal kitabımız Kur'an-ı Kerim'de Rabb'imiz bunu bize açık açık söylüyorken...

"Artık, Allah'ın size verdiği rızıktan helal ve temiz olarak yiyin, eğer (gerçekten) yalnız Allah'a ibadet ediyorsanız, onun nimetine şükredin."
– Nahl Suresi / 114. Ayet

***

"Şüphesiz bu, bizim verdiğimiz rızıktır. Ona bitmek ve tükenmek yoktur."
– Sâd Suresi / 54. Ayet

Kıtlığın gerçek değil bir yanılsama olduğunu anladığımız anda, bolluk bilincine geçmek için ilk adımı atmış oluruz. Daha sonra yapmanız gereken en önemli şey ise, cümlelerinizi değiştirmektir. Hayatımız bir tuvaldir, sözlerimiz ise tuvale çizdiğimiz çizgiler. Güzel bir sanat eseri yaratmak varken neden karalayalım?

Para evrende bereketi temsil eden bir dolaşım aracıdır ve kendine ait enerjisi vardır. Enerjiye yön verebildiğini fark ettiğin anda para sana gelmeye başlayacak. Gerçek bir para mıknatısına dönüşmek içinse kıtlık bilincine sebep olan bilinçaltı kodu temizlenmeli ve hayatınızda para enerjisini kendimize çekebilmek için bazı küçük değişiklikler yapmalıyız.

1- Para ile ilgili düşüncelerinizi değiştirin ve bunu cümlelerinize yansıtın. "Para bana çığ gibi, büyüyerek geliyor.", "Ben bir para mıknatısıyım.", "Hakkımla kazanıyorum, iyi niyetimle harcıyorum." gibi cümleleri sık sık tekrar edin.

2- Çok kazanmak için çok çalışmak gerekir gibi zor kodları unutun ve kolay kazanabileceğinizi fark edin. Önemli olan çok çaba harcamak değil, enerjiyi doğru yönlendirmek.

3- Zengin olmaktan korkmayın. Zenginlik sizi yanlışa sürüklemez.

4- Sizi mutlu edecek bir hobi edinin ve bu konuda kendinizi geliştirin. Doğru frekansı yakaladığınız anda kazanç olarak geri dönmeye başlayacaktır. Yapabileceğiniz en büyük yatırım, kendinize yapacağınız yatırımdır.

5- Asla yeteri kadar istemeyin. Sahip olana kadar neyin yeterli olacağını asla bilemezsiniz.

6- Parayı sevin ve isteyin ama asla bir dolaşım aracı olduğunu unutmayın. Esas niyetimiz parayı değil, paranın getireceği bolluk ve bereketi hayatımıza çekmek olacak.

Evren Tanrı'nın hizmetimize sunduğu kocaman bir çeşme, oluk oluk bereket akıyor. İç kana kana, bardağım küçük yalanına kanma...

Size bir hikâye paylaşmak istiyorum.

Fakir bir adam padişahın kızına âşık olur ve son derece çaresiz bir şekilde dağda gezerken bir derviş ile karşılaşır. Derviş adamın perişan hâlini görünce, "Neyin var?" diye sorar. Adam padişahın kızına âşık olduğunu ve dermansız bir derde düştüğünü, çok fakir olduğunu söyler. Derviş, "Şu gördüğün mağaraya gir, hiç kimse ile konuşmadan bir ay boyunca Allah, Allah, Allah de." der. Adam da yapacağı hiçbir şey olmadığı için dervişin dediğini yapar ve mağaraya girer. Mağarada inzivaya çekildikten 20 gün sonra çevre köylerden insanların dikkatini çeker. İnsanlar ziyaretine gelmeye başlar ve herkes ona burada olmasının sebebi hikmetini sorar ancak cevap alamazlar. 40 gün sonra adam ile ilgili haberler padişahın da kulağına gider.

Padişah, "Getirin bu adamı bakalım sebebi hikmeti nedir?" der. Vezir, "Aman efendim, değil buraya gelmek adamın ağzından Allah'tan başka kelam çıkmıyor, ancak isterseniz beraber görmeye gidebiliriz." der. Ertesi gün padişah ve veziri adamın inzivaya çekildiği mağaraya giderler. Adam oturduğu yerde hiç konuşmadan "Allah, Allah, Allah" demeye devam eder. Padişah, "Söyle bakalım, seni bu hâllere getiren sebebi hikmeti nedir?" der Adamda ses yok. Padişah, "Söyle sana bir çuval altın vereyim." der, adamdan yine ses yok. Padişah, "Bir çuval altın üzerinde de kızımı vereyim." der. Adam kafasını kaldırır, padişaha bakar, hafifçe tebessüm eder ve "Allah, Allah, Allah" demeye devam eder. Padişah kalkar gider. Adama inzivaya çekilmesini söyleyen derviş bu olaylara tanık olmuştur. Padişah gittikten sonra, "Be adam istediğin padişahın kızı değil miydi? Neden ses çıkarmadın?" der. Adam gülerek, "Kırk gün Allah dedim. Sırf kızını almak için yaptığım dua ile padişahı ayağıma getirdim, bir de Allah için Allah desem kim bilir neler olur." der. İşte manevi zenginlik budur.

Şimdi konunun ana fikrinden yola çıkarsak, maddesel zenginliğe ulaşmak için önce manevi zenginliğe sahip olduğunuzun idrakine varmanız gerekir. Bizler eşsiz, tek, biricik, mükemmel ve eşit yaratılan varlıklar olarak dünya gezegenine unutma oyunuyla geldik. İnsanın içsel keşfine çıkan ruh, en başta ruhsal zenginliğini kabul etmeden yaşadığı hayatın çaresizlik duvarından atlayamaz. Allah tarafından yaratılışımızın yapı taşı olan sevgidir. Allah bizi sevmeseydi, yaratmazdı. Kendimizi kabul etmeden ve sevmeden ruhsal zenginlik kapısından geçemeyiz. Ruhlar meclisinde hepimiz nurdan yaratıldık.

Aynanın karşısına geçtiğinizde gözlerinizin içine bakınca o muhteşem nur ışığını görerek, gerçekten kendinizi ne kadar çok sevdiğinizi hissetmeli ve bunun için Yaradan'a sevgi ile şükran duymalısınızdır. Bu duyguları elde ederseniz, etrafınızdaki herkes sadece sizin tekâmülünüzü tamamlamak için sizlere yarenlik eden kişiler olarak görünür. İşte gerçek budur. O an kendini gören insan, ruhunun muhteşemliğine merhaba diyerek manevi zenginliğe geçer.

Manevi zenginlik kendiniz olmayı size verir.

Kendiniz olmak, maddi zenginlikle ödüllendirilir.

İşte o zaman yaşam ile aramızda hiçbir engel kalmaz.

BİLİNÇALTI VE PARA

Yüksek kazançlar elde etmek için yapmanız gereken ilk şey, çok para kazanmak için çok çalışmak gerektiği düşündüren inanç kalıbınızın yanlış olduğunu anlamaktır. Eğer çalışmak ve kazanç doğru orantılı olsaydı; Elon Musk, Bill Gates, Marc Zuckerberg, Jeff Bezos gibi isimler dünyanın en zengin isimleri olmazdı. Tüm bu isimler kazanacaklarına gerçekten inandıkları ve bu şekilde doğru çalıştıkları için bu kadar yüksek kazançlar elde ettiler.

Para da tıpkı bizler ve diğer tüm varlıklar gibi enerji temelli bir maddedir. Bilinçaltınızı zengin olacağınıza inandırdığınızda para enerjisi ile aynı frekansı yakalayabilir ve böylelikle parayı kendinize çeken bir mıknatısa dönüşebilirsiniz. Gerçek anlamda maddi zenginliğe ulaşmanın tek yolu bilinçaltınızı buna inandırmaktan geçer.

Elbette çok zengin olacağım demekle zengin olmanız mümkün değildir. Doğru cümleler kullanmak ve olumlamalar yapmak başarıya giden yolda büyük bir öneme sahip olsa da sonu zenginliğe çıkan merdivenin bir basamağından ibarettir. Gerçek bir para mıknatısı olabilmek için tüm basamakları tırmanmak gerekir. Ancak bu sözlerim sizi korkutmasın sevgili canlar, düzenli uygulanacak birkaç basit adımla hayatınızdaki para akışının nasıl değiştiğini kendi gözlerinizle göreceksiniz.

Öncelikle faturalarınızı ödediğiniz bir ayın sonunda kenara biraz para ayırabilmenin zenginlik olduğunu düşünüyorsanız, parayı hak etmediğinize dair bilinçaltı kodunuz var demektir ve acilen bunu değiştirip dönüştürmeniz gerekir. Bizler faturaları ödeyerek birikim yapmak için yaratılmadık. Dünyamızda bulunan birbirinden güzel sayısız nimetin yaratılmasında elbette bizim için bir sebep var. O sebepte hiç şüphesiz ki bizim yararlanmamızdır. Üstelik bunu Yüce Rabb'imiz kutsal kitabımız Kur'an-ı Kerim'de açıkça bizlere ifade eder.

"İçinden taze et (balık) yemeniz ve takacağınız bir süs (eşyası) çıkarmanız için denizi emrinize veren O'dur."
— Nahl Suresi 14. Ayet

Para ve diğer maddi varlıklar kültürel çevremizin de etkisiyle genellikle olumsuzluklarla eşleştirilir. Çok paranın çok dert getireceğinden bahsedilir. İnanın bana sevgili canlar, kazanabileceğinizden daha azına sahip olmaktır gerçek dertlere yol açan. Paranın mutluluk getirip getirmeyeceği tartışılır yıllardır ama siz hiç parasız olduğu için mutlu olan birini gördünüz mü?

Paradan, maddi varlıklardan veya zenginlikten asla korkmanıza gerek yok, sevgili canlar. Zengin olmak huzurunuzu kaçırmayacak, başınıza dert açmayacak, tam tersi para sadece bir araçtır. İsteklerinize, huzura ve mutluluğa ulaşmanızı sağlayacak bir araç. Siz yalnızca enerjinizi para frekansına uyumlayın ve hiç beklenmedik şekilde hayatınıza akmaya başlayan paranın sizi isteklerinize ulaştırmasına izin verin.

Turuncu cüzdan kullanmak, alışveriş fişlerinizi cüzdanınızda taşımamak sizi para frekansına kanalize edecek basit adımlardır. Bununla birlikte gün içinde kendinize, "Bolluk ve bereket içindeyim, ben bir para mıknatısıyım, para bana akıyor, hak ediyorum ve kazanıyorum." cümlelerini tekrar ederek bilinçaltınızı doğru şekilde yönlendirebilirsiniz. Kazanç dilediğinizde Er-Rezzâk ve El-Kerîm Esmaül Hüsnâlarını sıkça tekrarlamak, duanızın hayatınıza olan etkisini arttıracaktır. Bunlarla birlikte sayıların gücünden de faydalanabilirsiniz sevgili canlar. 520

sayısı para sayısıdır. 520 yazılı bir kâğıdı cüzdanınızda taşımak büyük kazançların kapılarını açmanız için önemli bir anahtar olacaktır sayıların frekansına inanıyorsanız eğer.

Tüm bu ve benzeri adımlar sizi zenginliğe götürecek merdivenin birer basamağıdır. Temizlenmiş bir bilinçaltı ve kuantum düşünce tekniği ise sizi tüm isteklerinize taşıyacak lüks bir asansördür.

Ruhsal zenginliğe geçmeden maddesel zenginliğe geçemezsiniz. Biliyorsunuz ki para Lidyalılar tarafından M.Ö. 7. yüzyılda bulunmuştur. Maalesef ki bizler parayı kendimizin önüne koyabiliyoruz. Onu bir varlık gibi düşünüp bize gelmek istemiyor düşüncesiyle, o varlığı kendimizden oldukça büyütüp uzaklaştırıyoruz. Hâlbuki para sadece bir araçtır ve evrensel dolaşım aracıdır. Kendiniz olduğunuzda, bedeninize sevgi verdiğinizde, hayatınıza neşeyi kattığınızda yetenekleriniz aktive olur. Böylelikle sizler olan hâlinizi sevip ve onayladığınız için, ilahi sistem tarafından maddesel zenginlikle ödüllendirilirsiniz. Maddesel dünyada içsel keşfine çıkan ruhlar olarak kendinizi değiştirmek, dönüştürmek, geliştirmek yönünde hareket ettiğinizde, bunun göstergesi olarak Yüce Allah tarafından maddesel ferahlıkla takdir edileceksinizdir.

Ruhunun zenginliklerine merhaba diyenlerin parasal sorunları olmaz. Çünkü ben de onlardan biriyim.

SES VE BİLİNÇALTI

"Seslenenin yakın bir yerden sesleneceği güne kulak ver."
— Kâf Suresi 41. Ayet

Tüm varlıklar enerjiden meydana gelmekle birlikte aynı zamanda kendisine özgü bir frekansla var olmuştur. Bu frekans sayesinde, tıpkı ses gibi sürekli olarak evrene titreşim yaymaktayız. Ses titreşimleri ve yaydığımız titreşimler etkileşime girebilir.

Beynimizde var olan her şey, kendine ait frekans seviyelerine sahiptir. En yavaş ve en yüksek beyin frekansı olan Delta frekansı 4 Hz'dir ve uyku sırasında yayılır. Yoğun olarak epifiz bezi bölgesinde görünür. 4-7 Hz aralığında olan Teta frekansı ise ilk uyku evresinde ve çocuklarda gözlemlenir. Yetişkinlerde olağan dışı durumlarda, yaratıcılık anlarında ve meditasyon esnasında yayılır. Beynin arka bölümünde görülen ve 8-12 Hz frekans aralığında olan Alfa frekansı rahatlama ve sakinlik anlarında yayılır. Beta frekansı ise Alfa'nın tersi olarak stresli anlarda ve odaklanma gerektiren durumlarda ortaya çıkar. Frekans aralığı ise 12 Hz'den 30 Hz'e kadar yükselebilir.

Yapılan birçok araştırma ses frekanslarının zihin sağlığı üzerinde büyük bir faydası olduğunu ortaya koymuştur. Yalnızca müzik dinleyerek bile stresinizi azaltabilir, dikkatinizi artırabilir, hafızanızı güçlendirebilir ve depresyona karşı kendinizi koruyabilirsiniz. Yapısı gereği sürekli olarak ayrışarak yayılmaya devam ederse, evrende hiçbir şekilde kaybolmaz ve yayılmaya devam eder. Bu özelliği ile evrendeki en mucizevi yaratılışlardan olan ses, bilinçaltına ulaşmanın belki de en kestirme yoludur. Eğer beyin frekansınızı doğru ses frekansına maruz bırakırsanız, bilinçaltınıza en net mesajı vermiş olursunuz. İnsan beyninin genel olarak 20 ile 20.000 Hz aralığındaki ses frekanslarını algılayabildiği kabul edilir. Bizler, bu aralık dışında kalan sesleri bilincimiz ile fark etmesek de bilinçaltımız sesi algılar ve vücudumuzda birtakım tepkimelere sebep olur.

Müzik notalarından üçüncüsü olan "Mi" notası ismini Latince "miragesterum" kelimesinden alır, anlamı ise mucizedir. Sevgi frekansı olarak da bilinen 528 Hz müzikte "Mi" notasına denk gelir. Sağlık kitapları yazarı Dr. Leonard Horowitz 528 Hz frekansını "varoluşun müzikal matematiği" olarak nitelendirir. Özellikle DNA onarımı etkisi olan 528 Hz her şeyi temizleme kapasitesine sahip bir frekanstır. Meksika'da yapılan bir deneyde okyanusa bir süre 528 Hz frekansında ses yayıldıktan sonra, okyanusun zararlı organizmalardan temizlendiği ve yunusların körfeze geri geldiği gözlenmiştir.

Bunun yanı sıra farklı ses frekanslarının vücudun farklı noktalarınızda iyileşmeye yol açtığı keşfedildi. Örneğin 696 Hz frekansın kalbimize, 751 Hz frekansın ise karaciğerimize iyi geldiği bilinir. 835 Hz bağışıklık sistemimizi güçlendirirken, 625 Hz böbrek fonksiyonlarımızı düzene sokar. Stresten uzaklaşarak daha sakin bir ruh hâli için 1335 Hz gerekir.

Fizikçi Heinrich Wilhelm 1839 yılında yaptığı bir deneyle ses frekanslarının vücutta çok hızlı bir şekilde tepkimeye sebep olduğunu kanıtladı. Dr. Joseph S. Puleo ise notaların frekans değerleri ve bilinçaltına etkileri üzerine araştırmalar yapmıştır. Bu araştırmaların sonucu ise şu şekilde:

Do: Suçluluk hissi ve korkunun azalmasına etki eder.

Re: Endişeyi azaltır ve geçmişte takılı kalmadan anın tadını çıkarma yetisini arttırır.

Mi: Temizleme ve iyileştirme potansiyeline sahiptir. DNA onarımı sağlar.

Fa: Empati yeteneğini geliştirir. Sosyal ve kişisel ilişkileri olumlu etkiler.

Sol: Neden sonuç ilişkisi kurma, analiz etme ve kendini ifade etme özelliklerini arttırır.

La: Öze dönüşün notasıdır. Dinginlik verir, arınmayı sağlar.

(Si notalar dizime sonradan eklenmiştir.)

Kuantum düşünce tekniği ile yaptığımız çalışmalarda, danışan sadece çalışmayı dinleyerek anlasa da anlamasa da elektromanyetik alanı etkileşime girdiğinden dolayı değişim başlar. Yaklaşık 2015 yılından beri online olarak yaptığım çalışmalarda, danışanın alacağı çalışmaya inanması ve dinlemesi çoğu zaman yeterli olur. Yaşam alanında değişim ertesi gün başlar. Bunu idrak etmesi genellikle ilk çalışmadan sonra ve 21. günün sonrasında gözlemlenir. Alanınızda duyduğunuz ya da fark etmediğiniz tüm sesler, tekâmülünüzde olumlu ya da olumsuz olarak sizi etkiler.

Seçme yetinizi kullanarak, güzel seslerin farkında olacağınız bir yaşam dileğiyle...

IŞIK VE BİLİNÇALTI

Hayatımız boyunca en çok maruz kaldığımız enerjilerin başında ışık enerjisi gelir. Yürürken, yemek yerken, çalışırken hatta uyurken bile ışığa ihtiyaç duyarız. Biz farkında olmasak bile ışık vücudumuzun fizyolojik yapısı açısından büyük bir öneme sahiptir.

Gün boyu maruz kaldığımız ışıklar, gözlerimiz aracılığıyla vücudumuzun kontrol merkezi olan beynimize iletilir. En başta biyolojik saat olarak adlandırdığımız vücut dengemiz tamamen ışığa duyarlı bir şekilde gelişir. Biyolojik saat, uyku düzenimizi dengeleyerek hormonal ve psikolojik sağlığımız üzerinde olumlu etkilere yol açar. Gün ışığı aynı zamanda vücudumuzda D vitamini üretilmesini sağlar. Yapılan araştırmalar ışığın hafızaya ve öğrenmeye etkisi olduğunu ortaya koyulmuştur.

California Üniversitesi'ndeki araştırmacılar denek farelerini yanıp sönen özel bir ışık frekansına maruz bırakarak hafızalarını silmeyi ve unuttukları anları tekrar hatırlamalarını sağladılar. Benzer bir deney Michigan Üniversitesi nörobilim uzmanları tarafından da gerçekleştirildi. Bu deneyde iki gruba ayrılan farelerin bir bölümü loş ışığa, diğer bölümü ise parlak ışığa maruz bırakıldı. Dört hafta boyunca loş ışık altında yaşamak durumunda kalan farelerin beyin kapasitesinde %30 civarında azalma gözlemlendi. Parlak ışığa maruz bırakılan farelerde ise hiçbir olumsuz değişiklik gözlemlenmedi. Işığın beyin üzerine olan etkisinin gelecekte başta yeme bozukluğu ve kaygı gibi birçok psikolojik alanda tedavi amaçlı kullanılacağı öngörülür.

Işık enerjisinin beynimiz tarafından algılanma şekli olan renkler ise psikolojimiz üzerine direkt etkiye sahiptir. Örneğin mavi tonları sakinleştirici bir etkiye sahipken, uzun süre yoğun turuncu renge maruz kalmak kaygı ve strese sebep olur. Coşkuyu temsil eden kırmızı rengin iştah açıcı özelliğinden dolayı birçok yiyecek içecek firması kırmızı rengi logo ve dekorasyonlarında kullanmayı tercih eder. Yeşil renk ise daha çok huzur ve güven ile eşleştirilir, bu yüzden finans kuruluşları, bankalar, sigorta şirketleri gibi firmalar tarafından tercih edilir.

Sevgili kutsal kitap Kur'an-ı Kerim ise ışığın yol gösterici özelliğini ön plana çıkarır. Enbiyâ Suresi 48. ayette takva sahipleri için ışık verildiği bildirilirken, Kasas Suresi 71 ise, Allah'tan başka hiçbir varlığın ışığı getiremeyeceği vurgulanır. Işık Allah'ın bize bahşettiği büyük bir nimettir.

İlk varoluşumuz nur hâlidir. Işık bedenlerimiz bulunduğumuz kuantum alanda negatif etkisine girmemişse, Allah'ın nuru ile çok geniş bir alan kaplar. Peygamberimiz Hz. Muhammet'in nuru her yeri kaplarmış. Mağarada ışık olarak görüldüğü söylenmiştir. Hatta bazen ortamlarda biri geldiği zaman, o kişinin enerjisiyle kendinizi daha iyi hissettiğiniz olmuştur. Veya bir seminere ya da eğitime gittiğinizde, oradaki hocanın yaydığı ışıktan etkilenerek yaşamınızda farklılıklar gözlemlemişsinizdir.

"Kalbiyle temasta olan birini gördüğünde ona âşık olabilirsin ve bunun nedenini asla anlayamazsın, bir hoşluk vardır onun etrafında. Bu hoşluğu zihin algılayamaz ama kalbin hemen seziverir. Bir aurası vardır onun. O auraya kapıldığında kendinden geçer, ona meyleder, çekimine kapılırsın, manyetik bir kuvvet iş başındadır. Bilinçli bir şekilde sana neler olduğunun farkına varamayıp; 'Neden etkilendiğimi bilmiyorum.' dersin. Fakat sebep budur. Kalbinde yaşayan insanın etrafında bir hoşluk vardır, hoş bir koku akar durur

*onun etrafında ve onunla irtibata geçtiğinde sende
kapılırsın bu akışa..."*
– OSHO

Fakat bilinçaltına aldığınız negatif etkiye (duygu, düşünce, inanç) girdiyseniz, bu durum oradaki öğretiyi alabilmeniz için kuantum alanda dolanıklıklar oluşturur. Oluşan bu dolanıklık bizlerin yakınındaki herkesi negatif olarak etkiler. Çünkü birbirimize görünmez ipliklerle bağlıyızdır.

Bir'den Biz'e, Biz'den Bir'e bir yolculuk.

Yolunuz ışık olsun sevgili canlar.

*"Ey iman edenler! Allah'tan korkun ve Peygamberine
inanın ki O, size rahmetinden iki kat versin ve size
ışığında yürüyeceğiniz bir nûr lütfetsin; sizi bağışlasın.
Allah, çok bağışlayan, çok esirgeyendir."*
– Hadîd Suresi 28. Ayet

EGO SAVUNMA MEKANİZMALARI

*"Ey insan! Seni yaratıp seni düzgün ve dengeli kılan,
seni istediği bir şekilde birleştiren, ihsanı bol Rabb'ine
karşı seni aldatan nedir?"*
— İnfitâr Suresi 6. Ayet

Ego savunma mekanizmalarını doğru şekilde kavrayabilmek için, öncelikle ego kavramını doğru anlamamız gerekir. Bilinçdışı kavramının fikir babası Sigmund Freud'un Yapısal Kişilik Modeli; İd, Ego (dengeli) ve Süper Ego'dan oluşur. Bu modelde ego kavramı, toplumumuzda özdeşleştirildiği "aşırı öz güven" kavramının aksine son derece gerekli ve işlevseldir.

İd, alt benliktir. İlkel hazlarımızı temsil eder. İhtiyaçlara yöneliktir, içgüdülerle hareket eder, sabırsız ve mantıksızdır. Açlık, öfke, cinsellik gibi davranışlar id tarafından yönlendirilen davranışlardır.

0-7 yaş arasında ortaya çıkan ego kavramının aslında amacı bizi güvende tutmaktır. 20. kattan atlamıyorsak, çok hızlı araba sürmüyorsak, işimize zamanında gidiyorsak vs. egodandır. Sosyal ve kültürel uygunlukta hareket etmemizi sağlar. İd, egonun mantık dışı dürtülerini baskılamaya çalışır. Süper ego ise, bizi kurban rolünde tutan, acıdan beslenen, adım atmamızı engelleyen, uyutan, başkalarıyla kıyaslayan vs. benlik hâlidir. Dengeli ego ise, id ego ve süper ego arasındaki çatışmada uzlaşma sağlayan bir köprü görevi üstlenir. Toplumsal ahlak standartların dışına çıkmadan, içgüdüsel isteklerimizi karşılamamızı sağlar. Uzun bir kuyrukta sıra beklerken birisi önünüze geçtiğinde id ego size öfkelenmenizi, süper ego ise sakinlik maskesiyle kurban rolünde kalmanızı söyler. Dengeli ego ise uzlaşma sağlayarak sakin bir şekilde hakkınızı aramanızı size iletir. Ancak kimi durumlarda ego uzlaşma sağlamakta zorlanabilir. Bu durumda ortaya çıkan mekanizmalara, Ego Savunma Mekanizmaları denir.

1- Yer Değiştirme: Baş edilemediği durumlarda duygunun farklı bir tarafa yönlendirilme mekanizmasıdır. Eşine sinirlenen bir yöneticinin, işyerinde çalışanlara kızması, yer değiştirme mekanizmasına örnek olarak gösterilebilir. Yer değiştirme mekanizması kişiler arasında olabildiği gibi nesnelere yönelikte olabilir. Öfke, hayal kırıklığı, suçluluk gibi negatif duygu anında bir nesnenin boşluğa fırlatılması, kırılması, bir yere vurmak gibi davranışlar da yer değiştirme mekanizmasıdır.

2- Süblime: Yer değiştirmeye oldukça benzeyen süblimenin farkı, hissedilen öfkeyi makul bir forma dönüştürmesidir. Negatif duygu anlarında müzik dinlemek, spor yapmak, yürüyüşe çıkmak, kitap okumak baş edilemeyen duygunun süblime edilmesidir.

3- Baskı/Bastırma: Hatırlanmak istenmeyen anıların bilinçli zihinden uzaklaştırılma mekanizmasıdır. Farkında olmadan unutma mekanizması baskı, bilinçli olarak yapılan unutma ise bastırmadır. Karşılaşılan şiddetin bilinçli zihinden uzaklaştırılması örnek olarak gösterilebilir.

4- İnkâr: En sık karşılaşılan mekanizmalardan olan inkâr, yüzleşmekten kaçınılan gerçeğin kabul edilmemesi durumunu ifade eder. Alkol, kumar, öfke kontrolü gibi problemi olan kişilerin bu gerçeği reddetmesi inkâr mekanizmasıdır.

5- Entelektüelleştirme: Başa çıkmakta zorlanılan duygulara karşı tamamen soğukkanlı kalarak, olaya tıpkı klinik hekim gibi yaklaşma mekanizmasıdır. Beklenmedik bir sağlık sorunu ile karşılaşan bir kişinin, duygularıyla yüzleşmek yerine o hastalıkla ilgili araştırmalar yapması, makaleler okuması gibi.

6- Projeksiyon: Kabul edemediğimiz şahsi duygularımızı, sanki başkalarınınmış gibi gösterme çabasıdır. Eşinden farklı birine ilgi duyan bir kişinin, sürekli olarak eşinin kendisini aldattığını düşünmesi projeksiyon mekanizmasına örnek olabilir.

7- Gerileme (Regresyon): Çocukluk dönemi davranışlarını, stresli anlarda tekrarlamak, gerileme (regresyon) mekanizmasıdır. Bir yetişkinin parmağını emmesi, oyuncak ayısına sarılarak uyuması, hatta yatak ıslatması birer gerileme mekanizmasıdır.

8- Rasyonalizasyon: Beklenmeyen durum karşısında, gerçek olmasa bile akla yatkın bir bahane bularak hissedilen duyguyu hafifletme mekanizmasıdır. Arkadaşımız yapılan organizasyonu son anda iptal ettiğinde, "Zaten hiç çıkasım yoktu." demek veya çok istediğimiz araba için yeterli kaynak bulamadığımızda, "İhtiyacımda yoktu aslında, hem yürümek çok sağlıklı." diye düşünmek gibi.

9- Özdeşim Kurmak: Kişilerin başkalarına ait özelliklerine özenerek, onlara benzeme çabasıdır. Bu kişiler ilerleyen aşamalarda başkalarının başarılarıyla, sanki kendi başarısıymış gibi övünebilirler.

Tüm bu mekanizmaların yanı sıra yok saymak, duyarsızlaşmak, hayal kurmak gibi davranışlarda Ego Savunma Mekanizması örnekleridir. Savunma mekanizmalar bilinçsiz şekilde gelişir, olumlu veya olumsuz sonuçlara sebep olabilir. Geçici fayda sağlamakla birlikte kesin çözüm üretemezler.

Kalıcı çözümler ancak bilinçaltımızı tüm olumsuz kök inançlardan temizleyerek, kontrolü ele aldığınız zaman mümkün olacaktır. Kuantum drama uygulayıcılık, özellikle Level 1 kampımızda, katılımcılarımıza, egolarına hem komik ve hem sinir bozucu tek bir isim vererek egolarıyla konuşmalarını önermekteyim. Sizi durduran, yavaşlatan, gerileten, değişime direnç gösteren, başkalarıyla kıyaslatan, gelecek kaygıları üreten, yapamazsın diyen vs. o sinir bozucu ve komik olan egonuza; toplumsal, kollektif, ailesel, çevresel ve kendi algılamanızla aldığınız bilinçaltı kayıtları doğrultusunda artık, "Ben büyüdüm, tecrübelerimle yeniden deneyimleyebilirim." ve "O acı eskidendi, yaşandı, bitti ve ben bildiğim için eskisi kadar acıtmayacaktır." vs. diyebileceğinizi göstermelisinizdir. İlk bir iki deneme sizin için çok zor olsa da vazgeçmeyerek, egonuzu nasıl terbiye ettiğinizi görebilirsiniz. Çünkü onu bu hâle getiren sizlersiniz.

KENDİ KENDİNE ÇALIŞMA

"Her insanın amelini (veya kaderini) boynuna bağladık. İnsan için kıyamet gününde, açılmış olarak önüne konacak bir kitap çıkarırız."
– İsrâ Suresi 13. Ayet

Bu hayatta sizi gerçek anlamda kurtarabilecek tek kişi yine sizsiniz. Aileniz, arkadaşlarınız veya alacağınız profesyonel destek size sadece yardımcı olarak gitmeniz gereken yönü gösterebilir. O yolda yürümek ancak sizin kendi adımlarınızla mümkün olabilir.

Psikolojide terapi yöntemleri pek çok farklı şekilde kategorize edilmiştir. Bu kategoriler arasında bulunan kendi kendine terapi de literatürde kendine yer bulmuş ve farklı tekniklerle sistematik bir hâle getirilmiştir. Gerçeklik terapisi, akılcı duygusal terapi gibi tekniklerle birlikte, başta meditasyon olmak üzere farklı yenilenme teknikleri ile kişinin kendi kendine uygulayabileceği terapi yöntemleri olarak gösterilir. Tüm yöntemlerin ortak noktası ise kişinin duygularını fark ederek kendisini tanıması ve problemleri ile başa çıkmak için adım atmasıdır. Dünyadaki hiçbir terapist her an yanınızda bulunamaz, hiç kimse duygularınızı ve beklentilerinizi sizin kadar iyi bilemez. Hiçbir destek sizin kendinize vereceğiniz destek kadar büyük olamaz.

*"Hayatta verdiğimiz tüm yargılardan hiçbiri kendimiz
hakkında verdiğimiz özellikten daha önemli değildir."*
Nathaniel Branden

Kendinize vereceğiniz desteğin ilk adımı kendinizi doğru
tanımak olmalıdır. Hayattan ne bekliyorsunuz, hangi duyguları
daha yoğun yaşıyorsunuz, neye üzülüp neye mutlu oluyorsunuz,
bu sorulara doğru cevaplar verdiğinizde gitmeniz gereken yönü
doğru belirlemiş olacaksınız.

Kişisel gelişim okumaları yapmak, yakın çevre ve profesyonel
destek almak, rehberlik kurslarına katılmak, günlük tutmak
kendi kendinize terapi yolculuğunda atacağınız doğru adımlar
olacaktır. Kendinize vereceğiniz en büyük desteklerden biri,
atacağınız her doğru adımda kendinizi takdir etmek olacaktır.

Örnek bir kendi kendine terapi çalışması için kendinize
şu soruları sormalısınız:

Ne oldu?

Ne hissettim?

Ne yaptım?

Tıpkı uyku öncesinde olduğu gibi oldukça sakin olduğunuz
bir anda, sessiz bir ortamda, o gün içinde yaşadığınız olağan
dışı durumu tekrardan değerlendirmeye alınız:

– Arkadaş ortamınızda kendinizi dışlanmış mı hissettiniz?

– Eşinize karşı daha kıskanç bir tutum mu sergilediniz?

– Son günlerde kendinizi daha öfkeli mi hissediyorsunuz?

– Yaşam motivasyonunuzda azalmamı hissediyorsunuz?

Yapacağınız bu tespitin ardından objektif olarak duygularınızı gözden geçirin:
– Ne hissettiniz ve bu hissinin arkasında yatan gerçek sebep neydi?
– Siz nasıl bir davranış sergilediniz?

Bu değerlendirmeyi düzenli olarak yaptığınızda kendinizi daha iyi tanıyacak, duygularınızı daha doğru değerlendirecek ve çözüme çok daha hızlı ulaşacaksınız. Yapacağınız tespitin ardından doğru telkinler, olumlama cümleleri, yaşadıklarınıza farklı açıdan bakmak sizi çözüme kavuşturacak adımlar olacaktır.

Tüm terapilerde olduğu gibi kendi kendine terapinin de temelinde neye ihtiyacınız olduğunu bilmek yatıyor. Daha sonrasında ise sözleriniz de dâhil olmak üzere tüm davranışlarınızı ihtiyaçlarınıza göre yeniden düzenlediğinizde kendi terapinizi tamamlamış ve kendinize verebileceğiniz en büyük desteği vermiş olacaksınız.

Her gece kendinize ayıracağınız yarım saat, günün z raporunu çıkarmak için mükemmel bir kendine değer verme yöntemidir. Haftada en az bir gece bunu bir saate çıkararak siyah kaplı bir deftere:

– Negatif inançlar

– Erteledikleriniz

– Keşkeleriniz

– Olmazlarınız

– Amalarınız

– Sınırlamalarınız

– Zorunluluklarınız

Şeklinde gözden geçirdiğinizde, kendiniz kendinizi affedecek ve onaylayacaksınız. Ve böylelikle her şeyin bir deneyim olduğunu, yaşadığınız acıları şu an yaşamadığınızı, geçmişte kaldığını fark edeceksiniz. Siz sadece onları şimdi de yaşatan muhteşem oyuncularsınız. Bu oldukça zor bir sanatkâr taraftır. Uyanış Zamanı adlı kitabımdaki secde tekniğini hatırlarsınız. Namaz kılamıyor iseniz, mutlaka her gece secde hâline geçip Yüce Allah'la kendinize zaman ayırmanızı tavsiye ederim. Allah'la konuşmalı, tüm içinizdekileri döküp anlamadığınız şeyleri ona sormalısınız ve cevap istemelisiniz. Tüm bu cevaplar gün içinde belki bir kitapta, belki sosyal medyada, belki bir arkadaşın sözlerinde, belki televizyonda size gelecektir. Sadece farkında kalın.

Ben, yaklaşık yirmi yıla yakın zamandır bireysel ve toplu çalışmalar yapmaktayım. Son yedi yıldır rehber olarak bilgilerimi pekiştirerek ve sentezleyerek nasıl yapılabileceğini öğretmekteyim. Elbette bireysel çalışmalarıma devam ediyorum. Ama yüreğimden geçen, her zaman dediğim gibi, "Herkes bir gün kuantumcu olacak." diyerek çıktığım bu yolda, sizin bunu yapabileceğinizi size göstermektir. Çünkü tüm yetenekler, bende olduğu gibi, başkalarında olduğu gibi, Yüce Allah tarafından her birinize verilmiştir. Sadece, kendi dışa dönük tarafınızı içe döndürerek, kendinizden kendinize, bu ışıklı yola adım atmanızdır.

Sizin yaratılışınız ışıktır. Kendi üzerinizde çalışmak, insanın içsel keşfine çıkan yolcu için âlemlerin kapısını açar.

Kendinizi keşfetmeniz dileğiyle.

KADİM YETENEKLERİMİZ

Evrenin merkezine konumlandırılmış enerji ve maddeye yön verebilme gücüne sahip tek varlıklar, biz insanlarız. Düşünebileceğimizin çok daha ötesinde, büyük bir potansiyel güce sahibiz. Geçim telaşı, sosyal kaygılar gibi dünyevi problemler arasında sahip olduğumuz gerçek gücümüzü unuttuk veya unutturulduk. Oysa yaratıcı ile olan bağımızın çok daha kuvvetli olduğu ve geçmiş çağlarda atalarımızın sahip olduğumuz bu potansiyel gücü kullandıklarını biliyoruz. Yaradılışımızdan itibaren sahip olduğumuz kadim güçlerimizi öğrendiğimizde, gerçekte ne kadar basit şeylerle kendimizi meşgul ettiğimizi fark edeceksiniz.

Hint kültüründe tam da bu konu için bir öğreti sistemi geliştirilmiş. Aiçvarya, yani insanın sahip olduğu hâlde nasıl kullanacağını bilmediği yetenekleri öğretme sistemi. Hadi gelin sevgili canlar, sahip olduğumuz kadim güçlere bir göz atalım.

1- İçitritva: Alşimi veya daha çok simya olarak da bilinen adıyla içitritva, maddenin temel özelliklerinde değişiklik yapabilme ve maddeye farklı bir form verebilme kabiliyetidir. En az 2500 yıldır bilinen ve Antik Mısır'dan tutun da İran, Yunanistan, Çin ve Avrupa dâhil çok geniş bir coğrafyada görünen içitritva, değersiz bir maddeyi altın gibi daha değerli bir maddeye çevirme yeteneğidir. Dünyaca ünlü Harry Potter serisine konu olan Felsefe Taşı'nın, maddenin dönüşümünü sağladığı ve ölümsüzlük getirdiğine inanılır. 1330'da Fransa'da dünyaya gelen ve bilinen en büyük simyacılardan biri olan Nicolas Flamel, Felsefe Taşı'nı bulduğunu söylemişti. 1418 yılında hayatını simyacının Felsefe Taşı ile ilgili söylemlerinden dolayı, bir süre sonra mezarına gidenler, mezarın boş olduğunu görürler. Daha da ilginç olanı ise yaklaşık 300 yıl sonra ki bir operada, birkaç farklı simyacının Flamel'i gördüğünü söylemesi olmuştur.

2- Levitasyon: Havadan daha ağır olduğu için, fiziken havada asılı kalması mümkün olmayan cisimleri, hiçbir fiziki müdahalede bulunmadan havada tutabilme yeteneğidir. Rusya doğumlu Nina Kulagina ve Polonyalı Stanislawa Tomczyk'ın levitasyon yetenekleri fotoğraflanarak kanıtlanmıştır. Yogada yogi mertebesine yükselen kişilerin levitasyon yeteneğini kendilerinde de kullanarak, hiçbir yardıma gerek duymadan yükselebileceklerine inanılır. Aynı şekilde Hint ve Tibet kültüründe bu yeteneği sergileyebilen kişiler olduğu söylenir. Daniel Dunglas Home ve Kupertinolu Aziz Yusuf'un, dönemin şartları gereği fotoğrafları çekilememiş ancak havada asılı hâlleri resmedilmiştir.

3- Telekinezi: Telekinezi Yunancada uzak anlamına gelen "tele" ve hareket anlamına gelen "kinesis" sözcüklerinden türemiştir. Düşünce gücü ile maddeler üzerinde itme, çekme, boyunu değiştirme gibi etkilerde bulunma yeteneğidir. Telekinezinin gerçekliği bir dönem tartışmalara yol açmış ve bilim insanları tarafından 2006 yılında bu konuya yönelik 300'ü aşkın deney yapılmıştır. Yapılan deneyler sonucunda telekinezinin gerçekliğine yönelik kanıtlar bulunmuş, ancak bu aşamada deneyler sonlandırılmıştır. Bazı bilim insanları deneyler için yeterince tekrar edilmediği ve kontrollü olmadığı yönünde eleştiriler yapmıştır.

4- Prapte: Zaman ve mekân sınırı tanımadan istenilen yere gidebilme yeteneğidir. Yaygın olarak bilinen astral seyahat, praptenin bir bölümüdür. Dünyanın birçok yerinden binlerce farklı insan astral deneyim sırasında yaşadıklarını anlatmakta ve anlatılan her deneyim birbirine çok benzer. Konu üzerinde birçok araştırma yapılmış, onlarca kitap yazılmış hatta Amerika Birleşik Devletleri'nde kurulan Monroe Enstitüsü bu konu üzerinde araştırmalar yapmaya devam eder. Astral seyahat konusunda uzmanlaşmış kişilerin, uluslararası istihbarat örgütlerine danışmanlık yaptığına yönelik yaygın bir inanış bulunmaktadır.

5- Sohtart: Ölmüş kişilerin ruhları ile iletişim kurabilme, hatta kendi bedenine ikinci bir ruh sokabilme yeteneği. Birçok medyum bu yeteneği kullanabildiğini iddia eder. Amerikalı öğretim görevlisi ve medyum Elizabeth "Lizzie" Doten, ölümünden 14 yıl sonra Amerikan edebiyatının en ünlü isimlerinden Edgar Allan Poe'nun ruhu ile iletişime geçtiğini ve Poe'nun kendisine bir şiir yazdırdığını söylemiştir. *Manevi Hayattan Şiirler* isimli bu şiiri inceleyen onlarca farklı edebiyat eleştirmelerinin tamamı, şiirin tıpkı Poe'nun kaleminden çıkmış gibi göründüğünü söylemiştir.

6- Atartvaç: Kişinin maddesel özelliklerinden arınabilmesi yeteneğidir. Daha yalın bir anlatımla eğer atartvaç yeteneğinizi kullanırsanız kimse sizi göremez, duyamaz ve hissedemez.

7- Prakamya: Maddenin hâline (katı-sıvı-gaz) bakmaksızın içinden geçebilme yeteneğine prakamya ismi verilir. Ayrıntıları bildirilmediği için kesin olarak söyleyemesek de kutsal kitabımız Kur'an-ı Kerim'de Hz. Musa'nın denizi yararak içinden geçtiği ve Hz. İbrahim'in ateşe atıldığı hâlde yanmadığı bildirilir. Allah'ın iradesi ile gerçekleşen bu iki olay, prakamya yeteneğimize bir işaret olarak yorumlanabilir. Aynı şekilde Firavun kendisine, "Hadi bir mucize göster." dediğinde Hz. Musa elindeki asayı yılana çevirmiştir. Bu anekdot bizler için, içitritva yeteneğimize yönelik bir işaret olabilir. Bu olay üzerine Firavun ülkedeki tüm sihirbazları toplamış ve Hz. Musa'yı alt etmelerini istemiştir. Firavun'un bu hareketi, o dönemde kadim yeteneklerini kullanabilen kişilerin var olduğunu gösterir. Elbette ki Firavun'un çağırdığı kişilerin hiçbiri, Allah'ın elçisi ve peygamberi Hz. Musa ile yarışamamış ve tamamı onun peygamberliğini kabul etmişlerdir.

Bizler, hepimiz var olduğumuz andan itibaren, tüm bu yeteneklerin hepsine zaten sahibiz, sevgili canlar. Ancak, çoğunlukla şu an için kullanamadığımız yeteneklerimizi, tekrar aktif edebilecek mucizevi bir anahtara sahibiz.

Farkındalık...

"Bunun üzerine Mûsâ, asasını attı, bir de ne görsünler, asa açıkça kocaman bir yılan olmuş."
– Şu'arâ Suresi 32. Ayet

KAPI EŞİĞİ ETKİSİ

Farklı bir odaya girdiğimizde bir an öylece kalıp "Ben buraya neden gelmişim." diye düşündüğünüz oldu mu hiç? Muhtemelen cevabınız "evet" olacaktır. Ve yine muhtemelen bu durumu, hemen hepimizin başına birçok kez gelmiştir. Yaşanılan bu durumun bilimsel ismi Kapı Eşiği (doorway effect) etkisidir.

Bilim insanları yeni bir ortama girildiğinde, beynimizin bu yeni ortama uyum sağlamak için fark edemeyeceğimiz kadar kısa bir süreye ihtiyaç duyduğunu açıklar. Bu kısa süreli alışma sürecine lokasyon güncelleme etkisi adı verilir. Geçen süre zarfında beynimizde meydana gelen değişiklikler, kimi zaman geçici yakın dönem hafıza kaybına sebep olur. Bu durum hiçbir şekilde Alzheimer veya herhangi başka bir sağlık problemi belirtisi değildir. Tamamen doğal olan bu süreçte unuttuğumuz tek şey, o odaya ne için geldiğimizdir.

2011 yılında kapı eşiği etkisiyle ilgili bir deney yapıldı. Bu deneyde deneklerin kurgulanan binada dolaşarak belirtilen eşyaları toplamaları istenildi. Kapı veya benzeri eşiklerden geçerek ilerleyen deneklerin unutma oranı daha yüksek olmuştu. Aynı mesafeyi tek bir mekân içerisinde kat ederek, hiçbir eşikten geçmeden, aynı sayıda eşyayı toplamaya çalışan deneklerinse hatırlama oranının daha yüksek olduğu kaydedildi.

Kapı eşiği etkisi, bulunduğunuz veya gittiğimiz ortamın beynimiz üzerinde ne derece etkili olabileceğini gözler önüne serer. Eşiklerle ilgili farklı bir teori ise, geçiş noktalarının her zaman daha bereketli olduğunu savunur. Dünyamızın eşiği sayılabilecek toprak zemin, binlerce farklı organizmaya hayat verir. Bunun yanı sıra çiçekler, ağaçlar, meyveler, sebzeler dünyamızın eşiğinde filizlenir ve gelişir. Denizlerin en yoğun canlılık oranına sahip noktaları, iki farklı suyun kesiştiği noktalar; yani eşiklerdir. Gerek Osmanlı döneminde gerek günümüz Anadolu kültüründe kapı eşiklerine bereketi simgeleyen bitkiler veya gümüş levhalar asmak yaygın bir gelenektir.

Bu kitapta sizin eşiğiniz olsun, sevgili canlar. Sizi üzen, kaygılandıran, korkutan veya engelleyen ne varsa bu eşikten geçtiğinizde şifalansın, arınsın, değişsin, dönüşsün, bitsin, gitsin.

Ve hayatınızın en bereketli dönemine adım atmanız dileğiyle.

"Şüphesiz, alemlere bereket ve hidayet kaynağı olarak insanlar için kurulan ilk ev (mabet), Mekke'deki (Kâbe)dir."
– Âl-i İmrân Suresi 96. Ayet

ZEİGARNİK ETKİSİ

> *"İncire, zeytine, Sina dağına ve şu emîn beldeye yemin ederim ki, biz insanı en güzel biçimde yarattık. Sonra onu aşağıların aşağısına indirdik."*
> – Tîn Suresi 2. Ayet

Litvan asıllı bir Sovyet psikoloğu olan Bluma Zeigarnik, restoranda yemek yediği sıradan bir günde, bilinçaltına dair oldukça ilginç bir keşfe imza atar. Zeigarnik masasında otururken yaptığı gözlem sırasında garsonların aldıkları siparişleri masaya teslim edene kadar tüm ayrıntılarıyla hatırladıklarını, ancak siparişi teslim ettikten sonra tamamen unuttuklarını fark eder. Garsonların bunu nasıl yapabildiklerini merak eden sevgili Zeigarnik, konuyla ilgili çalışmalar ve deneyler yaparak araştırmasını derinleştirir.

Yaptığı çalışmalar sonucunda aslında hepinizin, restorandaki garsonlar gibi hareket ettiğinizi fark ederek, Zeigarnik Etkisi'nin literatüre girmesini sağladı.

Yüzleşemediğiniz, tamamlanamamış, bir şekilde yarım kalmış tüm duygu ve olaylar zihninizde daha fazla yer işgal eder. Tamamlanana kadar aralıklarla kendisini hatırlatır. Bu yüzden yarım bıktıklarınız zihninizin bir köşesinde daima bekler, ta ki tamamlanana kadar. Günlük hayatta bitirmeniz gereken işler varken arkadaşlarınızla buluşmaya gittiğinizde, fiziken orada olsak bile aklınız hep yarım bıraktığınız işlerde olacaktır. Bu etki gün içerisinde olduğu gibi çok uzun yıllar boyunca da etkili olabilir. İstemeden eğitim hayatını bitirmek zorunda kalan bir kişi, okul dönemi hatıralarını çok daha iyi hatırlayacak, çevresindeki gençlerin eğitimi konusunda daha hassas olacak ve yaşı kaç olursa olsun hep okula geri dönerek mezun olmanın hayallerini kuracaktır.

İkili ilişkilerde sıkça duyduğumuz "evlilik aşkı öldürür" cümlesi de Zeigarnik Etkisi ile ilişkilidir. Aslında evlenmek aşkı, sevgiyi veya saygıyı ne öldürür ne de azaltır. Yalnızca kimi zaman evlenerek ilişkinin amacına ulaştığı hissi, o ilişkinin zihnimizdeki meşguliyet süresini azaltır. Flört aşamasında partnerinizi sürekli düşünür, merak edersiniz. Sık sık onunla konuşmak ve bir şeyler paylaşmak ihtiyacını hissedersiniz. Çünkü bilinçaltınızda o ilişki henüz nihayete ermemiş bir ilişkidir, tamamlanana kadar her fırsatta kendini hatırlatır. Evlendikten ve aile yaşamına alıştıktan sonra ise o ilişki zihniniz açısından artık tamamlanmış bir ilişkidir, bu yüzden kendisini hatırlatmaya eskisi kadar ihtiyaç duymaz. Artık yaşamdaki iş hayatı gibi diğer konular içinde vakit ayırmaya başlamalıdır. Bu durum hissedilen aşkın azaldığı anlamına gelmez.

Peki bu durum neden tüm evliliklerde geçerli değil?

Niçin kimi evlilikler aradan yıllar geçse bile hâlâ flört aşamasında olduğu gibi yaşanır? Burada ilişkinin zihinde nasıl konumlandırıldığı etkileyicidir. Eğer bir ilişkide amacınız mutlu bir aile kurmak ise, zihnimiz aile yaşantısına uyum sağladıktan sonra Zeigarnik Etkisi ile artık eskisi kadar kendisini hatırlatmayacaktır. Ancak ilişkideki amacınız hayatı paylaşmak, bir ömrü birlikte yaşamak ise, ne yaşanırsa yaşansın ömrümüzün sonuna kadar ilişki sürekli kendisini hatırlatmaya devam edecektir. Burada biri diğerinden daha iyi veya daha makul gibi bir ayrım yapılamaz, sadece ilişkinin zihindeki konumunun farklı olduğunu gösterir ve neden bazı evliliklerde Zeigarnik Etkisi'nin devreye girmediğini açıklar.

Zeigarnik Etkisi'nden kurtulmanın tek yolu, istemeyerek de olsa yarım bıraktıklarımızı tamamlamaktır. Zamanla unutulacağını düşünsek bile bilinçaltında hiçbir şey asla unutulmaz, yalnızca farklı şekillere bürünür.

BACKSTER ETKİSİ
(Bitkisel Psişizm)

Yalan makinasının mucidi bilim insanı Cleve Backster, bitkilerinde insanlar gibi algılama yeteneği olup olmadığını merak ederek araştırmalar yapmaya başlar. Evindeki bitkilerle başladığı çalışmaları genişleterek devam eden Backster, 2 yıl sonra ilk bulgularını Journal of Parapsychology dergisinde yayınladı. Backster bitkilerin hücresel düzeyde algıladıklarını keşfetmişti. Yaptığı deneyler sırasında bitkileri kendi icadı olan yalan makinasına bağlayan Backster, yaptığı deneyler sırasında kendisine zarar verilen bir bitkinin, o kişi yeniden bitkiye yaklaştığında, insanların tehdit ile karşılaştığı anlarda yalan makinasında oluşan zikzaklara çok benzer desenler çizdiğini fark etti. Bu durum bitkilerin tıpkı biz insanlar gibi hissettiğini ve hafızaları olduğunu kanıtlamaktaydı.

Sonraki yıllarda Medical World News dergisi Backster'in çalışmalarını övmüş ve özellikle ABD ve Rusya'da bu konu üzerinde araştırmalar devam etmiş, "Bitkisel Psişizm" kavramının oluşmasını sağlamıştır.

Yapılan araştırmalar sonucu bitkilerin müzik türleri, konuşmalar ve dualar, hatta çevresindeki şefkat, öfke, heyecan gibi duygulara göre farklı tepkiler verdiği gözlendi. Aynı zamanda bitkilerin kişilere göre farklı duygusal tepkiler verdiği, bazı insanları gördüklerinde heyecanlandıkları keşfedildi. Bitkilerin yapabildikleri bunlarla sınırlı değildi. Kirlian fotoğrafçılık tekniği ile bitkilerin enerji yaydıkları kanıtlanmıştır. Bitkiler bu enerji sayesinde özel bir iletişim kurma yeteneğine sahiptirler. Ayrıca bu yetenek bitkilerle psişik iletişim kurmamızı mümkün kılıyor.

Bitkiler bizi hissetmekte ve anlamakta, sevgili canlar. Önemli olan bizlerinde onları anlayabilecek farkındalığa erişebilmemizdir. Hiçbir şeyi boş yere yaratmayan Yüce Allah'ımızın, bitkileri algılayabilen, hatırlayabilen ve iletişim kurabilen canlılar olarak yaratması asla boşuna değildir.

"O, gökten su indirendir. İşte biz onunla her türlü bitkiyi çıkarıp onlardan yeşillik meydana getirir ve o yeşil bitkilerden, üst üste binmiş taneler, -hurma ağacının tomurcuğunda da aşağıya sarkmış salkımlar- üzüm bahçeleri, zeytin ve nar çıkarırız: (Her biri) birbirine benzer ve (her biri) birbirinden farklı. Bunların meyvesine, bir meyve verdiği zaman, bir de olgunlaştığı zaman bakın. Şüphesiz bunda inanan bir topluluk için (Allah'ın varlığını gösteren) ibretler vardır."
– En'âm Suresi 99. Ayet

Çiçekleri sevin ve onlarla konuşun. Mutlaka her evde yaşayan bir çiçek olmalıdır. Size yaşam ağacını hatırlatır. Onun da sizin gibi hissettiğini bilerek negatif düşünceler, duygular ve inançlarla onu etkileyebileceğinizi bilerek davranırsanız, kendi içinizde çiçeklenme dönemi başlayacaktır. Çiçekler canlıdır, doğa canlıdır, yaşar ve yaşatır.

INGO SWANN

Temizlenmiş bir bilinçaltının yapabileceklerini ve kuantumun büyülü dünyasını anlattığımızda, henüz uyanmamış kimi insanlar tarafından çok abartıyor olmakla itham ediliyoruz. Oysa bizler yalnızca var olan bir gerçeği gördük ve bu gerçeğin diğer insanlar tarafından da fark edilmesini istiyoruz. Ve iddia ediyoruz ki, bir gün herkes kuantumcu olacaktır.

Şimdi size gerçek bir yaşam hikâyesinden söz edeceğim, sevgili canlar. Sonrasında kararı sizler verin, insanın potansiyel gücünü ve yapabileceklerini aktarırken abartıyor muyuz yoksa gerçekleri mi söylüyoruz...

Ingo Swann Eylül 1933'de ABD'nin Colarado eyaletinde dünyaya geldi. Swann yapabileceklerinin farkında olan bir "uyanan"dı. Yazdığı kitaplar ve anlattıklarıyla büyük bir kitlenin dikkatini çekmeyi başaran Swann, Amerikan Psişik Araştırma Derneği ve Stanford Araştırma Enstitüsü dâhil olmak üzere birçok bilim merkezinde araştırmaya konu oldu. ABD İstihbarat Teşkilatı'nın Yıldız Geçidi Projesi'nde görev alan fizikçiler Russell Targ ve Harold Puthoff, Ingo Swann'dan övgü dolu sözlerle bahseder. Targ ve Puthoff'un övgüleri son derece önemli sevgili canlar, çünkü 1977 yılında ABD tarafından, Sovyet ordusuna ait bir denizaltının Antarktika'da su altında olduğu keşfedildi. Soğuk savaş döneminde ABD'nin bu keşfi, Sovyetler Birliği'ni oldukça şaşırtmıştı çünkü o yıllardaki hiçbir teknoloji denizaltının indiği derinliği görüntüleyemiyordu. Bir istihbarat durumu söz konusu olduğu için elbette resmî bir açıklama yok, ancak birçok kişi tarafından denizaltının Ingo Swann tarafından bulunduğu söylenir. Paragrafın başında belirttiğimiz gibi, o dönem istihbarat projesinde görevli olan ve Swann'ın yetenekleri üzerinde araştırmalar yapan iki farklı fizikçinin övgüleri bu durumu destekler niteliktedir.

Elbette bunun da abartı veya çarptırma olduğunu söyleyenler mutlaka olacaktır, çünkü yaşadığı dönemde Swann da benzer ithamlarla karşılaşmıştı. Peki sevgili Swann ne yaptı dersiniz, meydan okudu...

Swann, hakkında yapılan olumsuz yorumlara karşı sessiz kalmamak ve kendisi üzerinde uygulanan kimi deneylerde şaibe olduğunu düşündüğü için, oldukça ciddi bir meydan okumayla kendisi üzerinde yeniden deney yapılmasını istedi. Russell Targ ve Harold Puthoff ile görüşen Swann, yetenekleri sayesinde Jüpiter gezegeni hakkında bilgiler verebileceğini söyledi. Targ ve Puthoff, Swann'a inanıyor olsalar da ilk başta bu deneyi kabul etmek istemediler. Çünkü o dönemde Swann'ın söyleyeceklerini test etmek pek mümkün değildi. Yine de 27 Nisan 1973 günü deney gerçekleştirildi. Sessiz bir ortamda, yaklaşık yarım saat süreyle sessiz kalan Ingo Swann daha sonra gözlemlerini aktarmaya başladı. Deney sırasında Swann, Jüpiter'in etrafında tıpkı Satürn gibi halkalar olduğunu söylemişti. Deneyden 6 yıl sonra, yani 1979 yılında NASA tarafından uzaya gönderilen Voyager 1 sonrasından gelen bilgiler, Jüpiter'in halkaları olduğunu kanıtlamıştı. Sevgili Swann, NASA'dan tam 6 yıl önce Jüpiter'in halkaları olduğunu çok açık bir şekilde ifade etmişti. Bu kadar da değil, aynı deney sırasında Swann, Jüpiter'in atmosferinde kristaller gördüğünü söylemişti. Yine NASA'ya ait Galileo uzay aracı, Jüpiter'de 300 yılı aşkın süredir devam eden ve Büyük Kırmızı Leke olarak bilinen fırtınada buz kristalleri olduğunu keşfetti.

Ingo Swann üzerinde deneyler yapan bir başka isim, Laurentian Üniversitesi psikoloji profesörü Michael Persinger, Nöropsikiyatri ve Klinik Sinirbilimler dergisindeki yazısında, Swann'ın uzak görü yeteneğini kullandığı sırada beyin aktivitelerinde ciddi değişiklikler meydana geldiğini yazmıştı. Persinger, elde ettiği sonuçlarda Swann'ın beyninde oksipital ve frontal bölümde yoğun aktiviteler olduğunu da gözlemlemişti.

Ingo Swann seçilmiş kişi, yalancı veya sihirbaz değildi sevgili canlar, o sadece yeteneklerini fark eden ve geliştirmek için çabalayan bir "uyanmış"tı.

Bizlerde tıpkı onun gibi gerçeği fark ederek uyanışa geçtik, gelişmek için var gücümüzle çalışmaktayız.

Darısı tüm uyuyanların başına...

HABEN GIRMA

"Öyle ya da böyle, engelli olmanın bir engel olmadığına inanan bir topluluk yaratacağım."
— Haben Girma

Hayat yolculuğunda, önünüzde büyük engeller olduğunu düşünüyor olabilirsiniz, sevgili canlar. Haklısınız. Yaşamınızda hepinizin karşısına küçük veya büyük engeller mutlaka çıkar. Engeller karşısında verdiğiniz öz mücadele, sizi siz yapan en önemli etkendir.

İnsanlar en çok maddi, ailevi veya çevresel engellerden yakınırlar. Hatta kimi insanlar fiziksel görüntüsünün, hayat yolculuğundaki ilerleyişine bir engel olduğunu bile söyler. Gerçekte ise ne kadar anlamsız ve bir o kadar komik bir bahanedir.

Şimdi size bir soru sormak istiyorum, sevgili canlar. Sizce bir avukat için, karşılaşacağı en büyük engel ne olabilir? Muhtemelen birçok insanın aklına konuşma bozukluğu gelebilir. Büyük kısmı konuşarak savunmak olan bir meslekte, konuşma bozukluğu gerçekten ciddi bir engel sayılır. Konuşma bozukluğu yaşayan bir kişinin, çok önemli bir üniversitenin hukuk fakültesi bitirerek başarılı bir avukat olması büyük bir başarı hikâyesi olurdu. Eğer bunu başarmış birisi varsa kendisini gönülden tebrik ederim.

Ancak, şimdi size kendisinden bahsedeceğim Haben Girma çok daha büyük engelleri aşmayı başarmış, oldukça başarılı bir avukat. Sevgili Haben çok ciddi göz ve kulak sorunları ile dünyaya geldi. Çocukluk yıllarında çok kısıtlı bir şekilde görebiliyor ve sadece yanında yüksek sesle, tane tane yapılan konuşmaları duyabiliyordu. Bu sayede konuşmayı öğrenebildi, ancak yıllar geçtikçe görme ve işitme yetkisini giderek kaybetti. Dünyaya geldiği andan itibaren karşısına çıkan iki büyük engele aldırış etmeden gelişim yolculuğuna devam eden Haben, 2013 yılında dünyanın en önemli üniversitelerinden biri olan Harvard Üniversitesi Hukuk Fakültesi'nden mezun olmayı başardı ve aynı yıl Kaliforniya'daki Engelli Hakları Savunucuları Derneğinde avukatlık kariyerine ilk adımı attı.

Göremeyen ve duyamayan bir kişi için avukatlık gerçekten çok oldukça zor bir meslek. Haben karşısındaki kişinin söylediklerini körler alfabesiyle (Braille alfabesi) eşleştirilmiş özel bir klavye aracılığı ile algılayabilmekte. Bir kişi konuşurken, Haben'in yanında bulunan yardımcısı tüm konuşulanları önündeki klavyeye yazıyor ve bu klavye, yazılanları körler alfabesine çevirerek Haben'in önündeki cihaza iletiyor. Haben de parmakları aracılığıyla oradaki yazıları okuyarak etrafındaki kişilerin ne söylediğini anlayabiliyor. Mahkeme sırasında kendisine büyük bir engel oluşturan bu iletişim yöntemine karşı sevgili Haben oldukça başarılı bir avukat olmayı başardı. Öyle ki kazandığı bir dava sayesinde, ABD'de bulunan körlerin dijital kütüphane içeriklerine erişmesini sağlayan kişi oldu.

2014 Yılında TedX konuşmacısı olan Haben, 2016 yılında Forbes dergisi tarafından hukuk ve politika listesinde, 30 yaş altındaki en etkili 30 kişi arasında gösterildi. 20 Temmuz 2015'te dönemin başkanı Obama ile Beyaz Saray'da görüşen Haben, Obama tarafından "Değişim Şampiyonu" olarak tanıtıldı. New African dergisi, aslen Etiyopya kökenli olan Haben'i en etkili 100 Afrikalı listesine dâhil etti. Daha birçok ödül ve başarılı projede imzası olan, henüz 34 yaşındaki Haben, yalnızca 15 yaşındayken Mali'ye gönüllü olarak giderek okul inşaat projelerine katıldı. Başarılarla dolu kariyerinin yanı sıra sosyal yaşamında da oldukça renkli bir kişiliğe sahip olan sevgili Haben at biniciliği yapıyor, bisiklet ve kano sürebiliyor.

Artık Haben Girma'yı tanıyor, engellerini ve başardıklarını biliyorsunuz, sevgili canlar. Lütfen şimdi hayatınızdaki engelleri(!) tekrar bir gözden geçirin.

Gerçekten hayatımızda engeller mi var, yoksa düşüncelerimizle kendimize sanal engeller mi oluşturuyoruz?

Bahanelere değil kendinize sarılın, başınıza gelenleri değil hayatınızı yaşayın...

Unutmayın ki kusurluluğunuz, kusursuzluğunuzdur. Ve Şebnem Tacigut' un dediği gibi kısmete hizmet lazımdır.

BAŞARI

Başarılı olmak, potansiyelinizi keşfederek ona ulaşmak ve hatta geçmenizdir. Yani gerçek başarı için başkalarını değil, kendinizi yenmeniz gerekir...

Başarılı olabilmek için öncelikle kendi içinize bakmalı, kendinizi keşfetmelisiniz. Yeteneklerinizi ve zevk aldığınız alanları belirleyerek bu yönde ilerlemelisiniz. Çünkü başarı hissi, vücutta mutluluk hormonu olan dopaminin salgılanmasına sebep olur. Mutlu olmadığınız sürece asla başarılı olamazsınız.

2007 Nobel fizyoloji ödülün sahibi genetikçi Oliver Smithies, başarının formülünü "daha fazla oyun" olarak açıklıyor. Örneğin, mesleğiniz size bir oyun kadar eğlenceli gelmiyorsa ve sizi tıpkı bir oyun gibi heyecanlandırmıyorsa, asla gerçekten başarılı olamayacağınızı söyler. Smithies için başarının 2 altın anahtarı: Tutku ve keyif.

Benzer şekilde dünyanın en başarılı yatırımcılarından ve en zengin kişilerinden olan iş insanı Warren Buffett, "İşe dans ederek gitmiyorsanız o işi bırakın, yüksek ihtimalle hedeflerinize ulaşamayacak ve başarılı olamayacaksınız." demez. Şimdi kendinize sorun sevgili canlar, işe giderken içinizde dans etme isteği uyanıyor mu? Hangi mesleği yapsaydınız tıpkı bir oyundaki gibi heyecan duyardınız.

Wharton Üniversitesi'nden Profesör Adam Grant, 20.000'i aşkın kişi üzerinde yaptığı gözlem sonucu, öz farkındalığı yüksek kişilerin çok daha başarılı olduğunu kanıtlar. Adam bu yaptığı gözlem sonucu, öz farkındalığı yüksek kişilerin sezgilerinin daha kuvvetli olduğunu, öz güvenleri sayesinde daha cesur hareket

edebildiklerini ve toplum içerisinde çok daha kolay adapte ola-
bildiklerini, bunun da başarıyı getirdiğini söyler.

Bizler başarı için her türlü donanıma sahip mucizevi varlık-
larız. Aklımızla düşünebilir, kalbimizle hissedebiliriz. Evrenle
bir bütün olarak maddeye yön verebilir ve tüm isteklerimizi
kendimize çekebiliriz. Elbette inandığımız sürece...

> *"Ve Biz, her bir insanın kaderini*
> *kendi çabasına bağlı kıldık."*
> – İsrâ Suresi 13. Ayet

1968 yılında Robert Rosenthal ve Lenore Jacobson isimli
iki psikolog, California İlkokulu'na giderek okul yönetiminden,
keşfettikleri yeni bir zekâ testini öğrencilere uygulamak için izin
istediler. Test sonucunda her sınıfın en hızlı ve kolay öğrenen
öğrencilerinin isimlerini, sınıf öğretmenlerine vererek o çocuk-
ların çok parlak çocuklar olduğunu söylediler. Öğretmenler ile
yaptıkları toplantıda bu çocukların çok özel çocuklar oldukları
ve onlarla bunu bilerek ilgilenmeleri gerektikleri anlatıldı.

Tam bir yıl sonra aynı test okul öğrencilerine tekrar ya-
pıldı. Seçilen parlak öğrencilerin tamamında, bir yıl içerisinde
ortalama 15 puanlık bir yükseliş olmuştu. Gerçekte o parlak
öğrenciler, ilk yapılan normal bir IQ testinden orta ve düşük
notlar arasından rastgele seçilen sıradan öğrencilerdi. Ortada
ne yeni keşfedilen bir test vardı, ne de yüksek not almış par-
lak öğrenciler. Çocukların puanlarını yükseltmesine sebep
olan tek şey kendilerinin ve öğretmenlerinin buna inanmış
olmalarıydı.

Kendine inanmış mutlu bir insanın önündeki tüm kapılar,
yalnızca başarıya açılır.

Başarılı olmak için kararlı olmak en önemli şeydir. Başarı, yılmamak ve inandığımız her şey de başarısızlığa uğrasak bile kararlı bir şekilde kendinize inanarak devam etmektir. Hayatınızda neyi değiştirmek istiyor iseniz, emin adımlarla, istikrarlı bir şekilde düzenli olarak yaptığınızda değişimi fark edeceksinizdir. Düzenli olarak aynı şey üzerinde çalışırsanız, hayatınıza olumlu katkı sağlar. Başarı ve başarısızlık siyah ve beyaz dengesi gibidir. Bir bakın başarılı kişi hikâyelerine, nasıl bu hâle gelmişler, kaç kere düşüp, kaç kere kalkmışlardır. Kısaca, her başarısızlıktan bir öğreti alarak ilerlemişlerdir. Önemli olan başarısızlığı kalıcı hâle getirmemektir. Öz güven ve motivasyonunuzu hayat alanınıza alarak kendinizi geliştirmek ve yeniden deneyimlemek gereklidir. Ve tabii ki başarısızlıkları kabule geçmek en büyük erdemdir. Sonrasında yılmadan devam ettiğinizde, elde edeceğiniz başarının getireceği haz ise var olmanın dayanılmaz hafifliğidir.

Sizden bir defter almanızı ve tüm başarısızlıklarınızı yazmanızı istiyorum. Ve bir başka defter alıp oraya da başarılarınızı yazmanızı istiyorum. İlk önce başarısızlık defteriniz dolup taşacaktır, hatta gerçekçi olalım başarı defteriniz için hiçbir şey bulamayacak, günlerce düşüneceksinizdir. Sonra, dolan başarısızlık defterinizin karşıtı başarı defterinize, sadece tek bir başarı yazabileceksiniz. Benim bu çalışmayı ilk yaptığımda olduğu gibi.

Size samimi bir itiraf yapmak istiyorum. Tüm üzüntülerim, acılarım, travmalarım ve tüm başarısızlıklarım bu tek başarıya değermiş. O başarı defterimde yazanı sizinle paylaşmak istiyorum.

Kendim olma başarısı.

Bu konuda bazen kendimi başarısız bulsam da bir kere o olma hâlini yaşadığınızda, olmalara doğru açılan yol sizi başarıdan başarıya koşturacaktır. Her düşme, her iniş ve her başarısızlık; başarıyı getirir.

Başarısızlıktan aldığım öğretiler bana sizleri getirdi. Daha iyi anlıyor, ne yapacağımı daha iyi biliyor, daha iyi gözlemleyebiliyorum.

Başarı, yolun sonundaki kazanç değil, yolun ta kendisidir. Sadece kabule geçin ve ilerleyin...

YARGISIZLIK

Fatih Sultan Mehmet verdiği bir fetvada, "İnsanlara, 'Dinin nedir? Namaz kılıyor musun? Oruç tutuyor musun?' gibi Allah'ın soracağı soruları sormayın. İnsanlara, 'Aç mısın? Neye ihtiyacın var? Bir sorunun var mı?' gibi, kulun kula soracağı soruları sorun." demiştir.

Büyük bir padişah olmanın yanı sıra çağının önde gelen entelektüellerinden biri olan Fatih Sultan Mehmet, verdiği bu fetva ile insanların birbirlerini yargılamasını engellemek istemiştir. Yaptığınız en büyük hataların başında yargılamak gelir. Sizler yargılamak için değil, deneyimlemek ve anlamak için varsınız. Bilerek ya da bilmeyerek yaptığınız tüm yargılar bilinçaltınızda negatif inanç kodları oluşturarak tekâmül yolculuğunuzda ilerleyişinizi engeller. Örneğin, kim olduğunu neler yaşadığını bilmeden sırf kıyafetine bakarak bir kişi hakkında ön yargıya varmak, kişinin öz benliğini reddetmesinin bir sonucudur. Hislerini bilmeden sözlerini yargıladığınız kişi, gerçekte bastırılmış duygularınıza aynalık eder. Yargı kelimesini ilk önce karşınızdaki kişi ya da olayları, dinlemeden ve anlamadan bugüne kadar yaşayarak ya da okuyarak tecrübe edindiğiniz fikirlerinizle bir sonuca bağlamak olarak adlandırabiliriz. Ancak yargıyı genellikle olumsuz olarak alırız.

Yargılarınızla aldığınız kararlarınızı ilk önce temel alt düşünceler belirler. Bu tür yargılarınıza kalıp yargılar da diyebiliriz. Bu düşüncelerinizi de çekirdek ailenizden edinirsiniz. Örneğin; erkekler ağlamaz, kızlar futbol oynamaz, kızlar evde temizlik yapar, kızlar yemek yapar, erkekler evi süpürmez, kadından kaymakam olmaz, erkekler pembe giyinmez vb.

Temel alt düşüncelerinizin üstüne, yaşadığınız evin kapısından tek başınıza çıktığınız andan itibaren; arkadaşlarınız, sosyal çevreniz, mahalleniz, iş arkadaşlarınız ile olan ilişkilerinizdeki aldığınız duygusal hayal kırıklıklarınız, acılarınız, küskünlükleriniz; yani negatif tecrübeleriniz kendinize, diğer insanlara ve Tanrı'ya olan ön yargılarınızı olgunlaştırır.

Örneğin, temel alt düşünce olarak "erkekler pembe giymez" kalıbını ele alalım. Yedi yaşlarında okulun serbest zamanına pembe bir tişört giyerek gittiniz. Okuldaki spor kaptanı futbol oyunu için oyuncu seçiyor ama bir türlü sizi seçmiyor. En sona kalıyorsunuz. Kaptanın yanındaki arkadaşınız sizi gösteriyor ve "O'nu neden seçmiyorsunuz?" diyor. Kaptan ise, "Oğlum, o kız gibi baksana, bir de pembe giymiş. Düşer bir yerini kanatır gol atamaz, naziktir o." diyor.

Yıllar sonra büyük bir şirkette Ceo oldunuz, fabrikada depo bölümünde çalışacak personel alımı görüşmeleri yapıyorsunuz. İçlerinde pembe renge yakın bir gömlek giyen kişiyi, hiç görüşmeye almadan eliyorsunuz. "O çok kibar, kız gibi. Olmaz, bu iş daha erkeksi." diyorsunuz. Bu örnek, sadece normal yaşantımızın bize getirdiği ön yargılardır.

Yargılamak yalnızca başkalarına karşı olmaz. "Başaramayacağım, yapamıyorum, bu olanlar bana müstahaktır, ben zaten hak etmiyorum." gibi cümlelerle fark etmeden kendinizi de yargılamaktasınız. Kendinizi yargıladığınızda, ilerleyişinizin önüne set çekmiş olursunuz. Yargıya varmanın en kötü yanı farkında olmadan Allah'ı yargılıyor olmamızdır.

En önemli olan ve insanların hayatlarını her an, her saniye etkileyen yargı ise; insanın kendi kendisini yargılamasıdır. Aileden ve çevrenizden edindiğiniz tecrübelerinizle, başaramadığınız, yapamadığınız ya da ailenizdeki yaşanmış negatif olaylar sonucu ilk önce kendinizi yargılamaya başlarsınız. Farkında olmadan bilinçsiz gözlem şeklinde fikirleriniz oluşmuştur. Ve bu hâlinizle kendinizi cezalandırabilir ve bunun farkına varmadan zorluklar içinde bir ömür geçirebilirsiniz.

Örneğin, iyi bir üniversiteyi başarılı bir şekilde bitirdiğinizi düşünelim. Fakat bir türlü işe giremiyorsunuz, görüşmelerden sürekli negatif dönüşler alıyorsunuz ve yavaş yavaş kendinizi yargılamaya başlıyorsunuz: "Annemi dinlemedim, keşke iş görüşmesine giderken onun istediği gibi konuşsaydım, babamın dediği gibi hanım hanımcık giyinseydim, hayır hayır, ben babama anneme layık olamadım, başaramadım. Bu saatten sonra da yapamam, başaramam." diyerek, bir de kendi kendinizi cezalandırıp odanızdan çıkmamaya, para harcamamaya, hayattan zevk almamaya başlıyorsunuz. "Kesin annemle babam benim hakkımda kötü konuşuyorlar, benden memnun değiller. Şimdi dışarı çıkarsam gezip eğlenirsem bana kızarlar, zaten çalışmıyorum." vs. gibi bu örneği çoğaltabiliriz.

Sevgili canlar, sizler yargı konusunda kocaman, büyük sihirbazlarsınız.

Unutmayın ki; kendi kendinizle ve ailenizle ilgili ön yargı oluşturmanız, temel hücre taşlarınıza zarar verir. Yargılarınızı fark ettiğiniz an, hayatınızda çok büyük değişim ve dönüşümler başlayacaktır.

İç ses, hepimize verilmiş en güzel hediyedir. Şimdi sizleri duyar gibiyim. "O hep beni olumsuz etkiliyor, adım atmamı engelliyor." demektesiniz. "Yapamazsın, yetersizsin, beceriksizsin, değersizsin, sen ne anlarsın." diyerek bizi geri çekip geçmişe götürürken; bazen de "Dikkatli ol, biraz daha düşün, önlemlerini al." diyerek geleceği düşünmemizi sağlayan; kimi zaman da bize çok az, nadiren duyduğunuz, şimdi de ve akışta kalmanızı sağlayan, "Bravo, aferin, tebrikler, kim tutar seni!" ifadelerinde bulunan iç sestir.

Kim ya bu hem dövüyor hem sövüyor, hem aşağı çekiyor hem de yukarı çıkartıyor, yüceltiyor, alkışlıyor. Ne kadar da dengesiz değil mi? Amacı ne? Beklentisi ne?

Sizler de dünyaya aynı benim gibi Allah'ı bulmaya geldiniz. Anne karnında o sıcak, samimi, sevgi dolu, sahiplenici, sizinle konuşan sesi ilk önce Tanrı zannettiniz. Dünyaya geldiğiniz andan itibaren sevgisiyle size ninnisini mırıldanırken, annenizi Yaradan zannettiniz. Sımsıcak kucağında güvenli sallayışını, Yaratıcı zannettiniz. Annesinin kuzusu, diyerek yanaklarınızı severken ya da sıkarken onu Rab zannettiniz. Geceleri uykuya dalarken gelip size gülümseyişini, acıktığınızda ağlamadığınız hâlde ya da ağladığınız an yemek verişini, size başkası dokunduğunda gelip sizi alışını; evde kocaman, büyük, arada bir gelen, sizi kıracak diye korkan, canavar gibi olan o adamdan (babanız) koruma güdüsüyle korurken, onu Allah zannettiniz. Tüm bu duygu sellerini yaşayıp annenizi Tanrı, Yaradan, Yaratıcı, Rab, Allah zannederken, aslında otorite aradığınızı bilmiyordunuz. Doğa ve Tanrı tarafından DNA'nızda "asla ölme ve ne olursa olsun kendini güvende tut" ilk yazılı olan kodlarınızdır. Bunlar doğrultusunda trajikomik kozmik şaka başlamış oldu. Güvende kalmak adına otorite ihtiyacı ve arkasından onaylanma ihtiyacı böylelikle ortaya çıkarak hikâye başladı.

Çoğunlukla insan olmayı seçen diğer tüm ruhlarda olduğu gibi.

Kendinizin dışında, başrolde anne (dişil, rahim, geçmiş, sağ) ve baba (eril, rahman, gelecek, sol); yardımcı rolde kardeşler, büyükanneler, büyükbabalar, eş, sevgililer, öğretmenler, patronlar, yakın arkadaşlar ile dünya oyunu sezon bir başlar. Hâlbuki hepsi size aynalık yapmakta ve sizi size gösterir.

Sezon ikide yine siz başrolde, aynı zamanda yirmili yaşlar civarı (beş yıl öncesi, beş yıl sonrası dâhil) yardımcı oyuncular başrollere geçebilir.

Sezon üçte ise, siz yardımcı oyuncuları alandan çıkarıp, başrolde birkaç kişiyle (anne, baba, kardeşler, eş, sevgili, yakın arkadaşlar) tekâmül etmek için dünya oyununuza devam edersiniz.

Sezon dört, çıkışın inişidir. Yani her ne konuda olursa olsun başarıyı tezahür ettirme sanatını yeteneğinizle ortaya çıkardığınız yerdir. Yakaladığınız teklik, biriciklik, eşitlik, olma, oldurduklarınızı oldurmaya başladığınız yer ve zamandır.

Sezon beş, ya dünya filminin oyununda tekâmül basamaklarını çıkarsınız ya da hiç uyanmadan dünyadan geçer gidersiniz. Trajikomik kozmik şakayı, ya bu dünyada anlarsınız ve uyanırsınız ya da diğer dünyada .... (burayı siz doldurun istedim)

Her şey giriş gelişme sonuç ilişkisiyle yürür.

Bu bir insanın hikâyesi; çocuğun gelişiminde, hayvanlarda, bitkilerde, herhangi bir duygunun sürecinde, bir hastalığın aşamasında, yeni bir işin grafiğinde, ruhunuzun sentezinde vs. Aslında her şey de böyledir. Burada hayal gücünüzü kullanarak büyük düşünmenizi istiyorum.

Aslında iç sesinizi başkaları yaparak, onu çeşitli rollere sokarak ve yargılama yöntemini kullanarak ruhunuzun eşsizliğini anladığınızda kendiniz oluyorsunuz. Ya da anneniz, babanız, eşiniz, sevgiliniz, kardeşleriniz olarak davrandığınızı fark etmiyor, yargılamaya devam ederek kendiniz olamıyorsunuz. Hâlbuki burada onların aynalıklarını görseniz, uyanacaksınız ve iç sesinizin sağlıksız ego olduğunu anlayacaksınız.

Beyniniz, ilkel beyin bölümü olarak, ilk dünyaya geldiğiniz andan itibaren yazılı olan ana kodunuz "güvende kal"ı çalıştırır. Bu nedenle anne sever, korur, kollar. Peki iç ses "dikkat et, şöyle yap, böyle yap" derken sizi korumuyor mu? O zaman iç sesinizin, sağlıksız egonun yönlendirmesiyle kendisini anneniz zannetmesi de doğal değil mi?

Yargılarınız bir tür kendinizi tehlikeye karşı koruma mekanizmalarınızdır. Yargılarınızın duygularınıza da hitap etmesi önce zihninizi ve bedeninizi, sonra ruhunuzu negatif olarak etkiler.

Fakat yargılarınız onu ufacık konulara da dâhil ederek, kendini korumaya almak için işleme koyar. Bilinçaltınız da "güvenli alanda kal" kodu verir ve sizi odanızdan çıkmamaya sevk edebilir, küçük düştüğünüzde, sevilmediğinizde, bir kusurunuzun söylenmesinde vs. yaşamsal tehdit olarak algılayabilir.

Tam da burada bilinçaltı kayıtlarınız ilkel beyin tarafından ve içindeki diğer beyin parçacıklarıyla beraber tüm kayıtları ortaya koyarak ana inanç dosyasını bulur ve aktive eder.

Peki sizler bu kayıtları nasıl alıyordunuz? Tanrı'yı ararken otorite ihtiyacıyla hayat alanınızdaki karakterlerden değil mi? Ve buna bağlantılı iç sese, o modellemeyi veriyordunuz. Neden? Çünkü ilk gördükleriniz, ilk tanıdıklarınız, ilk güvendikleriniz onlardır.

İlk öğrendiğim bilgilere göre ve Kuantum Drama Uygulayıcılık Level 1 ve daha sonraki ileri teknikleri öğrettiğim levellarda verdiğim eğitim sürecinde:

- Sevgi ve ilişkiler konusunda annenizin davranış şeklini,

- Güç ve yetenekler konusunda babanızın davranış şeklini,

Kullanarak kendinize davranış modellerinizi farkında olmadan belirlemiş olursunuz.

Bunun altını çizerek her derste gelen öğrencilerime iletmemin sebebi; "Kendini bilmeyen Rabb'ini bilmez." Açıklayalım:

Rab neydi? Allah'ın öğreten tarafıydı.

Peki siz kendinize ne öğretmişsiniz?

(Haydi şimdi bilinçli gözlem zamanı. Geçmişinize bir bakınız.)

Burada bildiğiniz bir ayrıntıyı tekrar hatırlatmak isterim. Sizin verdiğiniz bilinç düzleminden bilinçaltındaki bilgilerle, yani çocuklukta beyniniz gelişirken etraftan aldığınız güvende olmak adına öğretilerle, herhangi bir tehdit anına maruz kaldığınızda, yaşınız kaç olursa olsun bu kodlar çalışmaya başlar.

Şimdi gelelim esas meseleye, iç sesin patronu sizsiniz. O zaman kabul edeceksiniz. Onun ne yaparsa yapsın, sizi korumaya çalıştığını bilme hâline geçeceksiniz. Büyüdüğünüzü, kendinize sahip çıkabileceğinizi ona anlatacaksınız. Şimdi iç sesle anlaşma zamanı. Başka bir deyişle egonun hükmünü alan iç sesinizden, yani egonuzun esaretinden onu sevgiyle ayıracaksınız ki Tanrısal Öz'ünüzden gelen yüksek benliğinizin iletişim hâlini duyabilesiniz. Burada ego ile iç sesinizin, sizin yargılarınızdan dolayı sizi korumak adına yaptıkları iş birliğinin artık sonunun geldiğini ve patronun kim olduğunun farkına varmalarını sağlamalısınızdır ki Yüce Allah'ın sizinle konuştuğunu anlayarak duyabilin.

Karşınızdaki kişilere karşı ön yargılarınız; dinlemeden, anlamadan, altında yatan gerçeği öğrenmeden aldığınız kararlar ile birlikte göstermiş olduğunuz negatif tutum şeklidir.

Çok basit olarak anlatmak gerekir ise, mesela deniz kenarında iki insanın, sahilde keyifle güneşlenen fok balıklarının içine girerek bir tanesini yakalamaya çalıştıklarını görüyorsunuz. Bir tane fok balığını kuyruğundan çekiştirerek yakalayıp denizden biraz daha uzağa çekiyorlar, fok balığı deli gibi çırpınıyor. Tam sinirlenip öfkelenerek bağıracaksınız ki adamlardan biri cebinden makası çıkarıyor ve diğeri fok balığının boynuna dolanan misinayı kesmeye başlıyor. İşte hayat böyle, belki de ön yargı ile yaklaştığınız kişi boynunuzdaki misinayı kesecektir.

Bazen fikirlerinizden dolayı, hiç tanımadan yargılarda bulunup karşı tarafı ağır ceza mahkemesinde kendinizce hiç tanımadan sorgulayıp, müebbet hapisle kendinizden sonsuza denk uzaklaştırabiliyorsunuzdur. Belki de o kişinin size faydası dokunacakken, (her ne yaşıyorsak hiçbir şey sebepsiz değildir) hatta karşınıza çıkan o kişiden gelebilecek olan kısmeti elinizin tersiyle itmiş oluyorsunuzdur. Her biriniz birbirinizin aynasısınızdır. Orada yargınız varsa aynalığınızı görmüyorsunuzdur. Aslında yargıladığınız karşı taraf değil, kendinizsinizdir.

İlahi sistem, beden kıyafetiyle ruhsal tarafını keşfetme yolculuğuna çıkan biz ruhları, kendimiz olduğumuzda nasıl ödüllendirir?

Hiç düşündünüz mü?

Biz ruhsal varlıklarız. Ve maddesel dünyada yaşıyoruz. Ev, araba, arsa, yüksek potansiyelli iş imkânları, bol para, zenginlik vs. bunlar gözünüzle gördüğünüz maddi zenginliklerdir.

Kendin olmak, sabah uyandığında neşe ile kendini takdir etmektir.

Kendin olmak, yeteneklerini kabul edip o yönde bir şeyler yapmaktır.

Kendin olmak, olaylar, durumlar, kişiler karşısında, gerçekten bunu istiyor muyum, sorusunu sormaktır.

Kendin olmak, dünyada yaşayan ruhsal ve sonsuz bir varlık olduğunu kabul etmektir.

Kendin olmak, yaptığın işi eğlenceye çevirmektir.

Kendin olmak, kusurlu hâlinin kusursuzluk olduğunu bilmektir.

Kendin olmak, kendini affetmektir.

Kendin olmak, helalleşmektir.

Kendin olmak, vazgeçmemektir.

Kendin olmak, başarının, hedeflediğin yer ve sonuç değil, gidilen yol olduğunu bilmektir.

Kendin olmak, her gün kendini yeniden yaratmaktır.

Kendin olmak, tek rakibinin kendin olduğunu bilme hâline geçmektir.

Kendin olmak, potansiyelini fark etmektir.

Kendin olmak, 99 adet Esma'nın tamamının sendeki dengeli şeklidir.

Kendin olmak, Allah'ın nefesinden üflediğini bilmektir.

Kendin olmak, olanı olduğu gibi kabul etmektir.

Kendin olmak, her yerde, her şeyde Allah olduğunu görmektir.

Kendin olmak, her şeyin senin için yaratıldığını bilmektir.
Kendin olmak, kendini tanımaktır.
Kendin olmak, kendini sevmektir.
Kendin olmak, kendini anlamaktır.
Kendin olmak, düşünceler olmadığını bilmektir.
Kendin olmak, kendini bilmektir.
Kendin olmak, zihnine hükmetmektir.
Kendin olmak, neşedir, kahkahadır, coşkudur, hazdır.
Kendin olmak, dengedir.
Kendin olmak, sabah kalktığında ve akşam yattığında var olan her şeye ve kendine şükretmektir.
Kendin olmak, Allah'la bir olmaktır.
Bu satırları o kadar çok yazabilirim ki...
Kendin olmak hem çok kolay hem de çok zordur.

İlk olarak embriyonun, milyonlarca sperm arasından birinci gelerek sadece bir tanesinin yumurtaya ulaşması, dünyaya gelip insan olabilmesi için ilk koşusu ve zor kodu orada başladı. Uyanmamış insanın bu koşusu ve zor kodu da hayatı boyunca hep devam eder.

İlk olarak, hep beraber, eşit şekilde, eşsiz ve biricik hâlde, kusursuz ve muhteşem hâlimizle, sonsuz varlıklar olarak ruhlar meclisinde OL deyince kolayca OLduk. (Kün Fe Ye Kün)

Şimdi Uyanış Zamanı diyerek, bilinçli gözlem yapan, tanıklık ve şahitlik programını bilerek, isteyerek, anlayarak, hissederek, fark ederek açan, uyanmış ruhsal ve bedensel varlık olduğunu bilen için, her zaman bir çıkış yolu vardır. Çaresizlik yoktur. Ümitsizlik yoktur. İnsanın İçsel keşfine çıkıp, elinden gelenin en iyisini yaparak, Tevekkül ederek Kalbinin Kıblesini Allah'a yönelttiğinde, her hâlini, her anını Ruhunun keşfi hâlinde getirir. Burada kullandığı yöntem Ruhunun Yaşam Kılavuzu olan Olma hâlinin Olmak (ne olursa olsun hiç vazgeçme, kendine inan ve özgür irade hak yasasına göre hep dene, vs.) olduğunu bilir. Ve bu tekâmül etmektir. Her şeyin zıddıyla var olarak dengeye geldiğini anlar. Her bir şey bulduğunda bilgi sonsuzdur ilkesiyle, heyecanlanarak hayat koridorunda yüreğinin sesini dinler. İç sesini Tanrısal özüne çevirerek yaşamında olan her şeyin Allah'ın işaretleri olarak görmeye başladığından, kuantum alanda tüm olasılıkları değerlendirir. Ve devamlı değişir, dönüşür, genişler ve evrimleşir.

Burada sizlere bir çalışma önermek isterim.

Çünkü her yargımızda para kaybederiz.

İlahi sistem ödüllendirmek için bolluk, bereket, zenginlik ve sonucunda parasal kazançlar gönderdiği gibi, cezalandırmak için de para kaybettirebilir. Bizler zihinsel sistemimizde Allah'ı bu şekilde gördüğümüzden, her yargımızda, özellikle kendimizi yargıladığımızda parasal kayıplar yaşarız.

Eve bir kavanoz alarak, üstünü güzel bir kaplama kâğıdı ile içini görmemek kaydıyla kapatalım. Her yargınız için para atmanızı öneriyorum. Özellikle kendinizi yargıladığınızda sizi zorlayacak bir meblağ atınız. Bunu tam alt ay boyunca yapıp ve bu sürenin sonunda kavanozdaki paraları bir şölen şeklinde açarak, kendinize sizi mutlu edecek bir şey alınız.

Çalışma bitimi olan altı ay sonra artık hiç kimseyi, hiçbir olayı, durumu, davranışı ve özellikle kendinizi yargılamadığınızı ve kendinize koşulsuz sevgiyle (olanı olduğu gibi kabul etmek) baktığınızı göreceğinizden eminim.

Rabb'imiz bu muhteşem evreni kusursuz işleyen bir ilahi sitemle yarattı. Evrenin merkezine ise halifesi olarak biz insanları atadı. Gücümüzü yok saymak; Rabb'in iradesini hiçe saymak ve yarattıklarını yargılamak, aslında Allah'ı yargılamaktır.

Bizler içimizdeki Tanrısal Öz'ü ve kendimizi keşfetmek için var olduk. Hatırlamak, anlamak ve anlamlandırmak için geldik yeryüzüne. Doğamızda yargılamak değil, keşfetmek var. Doğamıza aykırı hareket ettiğimizde kendimizi engellemiş oluruz.

Anladıkça daha çok sevecek, sevdikçe daha çok anlayacağız. Bu sayede içimizdeki ve her yerdeki, her şeydeki Allah'la daha da yakınlaşacağız.

"Hâlbuki Allah'ın nimetini saymaya kalksanız onu sayamazsınız. Şüphesiz Allah, çok bağışlayandır, çok merhamet edendir."
– Nahl Suresi 18. Ayet

Yargılarınızdaki öğretiyi almanız niyetiyle...

HAKİKAT TERAZİSİ

Sevgili canlar, Allah gibi görmeye, Allah gibi bilmeye, Allah gibi hissetmeye, Allah gibi anlamaya, yürekten ve içten bir şekilde ne kadar niyet edersek edelim, hakikat terazisini çalıştırmadan anlayamayız.

Gerçek, aslında tektir. Her birimizin doğrusuna yanlışına, siyahına beyazına göre değişir. Bu durumda, hakikat terazisini çalıştırmak gerçekten herkes için zordur. Bugüne kadar yaptığım on binlerce bireysel danışmanlık, bir sürü eğitim senteziyle sizlere anlatmaya çalışacağım.

Her birinizin hakikat terazisini kullanabilmeniz için vicdan, merhamet, empati, adalet duyguları ile tanıklık ve şahitlik programını bilinçli gözlem hâlinde açmalısınız.

Hâlbuki bizler, ruhlar meclisinde ilk var olduğumuz andan itibaren ve bu dünyaya ilk geldiğimiz ana rahminden şu ana kadar, farkında olmadan devamlı tanıklık ve şahitlik programında gözlem hâlindeyiz. Ayrıca kendinizi güvende tutmak adına sürekli kararlar almaktasınızdır.

Bizlerden aldığınız danışmanlıklarda bilinçaltı oyunlarınızı çözerken; yok sayma, unutma, bilmeme oyunu, algıda kapalılık ile bilinçaltı inanışlarınızı saklamaktasınız.

Şu an ki hayatlarınızda tanık ve şahit olduğunuz için kendinizi var ettiniz. Ve bilinçaltı inançlarınızı oluşturdunuz. Yani anlatmak istediğim şu; her birinizin hakikat terazisi var ve hayatlarınızı ona göre yönlendiriyorsunuz.

0-5 yaşlarında tanık olarak hayatımıza devam ederken, yedi yaşından sonra ego devrelerinde tanıklığımıza, şahitliğimizi de ekleyerek yaşarız.

Tanıklık şahitliği, iç değerler ve dış değerleri maddi ve manevi olarak gözlemlersiniz.

İç değerler; güvende miyim, önemseniyor muyum, seviliyor muyum, özgür müyüm, yapabilir miyim vs. içsel durumlarınızı ruhsal ve maddesel olarak gözlemlemektir.

Dış değerler; gelenek ve görenekler, örf ve âdetler, toplumsal bilinç, mevki, makam, vs. dış faktörlerle etkilenen davranış şekillerini, ruhsal ve maddesel olarak gözlemlemektir.

Bu anınıza kadar, ruhsal ve maddesel olarak iç ve dış değerlerinizi gözlemleyip Allah tarafından verilen idrak, seçim hakkı ve özgür iradenizle, davranış ve yaşam şeklinizi biçimlendirmenizdir.

Doğrularınız ve yanlışlarınızla her insanın iyi ya da kötü kavramları vardır. Ve kişilere göre değişir. Şu ana kadar hakikat terazisini bilmeden boyutlarda, zamanlarda, mekânlarda tanıklık ettiniz ve şahit oldunuz.

"Ey iman edenler! Allah için hakkı titizlikle ayakta tutan, adalet ile şahitlik eden kimseler olun. Bir topluma olan kininiz, sakın ha sizi adaletsizliğe itmesin. Adil olun. Bu, Allah'a karşı gelmekten sakınmaya daha yakındır. Allah'a karşı gelmekten sakının. Şüphesiz Allah, yaptıklarınızdan hakkıyla haberdardır." (Maide Suresi 8. Ayet)

Bu ayette de olduğu gibi, ben şimdi sizi bilinçli gözlem hâlinde tanıklık ve şahitlik programını açarak hayat alanınıza almaya davet ediyorum.

Farkında olarak doğrularınızın gerçekte doğru olup olmadığını, yanlışlarınızın gerçekte yanlış olup olmadığını düşünme hâline geçeceksiniz.

Düşünmeye başladığınız andan itibaren, o düşünceyi yaratanın da siz olduğunu anlayacaksınız.

Siz düşünceleriniz değilsiniz. Siz düşüncelerinizi yönetensiniz. Tek bir doğru var, o da Allah.

Haydi şimdi başlayalım.

Vicdan, kişinin kendi niyeti veya davranışları hakkında kendi ahlaki değerlerini temel alarak yaptıklarını veya yapacaklarını ölçüp biçtiği bir kişilik özelliğidir. Kalpte, beyinde ve ruhta taşınan en büyük yargıç, hâkim ve bekçidir. Doğuştan gelen bir yetidir. Kişinin davranışları ve niyeti hakkında kendi ahlaki değerlerini temel alarak, yaptıklarını ve yapacaklarını ölçüp biçtiği bir kişilik özelliğidir. Vicdan, kişinin adalet terazisidir.

Merhamet, bir insanın bir başka canlının başına gelen kötü bir durumdan dolayı hissettiği üzüntü ya da acıma duygusu olarak ifade edilir. Pozitif duygu durumu olup hem karşıdaki kişinin acısını hissetmek hem de acısını azaltmak için bir eylem söz konusudur. İyileştirici ve olumlu duyguları ortaya çıkarır. Merhamet, yüreğimizin en temel duygusu olup acıma duygusu ile karıştırılabilir. Acıma mutsuzluğun peşinden gelir. Merhamet ise mutsuz olan kişiye yakınlık duymaktır.

Empati, genel olarak kişinin kendisini başkasının yerine koyarak, dünyaya ve olaylara bir başkasının gözünden bakması olarak tanımlanır. Empati dünyaya bakış açınızı genişleten, farklı duyguları hissetmenizi sağlayan muhteşem bir deneyimdir. Bizlere her anlamda pozitif katkı sağlar.

Adalet, Allah'ın hepimizi eşit yarattığını bilmektir.

Vicdan, insanın kendisini ahlaki açıdan değerlendirerek deneyimlerini görebilmesidir. Ahlak ise, tanrısal öğreti sistemlerine dayanır. Yani vicdanınız devreye girdiğinde tanrısal bir gözle kendinizi değerlendirmiş olursunuz. Hindu felsefesinde vicdan, "içimizde yaşayan görünmez Tanrı" olarak kabul edilir. Eski Mısırlılarda kalbin emirlerine uymak toplumsal bir ahlaki yasaydı. Bu şekilde herkes vicdanlı bir birey olarak yetiştiriliyordu.

Vicdan doğuştan var olan bir tohumun çekirdeği gibidir. Doğduğunuz andan itibaren dış etken dediğiniz aile, okul, iş, sosyal çevre, sosyal medya gibi, kişiler ve kurumlarda yaşanan tecrübe edilen olaylar karşısındaki davranış şekillerine göre vicdanınız olgunlaşmaya, şekillenmeye başlar. Ve kişilere göre değişkenlik gösterir. Kısaca kişinin gözlemleyen bilincinin, geçmişi ve şimdiyi geleceğe götürüp bugüne bakma hâlidir. Vicdan mekanizmasını en olumsuz etkileyen durum cezadır. Çocukları eğitirken çok fazla cezalandırma yöntemine başvurulursa, çocuğun vicdan gelişimine zarar verilerek, vicdanındaki adalet terazisinin dengesi bozulmuş olunur. Çünkü çekilen cezadan sonra kişinin vicdanı olaya kapanır. Çünkü kefaretini ödemiştir. Daha fazla üzerinde durmaz. Cezalar çocuğu sertleştirir. "Ödendim ben" hissi vererek kendi içini rahatlatır. Siz cezayı verdiğiniz için içiniz rahatlamış olabilir ama çocuk öğretiyi almak yerine vicdansız olmayı seçmiş de olabilir. Böylelikle gelecek atalara vicdan terazisi dengesiz şekilde taşınır.

Vicdanın sesini duyabilmek için, durup düşünmek ve duymak lazımdır. Çocuklarınızın kendi içine dönmesine, kendi kararlarını almasına izin vermelisiniz. Onların da özgür iradeleri vardır ve onlar da birer bireydir.

Dünyadaki ilahi düzlem dengeden geçer. Her şeyin fazlası zararlı olduğu gibi, vicdansız olmak ya da çok vicdanlı olmakta tekâmülde bizi aşağılara çeker.

Vicdansız insanlar ise kendi yaptığı davranışların başkalarını nasıl etkileyeceğini hesaba katmazlar. Canları nasıl istiyorsa öyle davranırlar. Yaptıklarından zarar gören olduğunda ise hiçbir rahatsızlık duymaz, pişmanlık ve suçluluk asla hissetmezler. Vicdanlı olamazlar.

Vicdan ile merhamet çoğunlukla karıştırılır. Vicdanlı insan yaptıklarını muhakeme edip yaptıklarının hesabını kendi kendine verebilmelidir. Merhamet duygusal olmayı gerektirirken, vicdan adil olmayı gerektirir.

Kur'an-ı Kerim'deki birçok ayette geçen "Takva" sözcüğü vicdan ile ilişkilendirilir. Takva genel olarak; dini gereklilikleri yerine getirmek, kötülüklerden kaçınmak anlamındadır. Bunu yapabilmek içinde kişinin vicdanlı olması, yani kendisine dışarıdan bakarak gözlemleyebilmesi ve değerlendirmesi gerekir. İşte bu da bilinçli gözlemdir. Allah'ın da istediği tam olarak budur. Muhammed Suresi 17. ayette vicdanlı davranarak doğruya yönelen kişilerin hidayetinin Allah tarafından arttırıldığı bildirilir. Şüphesiz ki sizler doğru yola yönelip bir adım attığınızda, Yüce Rabb'imiz önünüzdeki tüm engelleri kaldırarak yolunuzu kolaylaştıracak ve attığınız her bir adımda onlarca adımlık mesafe katetmenizi sağlayacaktır.

Şems Suresi 7 ve 8. ayetlerde ise iyi ve kötüyü ayırt etmenin insanın yaratılışında bulunan bir özellik olduğu açıkça ifade edilir. Yaşadığınız coğrafi bölgeye veya yetiştirilme tarzınıza göre elbette doğru kavramı kişiden kişiye göre ufak farklılıklar gösterebilir. Ancak kendisine kulak verdiğiniz sürece, temelde vicdan, tüm insanlarda aynı şekilde hareket eder, çünkü hepimiz eşit şekilde yaratıldık. Sevgi, merhamet, hoşgörü, saygı gibi kavramlar evrensel vicdan yasalarıdır.

Empati yaparak bir başkasının gözünden dünyaya baktığınızda ve vicdanlı davranarak, bilinçli bir şekilde dünyanın gözünden kendinize baktığınızda, merhametli ve adaletli biri olarak kalbinizde ve aklınızda hakikat terazisi belirir. Terazi dengelendiğinde hakikati bulacak, Allah'ın desteğini almış takva sahibi bir kişi olacaksınızdır. Çok daha önemlisi Yüce Rabb'imizin katında çok daha değerli olacağız.

Allah hepimize takva nasip eylesin...

"Ey insanlar! Şüphesiz ki biz sizi bir erkekle bir
dişiden yarattık. Birbirinizle tanışmanız için
sizi toplumlara ve kabilelere ayırdık. Şüphesiz ki
Allah katında en değerli olanınız, en çok takvalı
olanınızdır. Şüphesiz ki Allah bilendir, haberdardır."
– Hucurât Suresi 13. Ayet

İnsan doğduğunda DNA'sında vicdan, merhamet, empati, adalet yazılımı vardır. Sizler büyürken üç şekilde bilgi akışını sağlayarak, ailenizden, dışarıdan ve içsel bakış açınızla kararlar almaktasınızdır.

Hakikat terazisi, hayatınızda dengeyi yakalayarak, tanıklık (gözlemci) tarafınızı birleştirerek, geçmişten öğretiyi alarak geleceğinizi oluşturma ve şimdide akışa güven fırsatını sunar.

Bilinçli ya da bilinçsiz şahitlik tarafınızı aktive ettiğinizde, ruhsal olgunluğa erişmek için kişi kendi kimlik sorgulamasını başlatır.

İnsanın içsel keşfine çıkarak ruhun hakikat terazisini dengelediğinizde, ruh, beden, zihin dengesini yakalarsınız.

Hakikat terazinizle idrak ve özgür irade; seçim haklarınızla ise vicdan, adalet, merhamet, empati tarafınızın farkına vararak olma hâline geçersiniz.

Hakikat terazisi, koşulsuz sevgiyle bakmayı öğretirken, ortaya çıkaracağı sonuç ruhsal tarafınızın muhteşemliğidir.

Şimdi gerçek hakikat terazinizle kendinize sarılmanızın tam zamanı...

"Allah, inanıp güvenen ve iyi işler yapanlara söz vermiştir. Onlar için hem bağışlanma hem de büyük bir ödül vardır."
– Mâide Suresi 9. Ayet

SİZE ÖZEL ÇALIŞMALAR

Sizlere tüm kitap boyunca kırk sekiz yıllık yaşantımın ve on binlerce kişiyle yaptığım çalışmaların sentezi ile hazine niteliğinde bilgiler aktarmaya çalıştım. Ve bu kitabı bitirdiğinizde hayatınızda değiştirmek istediğiniz birçok duygu, durum ve olay olduğunu düşünüyorum. Amacım kendinizde fark ettiğiniz tüm negatif inanç, duygu ya da her ne var ise dönüştürüp nötrleştirmenize vesile olmaktır.

Aşağıdaki ücretsiz çalışmalarımı yaparak değiştirip dönüştürebilirsiniz.

Bu çalışmalar YouTube Şebnem Tacigut kanalında bulunmaktadır.

1. Negatif Enerjilerden Temizlenme Çalışması

2. İçinizdeki Karanlık Taraf ve Şifalandırma Çalışması

3. Hayatımızdaki Negatif İnsanlardan Özgürleşme ve Tekâmül Kaynakları ile Bütünleşme Çalışması

4. Bilinçaltının Tüm Olumsuz Etkilerinden Değişim-Dönüşüm Çalışması

5. Serbest Bırakma Çalışması

6. Enerjitik Alan Temizleme Çalışması

7. Vesvese ve Sıkıntılardan Kurtulma Çalışması

8. Olmayanlar-Negatif Blokajları Geri Çekip İptal Etme Çalışması

9. Hem Dem Hem Nefes Çalışması

10. Öfke ve Umutsuzluğu Geçiren 3 Dakikalık Çalışma

11. Şükür Çalışması

12. Af ve Dua Çalışması

13. Ruhsal ve Maddesel Zenginlik Çalışması

Ve daha fazla çalışma kanalımda mevcuttur.

Ayrıca daha derin özel çalışmalarımız Şebnem Tacigut YouTube kanalında bulunan "Katıl" programındaki Seviye 3 bölümünde bulunuyor.

Her çalışmada bir bardak suyu yanınızda bulundurun. Bir yudum su içtikten sonra, hangi çalışmayı yapıyorsanız niyet ederek tek başınıza gözleriniz kapalı bir şekilde yapınız. Çalışma bittikten sonra kalan suyunuzu içiniz. Çalışmalar 7 veya 21 gün boyunca, her gece aynı saatte yapılmalıdır.

Faydasını gören sevgili ruhsal kardeşlerim, çalışmasını yaptığınız videoyu beğenerek, altına geri dönüşlerinizi yazın, sevgiyle kabuldeyim.

Abone olup bildirimleri açarsanız, sizler için hazırladığım tüm videolarıma ve çalışmalarıma ulaşabilirsiniz.

SON SÖZ

"Unutmayın. Dünyada yaşamıyorsunuz.
Sadece dünyadan geçiyorsunuz."
- Hz. Mevlâna

Her ruh dünyaya kendini bulmak için gelir.
Bu kitabı okuyarak bitirdiyseniz, içinizdeki gizli hazine dairesinin anahtarını buldunuz demektir.

Farkında mısınız?

Tüm kitabımı, ilk sayfada bulunan, tanıklık ve şahitlik programı niyetini ederek okudunuz.

Şimdi, bilinçli gözlem şeklinde hayatının her anında, tanıklık ve şahitlik programını açmaya hazırsınız.

Niyeti ilk sayfada bulabilirsiniz.

Sabah uyanarak gözünüzü ilk açtığınız anda, bir kez niyetinizi içselleştirerek söylemeniz yeterlidir.

İç'ten Öz'e...
Sen'lerden Ben'lere...
Ben'lerden Gerçek Ben'e...
Yeni hayatına hoş geldin.

Yine buluşacağız.

YAZARIN KİTAPLARI:

Tevekkül (2019)
Uyanış Zamanı (2020)
Kalbin Kıblesi (2021)
İnsanın İçsel Keşfi (2023)

İLETİŞİM BİLGİLERİ

🌐 www.sebnemtacigut.com

📷 sebnemtacigut

📘 Şebnem Tacigut

▶️ Şebnem Tacigut

💼 Şebnem Tacigut

✉️ sebnemtacigut@hotmail.com

📞 0532 137 05 90

Tüm eğitimlerimiz, atölye çalışmalarımız, seminerlerimiz, kamplarımız, bireysel danışmanlıklar ve tüm sorularınız için bize ulaşabilirsiniz.

KAYNAKÇA

Burns, David. *10 Günde Öz Güven.* Psikonet Yayınları

Eagleman, David. *Beyin: Senin Hikâyen.* Domingo Yayınları

Güneş, Adem. *Bırak ve Rahatla - Kendi Kendine Terapi.* Timaş Yayınları

Freud, Sigmund. *Bilinçaltı.* Oda Yayınları

Jensen, C. James. *Bilinçaltı Zihninizin Gücü.* Kuraldışı Yayınları

Murphy, Joseph. *Bilinçaltının Gücü.* Diyojen Yayınları

Canan, Sinan. *Değişen Beynim.* Tuti Kitap Yayınları

Tarhan, Nevzat. *Duyguların Psikolojisi.* Timaş Yayınları

Goleman, Daniel. *Duygusal Zekâ.* Varlık Yayınları

Osho. *Ego.* Ganj Yayınları

Freud, Sigmund. *Ego ve Id.* Oda Yayınları

Greenberger, Dennis. *Evinizdeki Terapist.* Altın Yayınları

Gırma, Haben. *Haben.* Yakamoz Yayınları

Gün, Nil. *İçimizdeki Şaman.* Kural Dışı

Morelli, P. C., *İkili İlişkilerde Duygusal Manipülasyon.* İletişim Yayınları

Mckay, Matthew. *Öz Güven.* Arkadaş Yayınları

Burns, David. *Panik Atakta.* Psikonet Yayınları

Tolle, Eckhart. *Şimdi'nin Gücü.* Akaşa Yayınları

Purdon, Christine. *Takıntılarla Başa Çıkma.* Psikonet Yayınları

Hay, Louise L. *Tüm Hastalıkların Zihinsel Nedenleri.* Akaşa Yay